本书获二〇二三年贵州省出版传媒事业发展专项资金资助

本书获贵州省孔学堂发展基金会资助

本书系浙江省稽山王阳明研究院重大招标课题『王阳明心学的当代价值』（课题号：2019ZW0102）研究成果

【阳明文库】

学术专著系列

# 王阳明心学的当代价值

顾久 主编

孔學堂書局

本书获2023年贵州省出版传媒事业发展专项资金资助
本书获贵州省孔学堂发展基金会资助

**图书在版编目（CIP）数据**

王阳明心学的当代价值 / 顾久主编. — 贵阳 : 孔
学堂书局, 2024.7
（阳明文库. 学术专著系列）
ISBN 978-7-80770-461-4

Ⅰ. ①王… Ⅱ. ①顾… Ⅲ. ①王守仁（1472-1528）
—心学—研究 Ⅳ. ①B248.25

中国国家版本馆CIP数据核字(2024)第093164号

阳明文库（学术专著系列）

**王阳明心学的当代价值** 顾久 主编
WANGYANGMING XINXUE DE DANGDAI JIAZHI

项目策划：苏　桦
项目执行：张发贤
责任编辑：张基强　陈　倩
书籍设计：曹琼德
责任印制：张　莹

出版发行：贵州日报当代融媒体集团
　　　　　孔学堂书局
地　　址：贵阳市乌当区大坡路 26 号
印　　刷：北京世纪恒宇印刷有限公司
开　　本：889mm×1194mm　1/24
字　　数：263 千字
印　　张：10.75
版　　次：2024 年 7 月第 1 版
印　　次：2024 年 7 月第 1 次
书　　号：ISBN 978-7-80770-461-4
定　　价：88.00 元

# 阳明文库

## 主编简介

顾久：文化学者，教授。现任阳明文化转化运用工程学术委员会副主任委员，《贵州文库》专家组组长、总纂。曾任贵州省人大常委会副主任、民盟贵州省委主委、贵州省文联主席、贵州省文史研究馆馆长。著有《传习录全译》《中国文化教程》《抱朴子内篇全译》等，主编有《黔南丛书》《中国地域文化通览·贵州卷》《安顺城记》等。

# 目录

## 附 录

# 前　言

## 一、来由与初衷

我本人肯定算不上研究阳明的专家。我初中尚未毕业，十七岁就"上山下乡"到黔东南一苗寨当知青整四年，之后在黔东南农机厂做工人整五年。1977年恢复高考时，我二十六岁了。拜改革开放之赐，到贵阳师范学院（今贵州师范大学）中文系读本科，毕业后到山东大学读硕士，从殷孟伦先生学训诂学。殷先生是黄侃（季刚）的弟子，治学强调"扎硬寨"，所列必读书像小型《书目答问》，让我一度坠入中国古籍原典瀚海中。当时所关注者，主要是语言文字音韵之类。毕业后我回到贵州师范大学任教，主要教授古汉语、训诂学、古代文化、语文教育等课。其间受于民雄邀请，翻译过《传习录》，但对王阳明及其"心学"仍感云遮雾障，理解有限。20世纪80年代，老校长吴雁南先生召集全校文科老中青教师，合力研究几个课题，其中就有关于王阳明的。记得有刘宗碧、余怀彦、张新民、王路平、王晓昕等老师参与。但我兴趣不在于此，游离其外。后来我被调往贵州省原毕节地区行政公署工作，曾参与当地的计划生育、教育、文化等工作，于当时对中国社会与社会学等有所观察和思考。五年后我调回贵阳，到贵州省文史研究馆任职；再后来，还到省人大、省文联供职过，但一直未离开文史研究馆馆长职务，及至退休。因此，对贵州历史文化，以及其中的历史人物有了更多关注与了解，当然包括王阳明。同时，还与全国各地的文史研究馆及其学者建立了联系，因为王阳明的关系，与浙江省的同仁走得更近。

2018年底，接浙江省稽山王阳明研究院院长董平先生电话，称该书院有一课题"王阳明'心学'的当代价值"，希望我能接过来。我无此自信，尽力推托。但董院长情意真挚、言语恳切，还出谋划策：贵州阳明学做得不错，更有贵州大学中国文化书院等新老学者相助之类。坦率说，在接受任务的当晚，我血压升高、失眠半夜，想了很多……

首先，我们这代人亲身经历了"大跃进"、三年自然灾害、"文革"、上山下乡运动等历史进程，还经历过多次思想教育运动，其间不乏与传统文化有关的，如"批林批孔批宋江"时，几乎家户人手都配购一套一百二十回的《水浒全传》。如今反思，高层领导的深思与老百姓的领会在何种程度上能达成一致？还有，当今我们所处的时代有什么特点？民众的群体无意识情况如何？与古人的境遇与心态有何异同？古人的思想能否"活"在当代民众之中？如能，又该怎样植入并激活当代人尤其是青年一代？

其次，王阳明先生500多年前是在贵州龙场悟道的，而贵州人从此没有忘记过这个先贤，以至形成"黔中王学"。改革开放后，贵阳师院的吴雁南院长对阳明文化振臂一呼，有刘宗碧、余怀彦等先生行于前，张新民、王路平、王晓昕等中青年学者响应于后。开始是纪念会、讲堂、论坛、论文、刊物等形式，后来更有研究会、研究院、培训班、学习沙龙，还有由修文县政府推动的"九进工程"——阳明文化进机关、进乡村、进社区、进学校、进企业、进家庭、进部队、进商铺、进景区等。阳明文化（贵阳）国际文献研究中心的一群90后青年，编纂成《王阳明研究文献索引全编》（10卷），收录自明代以来，中国、日本、韩国和欧美地区出版发表的阳明学及其相关学说的文献目录共计五万余条，更有五十三卷本的《王阳明研究重要文献选编》，收录数千篇研究阳明文化的文献。此外，著名作家李宽定先生，为弘扬中华传统文化（含儒家及王阳明"心学"），自费向贵阳市民开办100场传统文化讲座，将两个儿子的住房客厅打通作为讲堂，亲拟讲题，诚邀全国有关专家讲学，并亲自往省外登门拜请，专家下飞机，讲堂听众手持鲜花，在机场迎接。当然，还有很多我认识、不认识的贵州市民自愿组成王阳明与传统文化的学习小组……于是我想，能否借这个课题，从一个边远省份的角度来展现中国阳明文化的进程与面貌，进而思考：时代是否在呼唤"新的黔中王学"，而什么是"新的"黔中王学？

再次，一种学说，必须能应对当代的问题才能产生"当代价值"。那么，当代的问题有哪些？我以为，须分为国内的与世界的。

国内的问题，面临进入工商社会、市场经济这一生态，人们的集体无意识也历史性地出现世俗化、物欲化和个体化等心态秩序问题，更有片面追求经济发展行为带来的人文生态与自然生态遭受破坏的问题。从世界的角度来看，人文与自然生态两大危机非常尖锐，在人文方面，2023年2月6日，联合国秘书长古特雷斯说"世界正面临'我们此生中从未遇到过'的各种挑战同时汇聚"，其中有"失控的气候灾难、核威胁加剧"，还悲观地说："我担心这个世界不是在梦游，而是在走向一场更大范围的战争。这是在清醒状态下进行的。"[1] 在自然方面，仅在2022年一年之内，联合国秘书长古特雷斯就一而再再而三地厉声发出警告。3月，他说，"我们正在梦游般地走向气候灾难"[2]；11月，他说，"我们正一路踩着油门，径直奔向地狱"；12月，他再次疾呼，"人类已成为大自然的'大规模灭绝武器'""我们正把它当厕所对待"[3]。我虽非王学专家，但董院长命我接这个课题，或许正是因为我并未陷入某学科某专业，不具备学院派的思维，从而具有相对超脱的身份与视角来思考上述问题？念及此，我郑重地接受了这个课题。

## 二、思路

所谓思路，简单地说是建立一个自己观察问题的理论框架，并设定相应方法。故此，本书尤其注意两组生态的交汇。

### （一）建立一个自己观察问题的理论框架

这个理论的基础是"人是生物"。所有生物的生存都需要生态，人类这种生物的生存除了需要自然生态，还需要有在其生存过程中长期形成而富于惯性的人文生态（文化）。而且，无论古今，作为生物的人类最基本的活动与思想是维系本物种的生存。因此，判断

---

① 《联合国秘书长：世界"在清醒状态下"升级战争》，见网址：https://baijiahao.baidu.com/s?id=1757217827365922821&wfr=spider&for=pc。

② 《联合国秘书长警告：不要梦游般地走向气候灾难》，见网址：https://baijiahao.baidu.com/s?id=1727979007510291359&wfr=spider&for=pc。

③ 《联合国秘书长敲警钟：人类已成大自然"大规模灭绝武器"》，见网址：https://baijiahao.baidu.com/s?id=1751552571552756867&wfr=spider&for=pc。

一种学说的价值，是看其对人类的生存有无贡献。分述于下。

首先，人类不过是逐步演化而来的、地球上无数生物中的一个物种。其基本构成不过是地球上常见的原子，以及由此构成复杂分子、细胞、组织器官等；人类基因与青草的基因相似度约17%，与苍蝇的约39%，与鱼的约63%，与老鼠的约80%，与灵长类的猴子的约93%，与大猩猩的约96%，与黑猩猩的接近98%；各民族、肤色人种之间的差异，只有大约0.05%。按生物学的分类，人类属于真核域，动物界，脊椎动物亚门，哺乳纲，灵长目，人科，人属，智人种。[1]因此马克思说："人直接地是自然存在物。"[2]恩格斯说："我们连同我们的肉、血和头脑都是属于自然界和存在于自然界之中的。"[3]当然，从简单的原子到人类的基因，从青草到人类，自然演化中的每一步"突显"（emergence）都是量变后的质变，不能再以早先简单的要素来分析，即"在一个结构系统下整合出较高层级的过程中，会突现一些全新的特质，而且这些新特质是无法从低层组成的特性中预测得知的"[4]。因此，虽然人类与草、鼠等其他生物同源，所谓"天地万物一体"，但演化至可以用自身智慧反思自身，寻求生命的意义与超越，就处于所有生物的最高生态位，可以呵护也可以毁灭赖以生存的人文秩序与自然秩序，从而就对生态负有独一无二的责任。

其次，所有生物都必须拥有相应生态才能生存。"生态"（Eco-）一词，源于古希腊Oikos，意近"家园"。有人解说："通俗地理解，生态就是指一切生物的生存状态，重点考量生物与环境之间错综复杂的关系。其实，从物种进化与生存的角度来看，生物都是有智慧的，每一种生物都是在适应自然环境中不断进化的。因此，从这层意义上来看，生态学是研究生物生存智慧的科学。"[5]

再次，人类的生存除了必须与自然环境资源进行错综复杂的交

---

[1] 参见陈守良、葛明德编著:《人类生物学十五讲》，北京大学出版社2007年版，第1—8页。
[2] 卡尔·马克思:《1844年经济学哲学手稿》，中共中央马克思恩格斯列宁斯大林著作编译局编译:《马克思恩格斯文集》（第1卷），人民出版社2009年版，第209页。
[3] 弗里德里希·恩格斯:《自然辩证法》，中共中央马克思恩格斯列宁斯大林著作编译局编译:《马克思恩格斯文集》（第9卷），第560页。
[4] 恩斯特·麦尔:《这就是生物学》，涂可欣译，远见天下文化出版公司2021年版，第44页。
[5] 蒋高明:《如何理解生态这个术语》，见网址：https://wap.sciencenet.cn/blog-475-1228079.html?Mobile=1。

互，还须与自身生存过程中形成的一套错综复杂的人文生态相适应。总之，人类生态可大致区分为"自然生态"与"人文生态"两者。

上古人类生存不易，其所有活动与思考往往直接与生存繁衍、禳祸祈福相关；后代人们的行为及思想日趋复杂，但实质仍为维系其生存与发展。如王阳明所代表的儒家，其主旨是，处于庞大而非血缘的社会组织中如何维持秩序（从个人心灵秩序的"内圣"到社会组织秩序的"外王"）。因此，判断一种行为、思想的价值，应审视其对人类过去、现在与未来的生存与发展有无贡献。就当时的阳明之学而言，应审视该学说对当时中国人的生存与发展有无贡献；就阳明之学于当下的价值而言，是该学说对中国乃至整个人类的生存与发展能否有新贡献。

这种生存哲学在李泽厚先生处，呈现出中国特色的哲学思考——"人类学历史本体论"。李先生意识到西方近代以来哲学的不彻底性、片面性、彼岸性和轻视偶然性等缺陷，而继起的西方后现代哲学否定上述缺陷，转向传统中国哲学"以人的生活为中心"的视角。于是，李泽厚接着康德提出而未曾解决的"人类如何可能"（"人是怎么活出来的"）这一话题往下讲，归纳为"一个出发点"和"三大问题"："一个出发点"——人活着；"三大问题"——人如何活？人为什么活？人活得怎么样？[1]人活着，则其生物属性就在其中："研究人性也正包括研究这些动物性本能的各种类型、情况……中国传统的否极泰来、时来运转的乐观精神，原来有生物学的强大基础。人这一族类为它的生存发展，有这样一种内在的心理需要。"[2]承认了人的生物属性，自然会把保障这个物种永续生存繁衍置于最高目的："没有人类生存，还有什么善恶？善恶从哪里来，不就来自这个人类总体的生存延续么？……这里的人类，不是指哪一个群体，甚至也不是单纯指我们现在的人类，而是包括过去、现在、未来的人类总体，它的生存和延续，便是最高的善。"[3]而要保障人类的生存延续这个至善（"最高的善"），就必须总结中国人的生存智慧，关注人类赖以生存的人文生态和自然生态："我常

---

① 参见李泽厚：《人类学历史本体论》，天津社会科学院出版社2008年版，第2—26页。
② 李泽厚、刘绪源：《中国哲学如何登场？——李泽厚2011年谈话录》，上海译文出版社2012年版，第133页。
③ 李泽厚、刘绪源：《中国哲学如何登场？——李泽厚2011年谈话录》，第120—121页。

常想……中华文明八千年不断，铸造了这么大的一个时空实体，其中所包含的生存智慧，这才是中国哲学登场世界的真正实力和基础……所以我说'人类视角，中国眼光'。人到底是怎么活到今天的？中国这么大的时空实体能生存下来，到底道理在哪里？这一巨大时空实体能为人类提供不同于西方哲学的思考吗？"从而"把身心、人际、人与自然的和谐作为最后的制高点"。①至此，李先生乐观地提出："海德格尔之后，该是中国哲学登场出手的时候了……应由孔子即中国传统来消化海德格尔"，"我认为，后现代到德里达，已经到头了；应该是中国哲学登场的时候了。"②至此，"人是生物"——"人类永续生存是最高的善"（至善）——把保障"人际"（即人文生态）和"人与自然"（即自然生态）和谐，使子子孙孙永续生存"作为最后的制高点"（终极关怀）。至此，我以为，李泽厚上述思想已基本形成中国生态哲学的理论架构。

总之，我个人观察问题的理论框架是：人是生物——生物存活需要生态——人类生态含自然生态与人文生态——中国特色的生态哲学应该登场，为全人类永续生存做贡献。其基础在"人是生物"，指向是"人类应该永续存在于和谐的人文生态与自然生态之中"。

### （二）设定相应方法

这种方法是"生物学方法"。人既是生物，研究人类的行为、思想与前途，就离不开生物学的方法。这里说的"生物学方法"是相对于物理学方法而言的。

生物哲学泰斗恩斯特·麦尔（或译为"迈尔"）说："近代科学革命之后，以经典力学为代表的自然科学首先发展成熟，生物学当时尚处于孕育阶段。直到19世纪中期，生物学才有所发展。在这种情况下，物理科学的思想和方法自然成了一切科学的评判标准……这种传统一直影响到今天。"麦尔不无遗憾地说："自从伽利略、笛卡尔、牛顿以来直到本世纪中叶，科学哲学一直由逻辑学、数学和

---

① 李泽厚、刘绪源：《中国哲学如何登场？——李泽厚2011年谈话录》，第31页。
② 李泽厚、刘绪源：《该中国哲学登场了？——李泽厚2010谈话录》，上海译文出版社2011年版，第5、7页。

物理学所左右达数百年之久。"①麦尔还明确意识到生物学方法与物理学方法的不同："我开始愈来愈能看清生物和物质科学是两门截然不同的科学，两者所探讨的主题、历史、方法和哲学，都有基本的差异……传统的物质科学和依据物质科学所建立的传统科学哲学，全都由一些不适用于生物研究的观念所主导，其中包括了本质主义、决定论、普遍论和化约主义。而生物学则是由族群思考方式、机率、机会、多元论、突现和历史叙述所组成。如今我们需要一个整合所有科学研究方法的全新科学哲学。"在麦尔看来，这种"整合所有科学研究方法的全新科学哲学"，就是生物哲学。②

法国思想家莫兰（或译莫林）一直关注社会重大问题，比如人类的未来。他认为当今仍处于"全球纪元的铁器时代"，这"与古昔的铁器时代的区别是，在其中锻造了技术文明的那个铁器时代本身不包含着消灭人类的威胁，而在它的当今形式中，极端发达的技术使得其既可能产生这个新的铁器时代的全球性人类，又可能带来他的末日式毁灭"③。他担心人文生态的未来："对一个局限于狭窄的心理—文化领域的人类学的丧钟敲响了，这个人类学有如飞毯漂浮在自然宇宙之上。对这样一个人类学的丧钟敲响了，这个人类学没有复杂性的意识，而它所处理的却是所有对象中最复杂的对象；它害怕与生物学有接触，生物学处理着不太复杂的对象但却建立在更为复杂的认识原则的基础上。"④他担心自然生态的毁灭，"世界正经历着全盘西化的进程。西方人向过去被叫作不发达的国家灌输了发展的概念。现今，在我们开始产生幻灭时，这些国家却蜂拥奔上此路。倘若灾难爆发，兴许会加速人们的觉悟。就像昔时没人相信生态学专家的警告，直至出现酸雨、海洋生物锐减、地球气候变暖等异常现象才开始警醒……我们在走向深渊"。为此，他"提出'生态伦理'和'和谐社会'的新概念"⑤为解答生态伦理与和谐社会等重大问题，莫兰的研究不再以学科为中心，而是以问题为中

---

① 李建会：《生命科学为当代哲学提供了什么？——论生物学家ErnstMayr的新哲学》，《大自然探索》1996年第3期。
② 恩斯特·麦尔：《这就是生物学》，涂可欣译，第22页。
③ 埃德加·莫兰：《整体性思维：人类及其世界》，陈一壮译，中国人民大学出版社2020年版，第22页。
④ 埃德加·莫兰：《迷失的范式：人性研究》，陈一壮译，北京大学出版社1999年版，第173页。
⑤ 沈大力：《埃·莫兰敲响西方文明的警钟》，《跨文化对话》2011年。

心，他提倡采取多学科与跨学科的研究方法，提出"复杂性思维"（整体性思维的方法）。他质疑传统经典科学是"割裂的、破碎的、机械的、分隔的、简单化的智慧把世界的复杂性搞得支离破碎，把问题分得七零八落，把密切相关的东西拆散，把多维度的事物线性化。这种智慧同时患有近视、远视、色盲和独眼龙多种病症，最终往往以失明告终"①。

在此背景下，更有学者专书论述"为什么需要生物学思维"，将人类思维方式归为"物理学思维"与"生物学思维"两类：前者具有化约的、简单的、线性的、带有决定论倾向的特点，从而可能致使人类自信、自恋与自闭；而生物学思维则是系统的、复杂的、偶然的、特色的、多层的、多元的，使研究者具有永无止境的不确定性及敬畏感。②

我个人以为，物理学思维及其方法论，即化约、因果、数学计算等方法，不仅在历史上功勋卓著，至今仍具极大实用性和运用价值，但在面对人类心理、行为、社会和命运等复杂对象时，更应该注重偶然、耦合、多层、系统性，需要更多敬畏感的生物学思维方法。

### （三）注意两组生态的差异与交汇

"两组生态"，指古今生态与中西生态。王阳明及其"心学"的当代价值这一话题，当然主要属古与今的关系，但其中的"今"，却已受到马克思主义以及西方文化的深刻影响，以至李泽厚先生称之为"西体中用"。他说："我认为，亿万人民的日常的现实生活才是'体'，这也就是现代的生产和生活方式，也就是马克思讲的社会存在。为什么说'西'？因为这是从西方引进的……但把它们应用到中国（中用）以后，就会产生新的形式。要和中国实际结合。这个现代化的生活本体改变了一切……原因是什么？原因是经济发展，也就是这个生活本'体'变了。"③

尽管"生活本体"高度西方化了，但中华传统文化的某些特征尚存。比如，晚清西方传教士谢卫楼对儒家学说的归纳：膜拜先

---

① 埃德加·莫林、安娜·布里吉特·凯恩：《地球 祖国》，马胜利译，生活·读书·新知三联书店1997年版，第180页。
② 参见塞缪尔·阿贝斯曼：《为什么需要生物学思维》，贾拥民译，四川人民出版社2019年版。
③ 李泽厚：《李泽厚近年答问录》，天津社会科学院出版社2006年版，第159页。

祖，缺乏自由观念；用理气性命解释一切，呈现非知识倾向；试图对天地追究终极道理并把"天道天理"推至虚幻，与科学知识对立；历史证明着人性恶，但儒家却偏说人性善，以至轻视法律；儒家崇拜圣贤，凡事以圣人言论为准，不能坚持个人的理性；儒家对于自然用理气相感来解释，有反科学倾向；等等。他还批评该学说"误于敬拜，疏于考察，杂于虚妄，泥于古圣，昧于物理"。①这些零散的批评意见，似可归纳成三点：方法上，西方强调科学而批评中国儒家话语玄虚；人性上，西方相信人性恶而批评中国儒家的性善论虚伪；取向上，西方注重解决当下问题并趋向未来，批评中国儒家崇古怀旧。谢卫楼及西方某些学者对中国文化的评价未必都正确，但所提出的不重视科学、忽视人性复杂性和重古轻今等问题，在当今学术研究中仍时有体现。显然，解决前述问题是做好中西文化交流和讲好中国故事时应该注意的问题。

古今生态的差异更大。这里所指的"今"，是指1949年至当下。我以为，今天的中国经历了"毛泽东时期"与改革开放两个时期，其"人文生态"有明显差异。"毛泽东时期"若按"人文生态"四方面——谋生方式、组织秩序、行为秩序与心态秩序来简单归纳，则为：计划经济主导的谋生方式，高度集中权力的组织秩序，泛政治化的行为（习俗）秩序，传统马克思主义与共产主义理想主导的节制物欲、集体主义、英雄主义的心态秩序。而改革开放时期则是，谋生方式由计划经济转向市场经济，组织秩序由高度集权的半军事化管理转向政治上由党领导、经济上却是陌生人之间由利益联结；行为秩序由泛政治化转向以政府不断整饬与大多数民众世俗化并存，心态秩序由马克思主义与共产主义理想转向更广泛的世俗化、个体化和物欲化并存。简单说，古今的"今"，包含从"毛泽东时期"到改革开放时期，逐渐出现的那种从神圣化到世俗化，从有机化到个体化，从节制人欲到放纵物欲的巨大转变。

总之，中外、古今两组生态已然发生很大变化，王阳明所处时代面临的生态问题与当今面临的也有很大差异。因此，本课题注意两大背景，以期沟通、交汇好中外古今生态的差异：一是自五四新文化运动以来，以自然科学为基础的科学立场；二是自"五四"

---

① 吴义雄：《谢卫楼与晚清西学输入》，《中山大学学报（社会科学版）》2007年第5期。

以来，特别是1949年以来，主流意识形态坚持的马克思主义的思想方法。

## 三、自我评价与反思

尽管本课题在理论与方法上或许有所创新与突破，但不成熟的方面肯定更多。我个人对成果惴惴不安，在结项申请表中，坦言本课题成果主要存在三方面问题。一是课题成果的集中度不够。虽然最终成果数量多且广泛，但理论上缺乏统一度，论述上缺乏深度和集中度，文献综述和研究方法分布在各章，整体谋篇布局可能显得不够集中。二是研究受试的代表性不足。课题组访谈调研的对象集中于村寨留守人群，样本量和代表性不足，且未能考虑到当地文化教育普及的影响，导致部分样本无效或作废。此外，课题调研对村寨外出务工人员关注较少，人群样本缺乏客观性与全面性。三是平行研究成果呈现未能高度统一。课题项目时间周期较长，参与人员机构较多，分领任务不同，很难做到统一共时管理，导致分论与实地调查研究相对独立，最终成果的逻辑、内容、思路、方法和结果的呈现有所差异。而评审专家也十分中肯地进一步提出类似不足。下面对课题集中度不足进行反思，并对阳明"心学"怎样才能"落到实处"展开构想。

### （一）关于课题集中度不足

对此，作为课题负责人，我个人进行了反思，以为原因或许有四。

其一是因为我提出的理论与方法不成熟，不能在贵州学人中达成共识。

其二是研究阳明者大多是思想史、哲学史学科的"学院派"学人。当其初入某学科时，教科书及导师往往采用为该学科划定边界、确立主旨、寻觅史迹、明晰概念等一整套学术规范来确立学科界线。在此相对狭窄的领域里，治学者也相对易于集中精力，重点突破，采用被费孝通先生称为"按图钉"的研究方法。这种学科式的研究自有其深入细致、规范有效的优点，成为近代科研的主流，但其"弊端之一是学术的'异化'。学术研究的根本目的是探索未知、创造新知，回答或解决自然、社会、人自身和学术研究本身的疑问或问题……然而，大量所谓学术研究……既缺乏对于生产、生活及其他领域提出的难题、困惑和未知的回应，又不提供启发智慧的新思想、推动学术研究深化和创新的新理论新方法，而是留连于从概念到概念的语言游戏，醉心于专业工具的技艺表演，满足于渊博知识的记忆炫酷，完全背离了学术研究的'初心'和'使命'，'异化'为谋取名利的工具和玩赏的游戏"①。作为课题负责人，我不属于"学院派"中人，学识不足却偏又着眼于人类生存与否的巨大问题，从而难以说服课题组其他学人实现集中统一的目标。

其三，上述学院派学术自有一套"政府主导的管理机制"作为制度保障。政府对学者及课题设有一套建制化的严格管理办法：往往统一制定课题目录，划定学术目标，规范参与者的身份与资质，规定时间与经费，时时进行中期检查评估，实施奖惩并以此作为评职称、晋级、加薪的标准，显现出权威化、建制化、刚性化、项目化的特点。这种管理对促进与推动学术研究产生了巨大效用，但也存在学术的"内卷"。"随着经济的高速发展，国家从不同渠道投入学术研究和学科建设的人力、物力、财力逐渐增多，新的学术研究机构纷纷建立起来，科研人员队伍逐渐扩大，科研经费额度一增再增，在国内国际发表论著的数量迅速增多，然而无论是自然科学还是社会科学，创新性的知识和技术产出没有随之等比例增长，充斥学术期刊、出版社和网络的仍然是缺乏新意和创见的重复之作和空洞文字。"②这套管理体制管控并主导着专家学者（特别是亟待社会承认的中青年学者）的学术前途。但作为课题负责人的我所思考与研究的，往往是自己觉得有意义并应该去完成的。这一点与其他学人沟通起来很不易，也是难以实现集中统一的原因之一。

其四，因为特殊经历让我对微观的底层社会与宏观的高层社会均有所了解，更以一名民主党派人士的立场超脱地关注与思考当下的问题，但其他学人却无此经历与视角，当事涉当代问题时，往往有"不识庐山真面目"的破碎感，往往有生怕惹麻烦的畏惧感。这

---

① 何明：《"学科性学术"与"问题性学术"的张力及其消解——学术研究的建制化、去建制化与再建制化》，《开放时代》2022年第1期。
② 何明：《"学科性学术"与"问题性学术"的张力及其消解——学术研究的建制化、去建制化与再建制化》，《开放时代》2022年第1期。

也形成我与课题组其他专家学人的隔阂。总之，我个人以为，本时代的阳明文化其实是多元组合、自然形成的，有高层的明确号召，有学者的学术配合，也有社会各界的实践应和，所以对课题的风格、话语不统一也就宽宥迁就了。

## （二）对阳明"心学"（含中华传统文化）如何"落到实处"的构想

坦率说，在做本课题时，我们注重的还是学术一面，比如理论与方法的突破，但"阳明心学的当代价值"这一课题，显然不仅应该回答阳明"心学"的当代价值"是什么"以及"为什么"，还应该回答"怎么做"（怎么去落实），才能贯彻马克思主义哲学大众的、实践的特质。对此，报告言犹未尽，特借此申言。

根据生物—生态—生态哲学的理论与生物学的思维方法，将阳明"心学"落实于当代肯定是一个系统、繁杂、分层、全域的历史过程。根据我个人对"人文生态"外延的理解，其包含谋生方式、组织秩序、行为秩序与心态秩序四者。据此分析如下。

首先，人是生物，其建立在一定生产力和生产关系水平上的"谋生方式"（马恩称为"物质资料的生产"和"人类自身的生产"，即食与色的满足），是人类最基础的行为。某种特定的谋生方式往往奠定了其特定的行为与心态，特别是直接塑造了生存于温饱线的广大民众的行为趋向与集体无意识（"经济基础决定上层建筑""存在决定意识"）。当下中国进入工商社会，不同程度地呈现出全世界进入市场经济环境时都曾经历过的世俗化、原子化和物欲化，此谋生方式与植根于农耕文明的王阳明"心学"有很大差异。所以，中国式现代化必须克服"用个人的物质欲望及社会分配不均为推动力"的西式现代化，而代之以既要有所发展，又要适当抑制物质欲望，更注重广大民众群体利益、情感、精神需要的中国式谋生方式基础上的现代化。

人类是一种"半社会性动物"（与蜂、蚁等"真社会性"动物和猫、虎等"独孤"动物有异），所以，需要组织的、行为的、心态的种种秩序。在组织秩序方面，数千年中国基层往往以血缘为纽带、以家长为权威，上层则体现为"中央集权制"。这当然具有符合中国历史国情及时代合理性："以古代中国疆域之大、人口之多、解决民生问题难度之高、民族和宗教关系之复杂，历朝历代在国家治理上都面临诸多严峻挑战，倘若中央没有权威，也就难有作为，甚至会出现纷扰不断、兵连祸结的局面。中国古代史上著名的盛世，如汉文景之治，唐贞观之治、开元盛世，均为中央集权得到加强、政令统一的时期；反之，大凡历史上出现内乱或分裂局面，往往是中央孱弱、权威丧失的时期。"① 但在当今的世界人文生态与社会主义市场经济环境下，应该有更多能产生王阳明式的独立思考和孤勇刚健的民主与自由，最终形成既有坚强领导核心，又有活跃思想的善治氛围。

行为秩序，即包含衣食住行、岁时年节、人生礼俗、民间俗信、民间歌舞等内容的日常行为。传统中华植根于农耕文明土壤中，除了尊重君主，更拥有一个神圣的天地鬼神、祖宗儿孙的世界。在这个世界里人们为禳祸祈福、敬祖祐孙，在"天地君亲师"的牌位下形成一套无所不在的神圣礼俗。进入当代，天地鬼神早已被科技和工具理性"祛魅"，然而祖宗与儿孙（特别是后者）仍是中国人难以释怀的牵挂。有此牵挂，就还能对自身行为有所整饬，对眼前利益有所超越。所以，当代一名藏传佛教高僧说："人类只要考虑到下一代的福祉，就会对整个世界带来极大的利益。"② 因为有所整饬与超越，除了敬畏法律与追求利益外，"为了孩子们的未来"，就可能成为中国社会富于爱、敬、诚等的日常行为秩序，并支撑起社会主义核心价值观。

心态秩序上，除了倡导儒家面临大群体社会所倡导的敬奉道义、勇于担当、礼让他者、修德聚群等；我以为，在当前全人类的人文生态与自然生态出现危机之时，还应多倡导道家面对小群体社会所呈现的遵从自然、不慕富贵、从容健步、潇洒和谐的精神，才能使世界永续和睦，心灵永葆诗意与远方。其实，两者的结合才是王阳明"心学"的真境界。"阳明的意义在于，他既高扬了道德的主体性，通过'心外无物''致极良知''仁者与物同体'，把儒学固有的'有'之境界推至至极，又从儒家的立场出发，充分吸收佛道的

① 夏春涛：《中国古代治理体系的主要特点及当代启示》，《华南理工大学学报（社会科学版）》2022年第5期。
② 宗萨蒋扬钦哲仁波切：《正见》，姚仁喜译，新星出版社2018年版，第4页。

014 | 王阳明心学的当代价值 |

生存智慧，把有我之境与无我之境结合起来"，"对于阳明，我们必须记住，一方面他对洒落自得、无滞无碍的境界有真体会，另一方面他始终坚持以有为体，以无为用，以敬畏求洒落"①。

这类似于乌托邦，是否有马克思主义与传统文化的理据？是否有现实典型可参照？

从理据上看，在全面建成小康社会以后朝向中国式现代化迈进的今天，当然应该向着马克思主义"自由而全面发展"的目标继续出发，应该开启向着更理想的"大同"世界的征途。

当年马克思恩格斯在工业社会迅猛袭来之际，憧憬过人类自由而全面发展的未来："在共产主义社会里，任何人都没有特殊的活动范围……因而使我有可能随自己的兴趣今天干这事，明天干那事，上午打猎，下午捕鱼，傍晚从事畜牧，晚饭后从事批判，这样就不会使我老是一个猎人、渔夫、牧人或批判者。"②这个打猎、捕鱼、畜牧、从事批判的社会，显然不是欲望满满、一路狂奔的西方工业化后的心境。有学者从演化心理学追溯：人类在狩猎—采集阶段度过了十几万年，其大脑中早已预先演化出有关公正、和谐、幸福之类的神经模块，而农业社会不过一万年，工商社会才几百年，所以，"马克思所描述的异化现象实为从采集—狩猎时代演化而来的智人大脑在突然面临工业文明的新环境时所产生的种种心理不适症，因此，资本主义社会的阶级压迫给劳工所造就的痛苦，实为现代工业文明的信息流程在强制性改造人类大脑固有信息流程时给后者带来的心理焦虑。而对于异化现实的克服，就要求我们重新构造出一个能够使之适应智人原始心理架构的、友好的新环境（但同时尽力保留资本主义工业文明的一切积极成果）"③。一方面保留原初心理结构，另一方面吸取工业文明成果，应该是马克思的初衷，他曾在一封书信中说："资本主义正经历着危机，这种危机只能随着资本主义的消灭，随着现代社会回复到'古代'类型的公有制而告终，这种形式的所有制，或者像一位美国著作家……所说的，现代社会所

---

① 陈来：《有无之境：王阳明哲学的精神》，北京大学出版社2013年版，第8、11页。
② 卡尔·马克思、弗里德里希·恩格斯：《德意志意识形态》，中共中央马克思恩格斯列宁斯大林著作编译局编译：《马克思恩格斯文集》（第1卷），第537页。
③ 徐英瑾：《演化、设计、心灵和道德——新达尔文主义哲学基础探微》，复旦大学出版社2013年版，第250页。

趋向的'新制度',将是'古代类型社会在一种高级的形式下的复活'。因此,不应该过分地害怕'古代'一词。"①顾准先生读及此,称为"马克思的共产主义的直截了当的陈述"②。

此外,孔夫子在春秋动乱之世,也向往"大道之行也,天下为公,选贤与能,讲信修睦。故人不独亲其亲,不独子其子,使老有所终,壮有所用,幼有所长,矜寡孤独废疾者皆有所养,男有分,女有归。货,恶其弃于地也,不必藏于己;力,恶其不出于身也,不必为己"③。这肯定也不是商品经济的、以物质财富为追求目标的社会,而是恩格斯曾赞美的"令我们感到值得赞叹"的"纯朴道德高峰"的氏族社会中人与人之间温馨和谐、无私互助的情怀的回忆。④

就典型而言,我们的邻国不丹,针对西方工商社会的种种弊端及对自身文化和生态进行评估后,提出了"国民幸福总值"(GNH),把"保护环境和自然资源""实现公平共享的、可持续的社会经济发展""传承发扬不丹的传统文化""施行优良的、有责任感的、有人民参与的治理制度"四者作为"四维支柱"⑤,辅之以心理幸福、国民健康、义务教育、文化多样性、地方的活力、自然环境的多样性和活力、生活水平和收入、善治等要求,再以"家庭成员是否相互帮助""睡眠时间是否足够""上医院的距离"等作为具体衡量指标。⑥其"国民幸福总值"已引起世界注目,2012年联合国召开高层会议,主题就是"幸福:定义新的经济范式"。

党的二十大召开以来,中国式的现代化涵纳"人民中心""共同富裕""发展全过程人民民主",以及"把马克思主义基本原理同中国具体实际相结合、同中华优秀传统文化相结合"的新理念,我以为,符合我们的畅想。一旦实现,应该更能涵养良知,更能让阳

① 卡尔·马克思:《给维·伊·查苏利奇的复信》,中共中央马克思恩格斯列宁斯大林著作编译局编译:《马克思恩格斯全集》(第19卷),人民出版社1963年版,第437页。

② 顾准:《顾准笔记》,中国青年出版社2002年版,第642页。

③ 《礼记·礼运·大同篇》。

④ 弗里德里希·恩格斯:《家庭、私有制和国家的起源》,中共中央马克思恩格斯列宁斯大林著作编译局编译:《马克思恩格斯文集》(第4卷),第113页。

⑤ 尹伊文:《幸福与GDP:主流发展模式之外》,生活·读书·新知三联书店2019年版,第18—19页。

⑥ 刘德强:《不丹"国民幸福总值"理念及其对中国的启示》,《新视野》2012年第4期。

明"心学"有旺盛成长、开花与结果的良好生态，从而实现中华文化为世界做贡献。

第一章

本 论

## 第一节 关于"阳明心学当代价值"的理论视角问题

当今中国，阳明心学已成显学，阐述"阳明心学当代价值"者众多，理论视角也就显得多元。本节拟分析诸视角得失，提出转换新理论视角的必要性及笔者的初步设想，并阐述新视角的意义。

### 一、当今几个理论视角

#### （一）三种主要视角

我以为，当前论"阳明心学当代价值"者，主要有意识形态视角、学术思想视角和企业家视角三种，分述于下。

#### 1.意识形态视角

本节所讲的"意识形态"特指以中国共产党主要领导人的思想为代表的主流意识形态。新中国成立以来，从毛泽东开始，均恪守传统马克思主义立场，个人虽不明言，但其主导的话语却认定：王阳明是主观唯心主义者，而该主义等同于保守、反动与错误；其阶级立场，是站在地主阶级而非农民阶级一边。所以，主流意识形态曾一度对阳明心学持全面否定批判的态度。[①]自党的十八大以来，才首次有党的最高领导人正面公开评价王阳明及其心学。[②]其后高层领导在不同场合提出过"党性教育是共产党人的'心学'"，并不断引用王阳明的话语，如"志不立，天下无可成之事""仁者，以天地万物为一体""在知行合一中主动担当作为"，等等。[③]

---

① 尽管开国领袖毛泽东心下对王阳明暗自认同：青年时曾写《心之力》，并宣言"横尽空虚，山河大地，一无可恃，而可恃唯我""盖我即宇宙也。若除去我，即无宇宙"之类，与阳明心学相似（参见中共中央文献研究室、中共湖南省委《毛泽东早期文稿》编辑组：《毛泽东早期文稿》，湖南人民出版社2013年版）。1943年还专门指出："王阳明也有一些真理。"［中共中央文献研究室：《毛泽东文集》（第3卷），人民出版社1996年版，第84页］但在新中国成立后的公开发言中，对王阳明缄口不言。其余领导人亦如此。而当时主流的思想史著作，有侯外庐主编：《中国思想通史》（第4卷下），人民出版社1959年版，其批判王阳明及心学内容见第875、883、884页。
② 2014年3月，习近平总书记参加全国"两会"贵州代表团审议时，首次提出"文化自觉"，同时明示："王阳明曾在贵州参学悟道，贵州在弘扬传统文化方面有独特优势，希望继续深入探索、深入挖掘，创造出新的经验。"见《习近平总书记参加贵州代表团审议侧记》，《贵州日报》2014年3月17日。
③ 参看《人民日报》、人民网等主流媒体相关报道。

于是各地党政媒体风从影随，如贵州修文县委党校编的《阳明文化的当代价值》，以传统的修身、齐家、治国、平天下各条目为序；分"阳明文化与修身智慧""传统家训与齐家要义""'知行合一'与治国实践"和"'不忘初心'与使命担当"等章节；引用习近平总书记和党中央对干部的要求，一一与王阳明及其心学相应。其"后记"云：

> 作为"心学圣地"的干部教育培训工作者，我们谨记习近平总书记的嘱托，努力学习和挖掘阳明心学的思想精华……旨在引导干部自觉崇德修身、廉洁齐家、恪守良知、俯仰无愧，坚守正道，不忘初心，做新时代忠诚干净担当的好干部。①

**2. 学术思想视角**

学术思想属学者视野，其至少表现出两种倾向：传统哲学的视角和"民间儒学"的视角。前者如陈来先生的《有无之境：王阳明哲学的精神》，秉承"哲学就是哲学史"的立场，②注重概念的历史梳理与辨析。陈来先生深入研究过朱熹之学，并掌握相应的西方哲学，在此基础上对阳明心学作了历史的研究：对宋明、中西进行互比参证，对阳明心学的基础话语、思想脉络细加阐释，条分缕析，力求精准，时有独见。后者如倡导"立足返本开新，关注生活世界"的郭齐勇先生，近年发表多篇关于王阳明及其心学当代价值的文章，肯定民间儒学的方向，提炼并普及阳明心学知识，以此比照当下弊端，号召当代人通过对阳明心学的"慢慢品味、躬身实践""唤醒"自身内心，达到"赋予今人实践道德、完善自我的勇气。学习阳明心学，从人性上反思自己，反思人的贪欲，可以唤醒现代人冷漠的、功利的、庸俗化的心灵，反抗拜金主义、享乐主义、虚无主义，拯救生态危机、信仰危机、道德伦理危机"③。

---

① 娄果主编：《阳明文化的当代价值》，人民出版社2019年版，第200—201页。
② 恩格斯："理论思维无非是才能方面的一种生来就有的素质。这种才能需要发展和培养，而为了进行这种培养，除了学习以往的哲学，直到现在还没有别的办法。"［弗里德里希·恩格斯：《自然辩证法》，中共中央马克思恩格斯列宁斯大林著作编译局编译：《马克思恩格斯文集》（第9卷），第435—436页］
③ 郭齐勇：《王阳明的生命关怀与生态智慧》，《深圳大学学报（人文社会科学版）》2018年第1期。

### 3.企业家视角

企业家看王阳明及其心学，别有独特视角。以皇甫金石先生为例，他曾遭遇破产，走投无路、万念俱灰。后读儒典，得"自强不息""厚德载物"等激励，进而关注并钟情于阳明心学，以为王阳明其人具有无中生有、出奇制胜之道；又从"四句教"悟出"善恶合一、乾坤合一、知行合一"——"三达"，进而归"义利合一"为"一本"，从而得出"一本三达"、内圣外王、致良知体系，并且自诩为可以重构儒家核心价值体系，使其更加优化、更加完整、更加彻底。①

### （二）诸视角评议

我以为，中央领导如此重视阳明文化，或因中国已进入市场经济世俗社会，革命的传统马克思主义和共产主义理想难以调动起宏大而忘我的精神力量，以支撑新时代诸事业。②领导人肯定"阳明心学"，其价值应重在弘扬阳明心学所代表的传统文化，激扬强大心力，重振执政党的精气神，重塑国民道德及信仰，树立中华文化自信，从而支撑起实现中华民族伟大复兴中国梦的精神力量。但是，所采用的方法，并非学术阐释与普及宣讲，而是加以指令，带有强烈的理想主义与英雄主义色彩。我以为，可进一步完善处至少有三：其一，注重阳明心学本身的学理；其二，与此前倡导的马克思主义体系中具有充分说服力的部分相契合；其三，注重与当下工商社会普遍世俗化的社会生活与公众群体无意识之间的联结，缩小意识形态与群众观念间的距离。

学术思想视角的着力点，或重在回答"阳明心学是什么""怎样形成""包含什么内容"等，从而梳理出阳明心学乃至中华传统文化的精华，或在此基础上进而期望阳明心学为提升中国人的精神境界提供帮助。其情殷殷，其意可贵。但我以为，可反思处在于：

---

① 参见皇甫金石：《良知正道王阳明：心学新说》，江西教育出版社2017年版。

② 如许纪霖先生言："革命的能动的"传统马克思主义作为"新意识形态系统由于其道德上的高调性质，多适合于革命与战争的非常时期，而无法应对常态的世俗社会。它对人性的过高估计和对个人自由意志的严重忽视，使得这一信仰不是通过政治动员的方式勉强维持，就是流于普遍的道德虚伪。最后，当二十世纪最后二十年，中国又重新开始自己的世俗化进程时，新意识形态如同当年的儒家文化一样，也发生了严重的意义危机"。[许纪霖编：《二十世纪中国思想史论》（上），东方出版中心2006年版，第6页]

重理性，轻情绪；重精英，轻百姓；重理论，轻心态；重应然，轻实然。精深的哲理为普通知识分子所理解尚有困难，更难为社会大众普遍接受，对当下现实生活的指导性也就有限。

企业家拼搏于难以确知的市场经济，不时面临"过山车"般的风险，若想要坚守传统道德中的公道、仁爱立场，就需要强大的心力。王阳明的经历及心学能给他们不少勇于冒险、敢于创新、不断坚定自我意志、管理企业的精神力量和方法论，在实践中他们也有不少个人的领悟。但在我看来，企业家视角的阳明心学常常诉诸自己的经验与领悟，缺乏深厚学理和普遍说服力，还难免携有功利主义与实用主义的色彩，其社会影响力也往往有限。

综上，意识形态、思想家、企业家诸视角尽管都具有其历史的合理性及存在的必要性，也都共属当今多元并存的阳明心学的重要组成部分。但是，"王阳明心学的当代价值"论题，其目标指向显然不在领导者有无期望、思想家有无成果和企业家有无昂扬的精神状态与优异业绩上，而在将传统阳明心学转化而为当下广大中国民众的实际心态与行为，是大众而非小众，是普遍而非个别。

因此，上述三个视角均不免如下缺憾：轻生活实际重理想意识，忽略人的感性去论理性，并非面向大众而主要针对精英，而就思想方法看，都把彼时代的思想与眼前的存在之间的联系简单化、理想化了。

## 二、尝试新的视角

阳明心学也好，当代社会思想也好，均各有特定时代的生活背景——这是一个由自然环境和人文环境共同组成的生存系统。就人文环境而言，至少包括人们为适应环境，带有历史惯性的谋生秩序、组织秩序、行为秩序和心态秩序等复杂因素共同交织而成的大生活系统。

与上述认识相对应的，有以下几个理论视角可供参考。

### （一）心态史视角

一般认为，心态史是在20世纪早期，经由法国年鉴学派三代学者的努力而逐渐形成，并在20世纪六七十年代蔚然成派。其关注点与传统视角不太一样，"心态史探讨的主要是普罗大众的日常行为和心理活动，例如人们对待日常生活的情感和态度等。与关注宫廷社会、精英人物的传统文化史不同，心态史侧重集体的态度，认可大众文化及其能动作用，体现了总体史理念和人类心灵实践之间的张力"①。

此外，心态史还具有如下特点。

第一，长时段研究，即把某一思想放进特定的时空中去作历史比较分析，而非古今同此、天道永恒。

第二，将某一思想放在特定的社会及其支撑该社会的具体自然环境中去理解，而非离开生存基础的形而上学的宇宙精神：

> 芒德鲁在《近代法国导论》一书中主张将心态放到长时段中加以考察，他也并不否定地理、气候、饮食和社会关系对心态的影响。②

第三，学科交叉，视野纵横，而非只看由文字记录的精英话语：

> 它可以说是各种对立因素（如个人与集体、长时段与当天、无意识与有意识、结构与态势、个别与一般）的交切点，这就要求心态史必须与一些相关学科交叉和渗透，这些学科主要有社会学、社会心理学、文化人类学、宗教人类学、语言学、考古学、经济学、人口学等等。③

第四，分析某种心态要注重时代生活与思潮，还须重视心态拥有者的个体心理与生理特点：

> 费弗尔进一步概括了心态史学的分类。在他看来，这应当包括三个内容：集团心理学、特殊心理学和差别心理学。集团心理学集中探讨人所得之于社会环境的东西。特殊心理学是考

---

① 赖国栋：《心态史的发展及其时代意蕴》，《光明日报》2020年11月16日。
② 赖国栋：《心态史的发展及其时代意蕴》，《光明日报》2020年11月16日。
③ 吕一民：《法国心态史学述评》，《史学理论研究》1992年第3期。

察人所得之于其特殊机体的东西。而差别心理学探究作为人得之于其个人的心理特点得之于其身体结构的意外状态、得之于其社会生活的偶然事件的东西。①

显然，这种心态史的视角更适合于研究某种古代思想——如阳明心学——怎样"活"在当下社会大众之中。

### （二）马克思主义视角

其实，心态史作为一个由众多专家及著作共同构成的学术流派，固然可归功于法国年鉴派的三代学者，但认真溯源，却都指向中国学者最为熟知的马克思历史唯物主义。法国年鉴派第一代学者吕西安·费弗尔说过："马克思表达得那样完美的许多思想早已成为我们这一代精神宝库的共同储备的一部分了。"第二代学者费尔南·布罗代尔也说，他之所以偏重于研究经济和人们的物质生活，在很大程度上是由于马克思的影响："马克思的天才，马克思的影响经久不衰的秘密，正是它首先从历史长时段出发，制造了真正的社会模式。"②第三代大师埃马纽埃尔·勒华拉杜里同样说："我认为年鉴学派保留了马克思主义好的一面，这就是对物质生活、对人口的关注，这些都不是纯粹观念。"③

马克思对心态史的影响，我以为主要在唯物主义的、生活决定意识的、长时段（历史性）的、社会分层的等等。以革命导师的经典《德意志意识形态》为例。首先，人类是生物，生物需要各种自然条件提供的生态才能生存：

> 全部人类历史的第一个前提无疑是有生命的个人的存在。因此，第一个需要确认的事实就是这些个人的肉体组织以及由此产生的个人对其他自然的关系……地质条件、山岳水文地理条件、气候条件以及其他条件。

---

① 彭卫：《心态史学研究方法评析》，《西北大学学报（哲学社会科学版）》1986年第2期。
② 张华：《马克思主义史学对法国年鉴学派的影响》，《商丘职业技术学院学报》2005年第6期。
③ 埃马纽埃尔·勒华拉杜里、周立红：《乡村史、气候史及年鉴学派——埃马纽埃尔·勒华拉杜里教授访谈录》，《史学月刊》2010年第4期。

在适应自然条件的过程中，人们组织物质生产和物质交往，并在此基础上产生各种意识：

> 道德、宗教、形而上学和其他意识形态，以及与它们相适应的意识形态便不再保留独立性的外观了。它们没有历史，没有发展，而发展着自己的物质生产和物质交往的人们，在改变自己的这个现实的同时也改变着自己的思维和思维的产物。不是意识决定生活，而是生活决定意识。①

### （三）生物—生态—泛生态（生态哲学）视角

鉴于"心态史"容易令人引发"照搬西方理论"的联想，而称引马克思主义经典又容易产生"以威权压人"的误会，我以为，改用当今比较先进成熟的生物学、生态学、泛生态（生态哲学）相互递进深化的视角，或许更能与时俱进，创新视角及理论。

生物学视角：相对于人类早期的宗教学视角、近代的物理学视角而言，生物学视角具有优越性。宗教学视角此处略而不论。就近代物理学视角而言，美国学者塞缪尔·阿贝斯曼认为，当今人类主要有物理学的与生物学的两大思维方式：前者是化约的、简单的、线性的，带有决定论的倾向；而生物学思维则是系统的、复杂的、偶然的、特色的、多层的、多元的。"在物理学中，人们通过统一和简化去观察各种现象"，而"生物学家通常更愿意接受多样性，并倾向于陈列大量事实，而不在意这些事实是否能用某个统一理论来解释"②。

生态学视角：人类是生物中的一类，需要复杂系统的生存条件来支撑其存活，而生态学视角正好能展示其繁复和系统：

> 生态系统是一个典型的复杂系统。例如，从群落或生态系统水平上看，生态系统由大量的物种构成，物种之间存在捕食和被捕食，寄生，互惠共生等复杂的种间关系，这些物种直接

---

① 卡尔·马克思，弗里德里希·恩格斯：《德意志意识形态》，中共中央马克思恩格斯列宁斯大林著作编译局编译：《马克思恩格斯文集》（第1卷），第519、525页。
② 塞缪尔·阿贝斯曼：《为什么需要生物学思维》，贾拥民译，第98页。

或间接地联结在一起，形成一个复杂的生态网络。而生态复杂性就是生态系统结构和功能的多样性，自组织性及有序性。①

泛生态（生态哲学）思维方法的视角：由于生存要素复杂关联，启迪人们从复杂而系统的角度去思考问题，"生态"一词便也迅速扩展至人们生活的各个领域，如社会生态、经济生态、政治生态、思想生态，进而可细分为教育生态、体育生态、音乐生态、金融生态、校园生态等等，最终形成一种思考问题的框架和处理问题的方法论，是为"生态哲学"。比如：

美国物理学家卡普拉（F.Capra）认为，生态哲学是现代科学世界观，是科学最前沿的人的观点。他说："一种新生态世界观正在形成，其科学形式是由系统理论赋予的。"他把生态哲学理解为生态世界观，是转变以往价值观而形成的新的生态世界观。我国学者余谋昌先生也认为："生态学，或生态学世界观，它是运用生态学的基本观点和方法观察现实事物和理解现实世界的理论。"他在所著的《生态哲学》一书中对生态哲学的特点作了如下全面概括："生态哲学是一种新的哲学方向。它产生于人们对当代生态危机的哲学反思，以及生态学发展的理论概括。生态哲学是一种新的世界观，它用生态学整体性观点去观察现实事物和解释现实世界。生态哲学是一种新的方法论。它以生态学方式思考，是科学的生态思维。"②

上述视角与前引"阳明心学的当代价值"的意识形态、学术思想、企业家的各个视角是有明显差别的：除人类的思想观念之外，该视角还关注自然气候及资源；除理性外，还关注直觉情绪与潜意识；除精英的、书面文本的思想史内容外，还关注百姓大众的群体无意识及其社会生活场景；除顾及思想的相对独立与传承外，还关注思想者的生物个体差异性，甚至关注到微生物与人类世界的关系；除意识形态、思想、企业等单一视角外，还包含了更多复杂学

① 张知彬、王祖望、李典谟：《生态复杂性研究——综述与展望》，《生态学报》1998年第4期。
② 何玉宏：《生态哲学对社会学的影响与启示》，《求索》2007年第1期。

科。因此生物—生态—生态哲学的视角具有比传统理论视角更多的
复杂性与系统性、多层级性、偶然性、耦合性等特征，并且摒弃了
传统化约、线性、简单因果等理论思维方式。

## 三、新视角的理论意义与实践意义

我以为，新视角具有下述理论意义及实践意义。

### （一）以自然科学为基础，以人类社会关切为导向

我以为，一种视角，应该以自然科学为基础才是可靠可信的，
以人类社会关切为导向才是人文的、有意义的。

#### 1.生物学—生态学—生态哲学的视角具有自然科学基础

马克思说"自然科学是一切知识的基础"[①]，而恩格斯也认为
"从笛卡儿到黑格尔和从霍布斯到费尔巴哈这一长时期内，推动哲
学家前进的，决不像他们所想象的那样，只是纯粹思想的力量。恰
恰相反，真正推动他们前进的，主要是自然科学和工业的强大而日
益迅猛的进步"[②]。

上述论断符合从古希腊到西方近现代哲学家与自然科学家密不
可分的实际。在公元前7世纪到公元15世纪上半叶，古希腊的哲学
家既从事实际的科学观测和实践，又同时进行着抽象的哲学思辨，
因此，其自然哲学同时也就是自然科学，二者浑然一体，难以区
分。如古希腊大哲学家赫拉克利特、巴门尼德和阿那克西曼德，均
著《论自然》，阿那克萨哥拉有《物理学》、亚里士多德有《物理学》
《天论》《论动物的结构》等。

直到近现代，不少著名西方哲学家仍然兼具自然科学家的身份，
如法国的笛卡儿，德国的莱布尼茨、康德，英国的普里斯特利，等
等。他们除哲学外，都各在天文学、物理学、数学、化学等不同领
域有很深的造诣；而牛顿的《自然哲学的数学原理》以及爱因斯坦
的《爱因斯坦文集》等，至今仍赫然列于商务印书馆"汉译世界学

---

① 卡尔·马克思：《政治经济学批判（1861—1863年手稿）摘选》，中共中央马克思恩格斯列宁斯大林著作编译局编译：《马克思恩格斯文集》（第8卷），人民出版社2009年版，第358页。
② 弗里德里希·恩格斯：《路德维希·费尔巴哈和德国古典哲学的终结》，中共中央马克思恩格斯列宁斯大林著作编译局编译：《马克思恩格斯文集》（第4卷），第280页。

术名著丛书"的"哲学"一类。

仍然为中国人提供世界观和方法论的马克思主义，也是以19世纪三大自然科学发现作为其基础的：其一，细胞学说提供了生命是物质而非神造灵物的证据，使得有机界与无机界的隔阂相互消融，并说明生物的运动、变化、发展皆有其内外原因；其二，能量守恒与转化定律启示了各种物质形式之间的相互依存与转换的辩证统一；其三，进化论印证了生物由简单向复杂、由低级向高级的进化过程，抨击了19世纪前物种不变论和将生物进化、运动看作是机械力作用的自然观。根植于三者的思想基础，才奠定了马克思主义历史唯物主义与辩证唯物主义的世界观。

**2. 生物学—生态学—生态哲学的视角能回应人类的关切**

我以为，当今人类的关切主要有二：一是人与人（含民族与民族、国家与国家、宗教与宗教）之间是和解还是分裂；二是人与自然之间是和谐还是冲突——因为这两者关系到人类还能不能在地球上存在这一终极问题。但从现实世界的发展看，当今人与人、人与自然不和谐乃至走向分裂的两大"毒素"正在积累，以至产生了"人类物种老化危机"。[①]

因此，生物—生态—生态哲学的视野，既有自然科学为坚实基础，又能很容易地转向当今人类关切的自然生态、人文生态问题，从而具有理论意义。

## （二）该视角可弥补后现代主义缺乏理论建构的缺陷

人们普遍认为，后现代主义理论对现实世界解构有余而建构不足：

> 后现代主义过度地解构了一切，似乎从未考虑过建构，对于未来倾向于一种虚无主义和悲观主义……较为普遍的批评是认为后现代主义的思维方法只着重"破"（解构）而无所"立"（建构），是一种消极、负面的思潮。[②]

---

① 詹克明：《人类物种老化危机》，《文汇报》2020年3月14日。
② 洪长安、梁立新：《解构与建构：社会建构主义对后现代主义思维方式的超越》，《前沿》2008年第9期。

后现代主义给当代思想界留下的总的印象是解构有余、建构不足。当旧的思想体系被解构掉,新的思想体系没有建立起来时,留给人们的是一片迷茫,无所适从。[①]

而生物学—生态学—生态哲学可能成为当今全人类的基本共识,从而具有普遍和必然的理论意义。

下面列举两本有较大影响的西方思想史论著为证。

**1. 德威特的《世界观》**

该书从科学哲学的角度,将西方人的世界观分为三个阶段:亚里士多德代表的世界观、牛顿代表的世界观和当代的世界观,并力图各用一个比喻来描述三者:

在亚里士多德世界观中,宇宙被看作像一个生物有机体,各部分分别发挥其作用,从而共同实现天然的目标和目的;在牛顿世界观中,宇宙被看作像一台机器,各个部分通过推拉与其他部分发生相互作用,与机器里的零部件彼此发生相互作用的方式一样。

但书末结尾处,谈及当下的世界观,作者感到"失喻":

新近发展所主张的宇宙可能是一个无法用任何方便的隐喻来总结的宇宙……这是有史以来(至少是有记录的历史上)第一次,我们没有隐喻可以用,而且我们可能已经来到了一个分割点,也就是,从今往后,我们可能再也无法用一个方便的隐喻来总结自己所居住的世界了。[②]

而生物学—生态学—生态哲学的视角,可能在走过否定之否定过程以后,出现一个没有上帝、由人类自己齐心协力才能和睦共处的"新的生物有机体"世界观。

---

① 张庆熊:《后现代主义与思想解放》,《复旦学报(社会科学版)》2009年第5期。
② 理查德·德威特:《世界观:现代人必须要懂的科学哲学和科学史(原书第2版)》,孙天译,机械工业出版社2018年版,第461—462页。

### 2.塔纳斯的《西方思想史》

该书具有叙事简洁明快、要言不烦的特点，但临近结束，却花了较大篇幅反复以"男性"立场与"女性"主义进行话语言说，表述如诗句。作者反思西方思想长期以来，犹如叛离母亲的男子：

> 西方传统的"人"一直是一个上下求索的男性英雄，一个普罗米修斯式的生物的、形而上学的反叛者，他不断追求他自己的自由和进步，因而他不断努力去区别他自己和他由此产生的母体，并且控制这一母体。……西方思想的演变发展是受到这样一种巨大的推动力推动的，这种推动力就是通过把他自己与自然的原初的统一脱离开来而铸造独立自主理性的人类自我的一种推动力。西方文化极其重要的宗教的、科学的和哲学的观点一直受到这种决定性的男性主宰的影响。[①]

这种"叛逆男子"式的发展，使整个人类面临着存在的危机："作为孤独的、终有一死的有意识的自我，深深陷于最终毫无意义的、不可认知的宇宙，人类便面临着这种存在的危机。"怎样化解危机？他憧憬西方"男性文化"与"女权主义的、主张生态保护的、古老文化价值的（后者包括"东方神秘主义"，顾注）"等象征女性的文化相结合，"我认为这种危机的解除现在正出现于我们的文化中女性的粉墨登场中：这不仅在女权主义的兴趣中……而且在对与地球以及地球上所有各种自然的形式的统一的不断增进的认识中，在主张生态保护的不断增强的意识中"，乃至，他表达出宋明理学家"天地万物一体之仁"似的话语："在对人类一体、天下一家的观念的不断增强的信奉中"，去解除危机。[②]

于是，在自觉与不自觉中，作者把进取的人类放入巨大的生态"盖亚""母体""地球自然统一""生态保护"等语境中，即回归到生物学—生态学—生态哲学的世界观之中了。

以上两例，如果说德威特的"失喻"建立在科学哲学的基础上，

---

① 理查德·塔纳斯：《西方思想史》，吴象婴、晏可佳、张广勇译，上海社会科学出版社2007年版，第482页。

② 理查德·塔纳斯：《西方思想史》，吴象婴、晏可佳、张广勇译，第483页。

塔纳斯的"联姻"建立在某种神秘主义直觉上，而生物—生态—生态哲学的视角则建立在更坚实的自然科学的基础上，既建立了新的"隐喻"，又完成"男性"与"女性"的"联姻"，所以很有可能成为人类新世界观的表述方式。

### （三）该理论视角可指导现实实践

最后，这个生物学—生态学—生态哲学的理论视角可以指导现实实践。这里的"现实实践"主要分"社会操作实践"与"理论研究实践"。

**1.从社会操作实践层面看，可指导进一步完善使良知、进取心"活在当下"的各种制度化因素**

恩格斯《反杜林论》："每一个时代的理论思维，包括我们这个时代的理论思维，都是一种历史的产物。"[①]这种历史的产物，并非以某种思想去影响当下思想，而是在顺应自然与人文生态的基础上，营造更适宜该思想得以成长的环境。比如，尽量营造使"德福相配"的社会环境；尽量致力于实现民主、自由、平等、公正、法治、诚信、友善等"社会主义核心价值观"的各配套要素，如使所有公民衣食无忧，具有尊严，落实到老人看病、儿童读书等制度设计之上，以有良知的社会生态来塑造良知。

此外，我认为，能影响人心灵的方式，固然需要理性的说服，但或许更需要情感的打动与榜样的示范。就是说，从方式上看，也要符合大脑的接受规律——多层面、复杂、系统地去影响对象的生物性器官。从而也需要生物学—生态学—生态哲学视角的引领。

**2.从理论研究层面看，可指导"修补世界观拼图"，使心学契合当代**

根据马克思主义唯物史观，人们的世界观无不打上其社会生活的烙印。王阳明所处时期与当今，两个时代的社会生活烙印各有不同，可从自然环境与人文环境（含谋生、组织、行为、心态几种有机组合的秩序）简述如下。

王阳明身处的社会生活状况是：在自然环境层面，遇上了"明

---

① 弗里德里希·恩格斯：《自然辩证法》，中共中央马克思恩格斯列宁斯大林著作编译局编译：《马克思恩格斯文集》（第9卷），第436页。

清小冰期"，深刻影响了生产、国防和社会安定。其时的谋生秩序是以家户农耕为主，另外，城市商业开始萌芽，白银货币化迅猛激荡；其组织秩序是血缘家庭家族（基层家族制度，最高大一统差序格局）；其行为秩序是无处不在的神圣礼俗与逐渐世俗化的越轨行为并存。在此基础上所形成的心态秩序是：人与自然的关系是原初的"天人合一"观（农耕者的视野，感通式的思维，阴阳五行的分析框架）；人与他人、他国的关系是地处世界之中心的泛家族主义世界图景（仁爱基础上的，差序格局的）；人与自己内心的关系是克己复礼，存天理去人欲；等等。

而当下的社会生活是：自然环境在科技与过分物欲驱使下日益恶化，但总体上没有影响人们对物质生活的美好想象；谋生秩序是以工业商业为主；组织秩序是渐趋城市人的陌生化，不再以血缘为纽带，而以利益为中心抱团；行为秩序是"除魅"以后"实用理性"的日常行为系统。在此基础上所形成的心态秩序则是：在人与自然的关系上，科学的普及与常识化使传统"天"的权威地位完全丧失；人与他人、他国的关系是中国早已不再是世界的中心，社会达尔文主义与民族主义普遍盛行；人与自己内心的关系是个人日益原子化，物质欲求完胜"天理"；等等。

又根据德威特的世界观理论来看，世界观像个"大拼图"，该拼图由人们对自然、人文、内心等复杂系统的观念共同拼凑而成。

阳明所处时期与当下是两个不同的时代，存在不同的社会生活背景，也就生发出不同的世界观。比如：宇宙秩序普遍被自然科学解构而不再神圣（传统天人合一的世界观被天人两分的理性和科学所"除魅"）；观世目光普遍不局限于疆土或自诩处于世界中心，周边也绝非蛮夷，我们置身于一个弱肉强食的"战国时代的地球村"；社会观念上普遍接受了马克思历史唯物主义洗礼。诸如唯物主义与唯心主义、无产阶级与资产阶级、社会主义与帝国主义、斗争和革命等，已经深入相当多干部群众的潜意识；此外，城市化陌生化使以家庭血缘为纽带的社会组织及其"三纲五常"的观念土崩瓦解；个体角色层面则因普遍由传统农耕转入城市工商业，市场经济及其伴生的"金钱至上"形同影随，人们从"有机人"变为"原子人"……

两者至少有三块"核心拼图"很不一样，无法拼合：第一，人是逐渐演化来的仍然演化着的动物，还是天地造就的天然灵物，其道德感是否先验的？第二，天地是一个巨大复杂的无意志自然系统，还是有意志的，值得敬畏与否？第三，真理是不断在现实人生的实践进程中呈现的，还是存在于往日圣贤的话语之中？这三个具有重大差别的世界观"核心拼图"的客观存在，让昔日的阳明心学要想契合于当代的民众生活实践，可能需要认真仔细"打磨"，才能安放进当下广大民众的世界观里。

但这些内容已经大大超出了本节的主旨，需下面的文字来加以论述了。

## 第二节　明代中期的生态及其对王阳明"心学"的影响兼论当今生态与思潮

在前一节，我们提出复杂、系统、多层级、更多偶然与耦合性的"生物—生态—生态哲学"的理论视角：除了关注人的思想观念之外，还关注自然气候及资源；除关注理性外，还关注直觉情绪与潜意识；除关注精英的、文本的思想史内容外，还关注百姓大众的群体无意识及其形成的社会生活场景；除顾及思想的相对独立与传承外，还关注其间个体的生物差异性。下面，将以此来分析王阳明及其心学的生态，并简要比较当今的状况。

这里的"生态"，指某个时期作为生物的人及其群体得以存在的复杂系统。主要分为自然生态与人文生态两大类。自然生态主要从气候气象、地理地貌、土地土壤、物产资源等四方面进行观察；人文生态则有谋生秩序、组织秩序、习俗秩序、心态秩序等要素。两个生态系统相互交织，产生了万花筒一样的生态图景。尽管如此，仍然可以得出两点简单的结论：人类永远是隶属于自然世界的生物一类，自然生态先于并最终决定着人文生态的存亡；随着人类认识并驾驭自然的科技水平不断提高，人文生态会对自然生态产生巨大的影响，但第一点结论不变。从生命存在的角度看：植物属"自养"生物，通过阳光、温度、雨水与土壤得以生存；草食动物等则属异养生物，主要靠进食植物维系生命；食肉动物主要依赖草食动物而存活；人类属"异养"生物——早先通过采摘植物、猎取动物以维生，约一万年前，在地球转暖的自然生态下，主要采用养育植物——"农作物"，以及养畜动物——"家禽及家畜"等，以供给个人乃至全社会必需的碳水化合物、蛋白质、脂肪、保暖物等维生资源。进入工业、信息社会，人们仍然是"异养"生物，靠植物、动物维系生存。从人文生态的角度看，在传统农耕社会中，大量底层的农民直接与大自然打交道，养育出农作物和家畜，处于低端的"生态链"，类似于"自养"生物；手工业者则对前者的产品进行加工，商人通过实物或货币对农工产品进行贸易；中国传统社会的知识分子，一般为创造社会精神产品而存在——或偏重于情感，提供文艺类产品，或偏重于理性，维系社会心态秩序和行为秩序；上层的统治者则掌控着社会权力和意识形态、攫取各类社会产品维持其地位和制度的存在，类似于"异养"类生物。

本节拟用上述方法和视角，主要分析王阳明所处的明代中期的生态，并简要比较当今的生态。

## 一、王阳明时代的自然生态

按上述思路，依次从气候气象、土地土壤、地理地貌、物产资源等四要素分析王阳明时期的自然生态及其对人文生态的影响。

### （一）气候气象

王阳明生活于1472到1529年，经历了成化、弘治、正德和嘉靖时期。该时段，特别是弘治、正德时期，是所谓"明清小冰期"的极寒期："16世纪至17世纪这个小冰期是受整个银河系、太阳系、行星处于不同位置而引起的引力、电磁场、宇宙线、宇宙空间物质密度变化等变化而来的。"[1]

文献记录了这个冰期的寒冷程度。从温带水果柑橘的成长情况来看，与王阳明同时代的王鏊（1450—1524）所著《瑞柑诗序》录："洞庭柑橘名天下，弘治、正德之交，江东频岁大寒，其树尽槁，民间复种，又槁。包贡则市诸江西、福建，谓柑橘自此绝矣。"其《橘荒叹》云："我行洞庭野，万木皆葳蕤。就中柑与橘，立死无孑遗。借问何以然，野老为予说。前年与今年，山路天大雪。自冬徂新春，冰冻太湖彻。"再从湖海冰况看："在现代气候条件下，正常年份我国冬季的海冰主要出现在渤海的辽东湾，秦皇岛以南海域一般无严重的冰情……但弘治六年（1493）苏北沿海出现海水结冰的现象，'冬大雪六十日，荸几绝，大寒凝海。'"[2]成化至正德年间的几条散记也记录了冰期的严寒：成化十二年（1476），太湖结冰；弘治六年（1493）苏北沿海结冰；弘治十五年（1502），太湖结冰；正德四年（1509），黄浦江结冰，且"厚二三尺，经月不解，

① 蓝勇编著：《中国历史地理学》，高等教育出版社2002年版，第59页。
②刘炳涛：《明清小冰期：气候重建与影响——基于长江中下游地区的研究》，中西书局2020年版，第89、104、254、261页。

骑马负担者行冰上如平地";正德七年（1512），洞庭湖结冰，最深处达一尺；正德八年（1513）太湖结冰。另外，还有记载说，正德十年（1515）河北文安的冰柱竟高达5丈……①可见，在王阳明生活的时代，正处于严寒高频率的小冰期。

冰期自然引发了其他灾害，如水灾、旱灾、蝗灾等，如成化十八年（1482）八月，河南等地阴雨，连绵持续两个月之久，洪水泛滥造成房屋损失达三十一万四千二百余间，死伤百姓一万一千八百余人。正德二年（1507），单县黄河水决杨晋口，漂溺居民室庐殆尽。②并由此诱发整个社会系统性的人文生态危机：因冰期而减产，因减产而饥荒，因边塞少数民族饥荒而产生侵略，因侵略导致国防军数量增加，因国防军增加而产生赋税增加，因赋税的增加而导致离乡的流民增多，等等。下面以饥荒与外寇两项为例。

其一是饥荒：何炳棣认为明代粮食中稻米占了约70%，而水稻最易受低温而减产，因此，"明清时期的寒冷期，粮食产量要下降许多"。③至于具体下降幅度，李伯重说："一般而言，在北半球，年平均气温每增减1摄氏度，会使农作物的生长期增减3—4周。这个变化对农作物生长具有重大影响。……据张家诚的研究，在其他条件不变的情况下，年平均温度变化1摄氏度，粮食亩产量相应变化为10%"。④因为明清小冰期粮食减产带来饥荒，《明宪宗实录》《明武宗实录》《明史·五行志》中就不乏人吃人的记载：成化二十年（1484）"秋，陕西、山西大旱饥。人相食"。成化二十一年（1485），李俊应诏上疏云："陕西、山西、河南赤地千里，尸骸枕藉。"正德十五年（1520），淮阳大饥"人相食"。有人统计，就在朱元璋的家乡凤阳，明中期"人相食"的记载至少就有5次⑤；等等。

其二是外寇入侵：这是对国家更重大的冲击，国内的民众饥荒一般不会动摇国家政权，但外寇入侵却可能导致亡国灭种，而土木堡之变的明英宗被俘事件，是当时人抹不去的耻辱和阴影。这是王

①参见蓝勇：《中国历史地理学》，第61页。
②李文：《明代流民问题研究》，《黑龙江史志》2012年第19期。
③周翔鹤、米红：《明清时期中国的气候和粮食生产》，《中国社会经济史研究》1998年第4期。
④李伯重：《气候变化与中国历史上人口的几次大起大落》，《人口研究杂志》1999年第1期。
⑤参见卞利：《明代中期淮河流域的自然灾害与社会矛盾》，《安徽大学学报（哲学社会科学版）》1998年第3期。

阳明写下《陈言边务疏》，以及学兵法习骑射的重要动因。弘治、正德年间，蒙古部落在河套一带形成"套寇"。王阳明出生的1472年，他们"一月间劫四千余户，杀虏人畜三十六万四千有奇"；次年又入侵九县，"通计杀掠男女三千三百六十四人，虏马牛等畜一十六万五千三百有奇，焚毁屋庐四千六百二十余间，食践烧毁收贮谷麦等物三十六万七千八百余束"。至弘治元年（1488），蒙古小王子"与伯颜猛可王等屡入贡，渐往来套中，出没为寇"；弘治八年（1495）其部火筛拥众进入河套驻牧；十二年（1499）之后屡次进犯榆林，并攻大同、宣府，致使京师一度戒严。正德年间，蒙古鞑靼部常常"寇略"河套地区：正德九年（1514），进犯河套边地，明军战败，蒙古骑兵突入大同；十年（1515），蒙古军又从榆林进犯米脂、绥德，进入河套腹地，杀掠众多军民；十二年（1517），鞑靼小王子率领五万骑兵南下进犯，以至武宗皇帝御驾亲征，在应州附近与蒙古军队激战。①其间杨一清曾上《为经理要害边防保固疆场事》，揭示了自然灾荒与外寇入侵的关系以及明王朝应对的窘况："腹里频年旱荒，仓廪空虚，馈饷不继。虏贼动号数万，倏聚忽散，出没不常。未至而广征士马，则徒费刍粮；既至而调兵应援，则缓不及事。"②

　　因为冰期，减产的明王朝内部已处困窘，而游牧民族的频繁入侵，更引发严重的国家安全问题，这是王阳明生活世界重要的历史背景。

## （二）土地土壤

　　"土地"与"土壤"常通用却有区别：土地似多用于社会意义上的归属，以"多""寡"等修饰，接近人文生态的范畴；土壤主要用于与植物的关系，用"肥""瘦"等修饰，更多偏向自然生态用法。

　　但那时的"土壤"似乎没有受到过重视，由两点可看出。一是从文献看：明代的农书，有作者可考的共178部，其作者主要身份

①马一：《明代中晚期陕西蒙古"三大寇"研究》，西北民族大学硕士学位论文，2008年；于龙：《明朝洪武至嘉靖年间河套问题研究》，哈尔滨师范大学硕士学位论文，2011年。
②杨一清：《为经理要害边防保固疆场事》，《杨一清集》，唐景绅、谢玉杰点校，中华书局2001年版，第245页。

是负有发展经济责任却没有种地经验的官员，占了44.9%；一般未入仕文人贡献了43.1%；其中真正有实践经验的农民，与传教士、妓女一样，都只有一人，占0.6%！而农书中的主要关注内容，"数量最多的是'花果蔬菜'类，其次是'经济作物'类，再次是'农业通论'与'时令占候'，随后是'畜牧兽医''水产'与'桑蚕'，而'农具耕作'与'粮食作物'则垫底"。[①]土壤及其质量，一般是放在"其次"中的"农业通论·地利"篇来论述。尽管先秦时《管子》就说"轻地利，而求田野之辟，仓廪之实，不可得也"，《荀子》也说过"今是土之生五谷也，人善治之，则亩益数盆"，等等，但至"明清时期，不少地区性的农书，所总结出来的农业生产关键性技术措施，总不外乎是'粪多力勤'四字"[②]而已。当然，文字记载不一定能真实表明当时人们的生产实践。

二是从能够体现生产实践成果的粮食产量看：因为对土壤的科学认识不足，所以明代粮食产量也就不高。据余也非考证，按"今制，明、清水田每市亩产稻米2.604市石，陆田每市亩产麦（或粟）1.302市石"[③]；汪士信也说："宋代粮田……平均亩产量大约2石，约合300多斤"，至明代"由于推广复种，江南水田产量会比宋代增加，但增加幅度有限"。[④]

另一方面，虽对土壤不够重视，但对能产生财富的土地，明代中期权贵们的认识却很清楚。官僚大量占有土地，是那个时代的特色。这本应属"人文生态"的内容，但自然生态与人文生态往往分不开。兹以皇帝本人对土地的占有所形成的皇庄，以及勋戚官宦的土地兼并为例。

关于皇庄。据《勘报皇庄疏》，天顺八年（1464），将太监非法占有的军民田地收归国有，是皇庄之始。成化时，增加了一处，而弘治时，又增加了三处。到了王阳明登上官途的武宗时期，仅正德元年（1506），就增加了十三处；正德二年，增加五处；正德四年，增加两处，正德五年，增加一处；正德七年，增加两处；正德八

①葛小寒：《明代农书研究——文本与知识》，南京农业大学博士学位论文，2018年。
②《传统农学思想》，见网址：https://www.pwsannong.com/c/2016-04-13/560183.shtml。
③余也非：《中国历代粮食平均亩产量考略》，《重庆师范学院学报》1980年第3期。
④汪士信：《明代农业生产力的发展和生产关系的演变》，许涤新、吴承明主编：《中国资本主义发展史》（第1卷），人民出版社2003版，第44页。

年，增加五处；正德九年，又增加一处。"数年之间设立皇庄如此之伙。共计占地三万七千五百九十五顷四十六顷。"①

勋戚们的土地兼并也毫不含糊。仅根据宪宗、孝宗、武宗三朝的《实录》：在成化年间，通过诸王的"奏请"与皇帝的"赐"与，给予德王、吉王、唐王、徽王、赵王等的土地共十次8030顷；弘治年间，给寿王、岐王、益王、衡王等的共二十一次21085顷；正德年间，给荣王、泾王、汝王、徽王等的共六次3877顷。②而其余官宦和大地主等的土地兼并，此处不胜枚举。

对土地的霸占引发了农民的流失与有识之士的不安与愤怒，弘治二年（1489）户部尚书李敏上疏，从天灾论及人祸："见畿内之地，皇庄有五，共地一万二千八百余顷；勋戚、太监等官庄田三百三十有二，共地三万三千一百余顷。"占地多，而具体管理者狐假虎威、鱼肉百姓，致使天怒人怨："比来管庄官校人等往往招集无赖群小，称为庄头、伴当、佃户、家人名目，占民地土，敛民财物，夺民孳畜，甚至污人妇女，戕人性命，民心伤痛入骨。少与分辩，辄被诬奏，至差官校拘拿，举家惊憾，怨声交作。灾异之兴，皆由于此。"③

因此，冰期带来的灾荒、失地与饥饿，自然引发层出不穷的社会暴乱出现。这也是王阳明所处时代的重要历史背景。

### （三）地理地貌

自然生态中的地理地貌，往往影响物产，进而影响人们的谋生方式和行为心态、人口数量等。古人早就揭示了自然生态与人文生态的关系，如司马迁："楚越之地，地广人稀，饭稻羹鱼，或火耕而水耨，果隋蠃蛤，不待贾而足，地势饶食，无饥馑之患，以故呰窳偷生，无积聚而多贫。是故江淮以南，无冻饿之人，亦无千金之家。沂、泗水以北，宜五谷桑麻六畜，地小人众，数被水旱之害，民好畜藏，故秦、夏、梁、鲁好农而重民；三河、宛、陈亦然，加

---

①夏言：《勘报皇庄疏》，陈子龙、徐孚远、宋征璧等选辑：《明经世文编》卷二百〇二，中华书局1962年版，第2108页。

②《明朝经济史之明中叶的土地兼并与赋役制度改革》，见网址：https://www.doc88.com/p-3347475934801.html。

③《明孝宗实录》卷二十八，台湾"中央研究院"历史语言研究所1985年影印本，第629页。

以商贾……"（《史记·货殖列传》）

王阳明时期，北寇入侵，"九边"的地理地貌与国防形成关联，而从农耕转入商业的商帮的兴起与地理地貌也有密切关系。

所谓"九边"，指明代为御北寇，在东起鸭绿江，西抵嘉峪关的北部边防线上设立辽东、蓟州、宣府、大同、山西、榆林（延绥）、宁夏、固原、甘肃等九个边防重镇。明初，各重镇采用世兵制和屯兵制，身份固化的士兵在戍边处就地种粮，亦兵亦农。但该制度到明中期逐步瓦解，其中重要因素就是自然生态环境恶化。

本来，无论是从气象气候、地理地势、土地土壤和物产资源等各方面来看，"九边"除宁夏外，都没有开展农耕、自给自足、向上纳粮的优势：或"镇城远处乎不毛，军士待哺于腹里，生理既难"，或"逼近沙漠，土瘠人贫，百无所产"，或"山高地寒，早霜寡收，虽百亩之田，亦不及腹里平地十亩之入"，或"镇城一望黄沙，弥漫无际，寸草不生，猝遇大风，即有一二可耕之地，曾不终朝，尽为沙碛，疆界茫然"……处此窘境，屯兵们为了填饱肚皮，砍柴取暖，还得交粮充公，必然采取过度开发的短期行为以便于在艰难自然环境之中生存。再加前述"明清小冰期"的影响，"地处明朝北方极边的'九边'地区在'明清小冰期'时初霜早降，终雪日推后而降雪日提前"，或陨霜杀稼，或冰雹灭禾，雪上加霜。以辽东为例，"自然灾害的发生时间间隔较小，尤其在成化、弘治、正德、嘉靖四朝，灾害几乎年年发生，军民少有喘息、休养时间。加上军屯土地课税较民田更重，连年灾祸军民乏食，不少士兵选择逃亡，土地大量抛荒"。[1]这引发了王阳明时期普遍的"逃军"大潮。

再看晋商与徽商的兴起。晋商所出的"山西土瘠天寒，生物鲜少，故禹贡冀州无贡物……朱子以为唐魏勤俭，士风使然，而实地本瘠寒，以人事补其不足耳。太原以南多服贾远方，或数年不归，非自有余而逐什一也，盖其土之所有不能给半，岁之食不能得，不得不贸迁有无，取给他乡"[2]。而徽商所出的"徽州，保界山谷，土地依原麓，田瘠确，所产至薄。独宜菽麦、红虾籼，不宜稻粱。壮夫健牛，日不过数亩，粪壅耨栉，视他郡农力过倍，而所

---

①王蕊、花琦：《明代"九边"军屯衰落原因考察——从环境视角出发》，《商业文化（下半月）》2011年第8期。

②万明主编：《晚明社会变迁：问题与研究》，商务印书馆2005年版，第71页。

入不当其半。又田皆仰高水，故丰年甚少，大都计一岁所入，不能支什之一。……以故中家而下，皆无田可业。徽人多商贾，盖其势然也"①。

自然环境不好的贫瘠之省还有很多，而使晋、徽二商得以脱颖而出的，主要还是帝制农商社会的地理环境与人文环境条件：从地理环境看，晋商兴起，有赖运城的盐池；徽商的鼎盛，也有赖于"地缘近于两淮盐场集散地——扬州"。从人文环境看，盐的利润大，历来为国家垄断，但明初施行"开中法"（利用商人运粮往边地，再从边地得到官家允许的私人买卖盐票去贩盐），官、商、军均各得其利，于是官商联系，产生了晋商："晋商起源于盐，正在于这里有运城的池盐。但是如果不是借助于官府的势力，在盐业专卖制之下……都不可能造就这一个大晋帮。晋商的真正起家靠的是官，也就是说，晋商是通过官商勾结完成原始积累的。"后来"折色法"（商人直接向官家用白银换取盐票）取代了"开中法"，于是又是官商联结，产生了徽商："徽商成功的主业仍然是盐……改'开中'为'折色'，商人可直接用银子换盐引后贩盐……在盐业专卖之下，徽商经营盐业当然少不了官府，所以徽商把很多精力放在疏通官方关系上。"②

### （四）物产资源

国家依赖农业，而耕地有限，产量又不高，外引高产、耐旱的粮食作物就是增加国力的关键。但在王阳明时代，诸如番薯、玉米和马铃薯尚未引入："番薯原产于美洲……明代万历年间才传入我国福建、广东等地"；"玉米原产于美洲，传入我国的时间可能稍早于番薯。明万历元年（1573）成书的《留青日札》记载：'御麦出于西番，旧名番麦……'"；"马铃薯又叫做洋芋、土豆，原产于美洲。传入我国的时间大约在明万历年间"。③近年对三种外来农作物的研究更细，其输入时间、地点的考证更细，如玉米从中亚传入甘陕的记载早至嘉靖三十九年（1560），从缅甸传入云南的记载是明

①顾炎武：《天下郡国利病书》，四部丛刊1935年影印本，第715页。
②王继红：《晋、徽商衰落的文化因素分析》，《中国西部科技》2008年第9期。
③陈文华：《中国古代农业文明史》，江西科学技术出版社2005年版，第326—327页。

嘉靖四十二年（1563）等，[1]而马铃薯的传入可能要晚至清代："中国引种马铃薯的最早时间应在18世纪。即可能在欧洲人普遍认识马铃薯优异的食用价值后，由传教士们带到中国。"[2]总之，无论是玉米、番薯还是马铃薯，王阳明时期肯定没有引进，以至明末的宋应星《天工开物》中记载的中国粮食作物构成，水稻占了70%，小麦占15%，黍稷（粟）、高粱等作物共占15%。可见当时的中国人主食中没有高产耐旱的玉米、番薯和马铃薯，而成书于隆庆年间的《金瓶梅》三十一、三十五两回中，玉米面还是宴客的高级稀罕物。

当然，不同地域的物产，也是促成农耕向工商社会转型的要素。比如江苏昆山："迤东沿海之地，号为冈身，田土高仰，物产瘠薄，不宜五谷，多种木棉，土人专事纺织。"而周忱任巡抚时"为通融之法……小民得以其布上纳税粮，官无科扰，民获休息"。再如嘉定，也有赖周忱"见嘉定土薄民贫，而赋与旁邑等，思所以恤之。谓地产棉花，而民习为布，奏令出官布二十万匹，匹当米一石"。[3]所以有"松郡棉布，衣被天下"之说。

总之，从气候气象看，"明清小冰期"无论对中原人民的农耕与蒙古高原人民的游牧，都形成生存的挑战，并导致后者对前者的侵略；从土地土壤看，对土壤的改进不够重视，但对土地的欲望却引发从皇帝到官僚、地主的掠夺，导致大量流民和"土匪"出现；从地形地貌看，"九边"的自然环境是当时"逃军"以及晋、徽二商兴起的重要原因；从物产资源看，当时尚未引进美洲高产旱地作物。以上各点，都是王阳明生活世界的重要背景。

## 二、王阳明时代的人文生态

前面多次提到，王阳明生活在从传统农耕社会迅速过渡到"帝制农商社会"的重要时期（赵轶峰先生语）。下面从谋生方式、组织秩序、行为秩序、心态秩序等人文生态各方面说明这种过渡。

---

①宋军令：《明清时期美洲农作物在中国的传种及其影响研究——以玉米、番薯、烟草为视角》，河南大学博士学位论文，2007年；黄福铭：《明清时期番薯引进中国研究》，山东师范大学硕士学位论文，2011年。

②谷茂、信乃诠：《中国栽培马铃薯最早引种时间之辨析》，《中国农史》1999年第3期。

③顾炎武：《天下郡国利病书》，上海古籍出版社2012年版，第473、572页。

### （一）谋生方式

王阳明身处的明王朝，尽管出现了工商社会的许多要素，但整个国家的经济基础仍然是农耕。据黄仁宇《十六世纪明代中国之财政与税收》，1600年以前，明王朝源于农业土地的总收入为"2500万两，甚至接近于3000万两白银"；而1570—1590年的工商业的收入，即便加上"国家管理收入""役和土贡折色"等，三者总计也才378万两白银。[1]即使到了明代后期，其农业土地收入仍然占87%，工商业加上其他税收才占13%左右。可见仍是一个农耕为基础的社会。

农耕社会是一个"人的依赖"的社会——上层依赖下层的实物地租、实力徭役等维系地位，下层依附在上级的各种庇护关系中；而商业社会，则由货币作为中介物，形成"物的依赖"。换句话说，在传统农耕社会，人与人的关系是社会主要关系；进入商业社会，货币则成为人们肉体的、精神的依赖对象。王阳明所处的明代中叶出现了从人的依赖向物的依赖转变的历史契机："从赋税制度看，开启了中国财政体系由实物向货币的转型；从经济结构看，开启了中国从小农经济向市场经济的萌发过程；从社会关系看，开启了传统社会'人支配人'的依赖关系向以货币为中介的'物的依赖性'转化；从价值观念看，开启了从'重农抑商'向'工商皆本'的转变；等等。"[2]

其中的"由实物向货币的转型"，又引发以下三个转型：首先，是农民从纳粮当差到纳银不当差，从身份到契约，农民与土地分离，雇工人和商帮群体形成，这是市场化的进程；其次，农业从单一到多元，经营权与所有权分离，农产品开始商品化，这是商业化的进程；最后，农村从封闭、半封闭到开放，市镇兴起，这是城市化的进程。[3]

在中国历史上，白银作为货币虽早已有之，但到了明代中叶，却呈现全社会普遍化的过程。"依据文献记载，大量事实说明，明朝

①黄仁宇：《十六世纪明代中国之财政与税收》，生活·读书·新知三联书店2015年版，第246、247、371页。
②参见侯官响：《财政视角下的明代白银货币化》，《商业文化》2016年第20期。
③参见万明：《明代白银货币化研究20年——学术历程的梳理》，《中国经济史研究》2019年第6期。

成、弘以后，白银货币化自上而下全面铺开，带来社会经济货币化过程的急速发展。"①这种白银的货币化，可能因为蒙古入侵引发的军需变革而产生：明朝社会本来用半军半农的"军屯制"或直接输送粮食的"开中制"来解决军需问题，但"军屯制"自宣德年间开始崩溃逐渐演变成"募兵制"——用钱物招募军队的制度，而弘治五年（1492）又改"开中制"为白银替代粮食的"折色制"。这笔用于国防的白银硬性开支应该是引发"白银货币化"的重要因素。而货币化的出现，又必定是破坏传统农业社会，使其转型为帝制农商社会的重要推力，使整个明中后期的人文生态的谋生方式、组织秩序、行为秩序与心态秩序发生巨大变化，这成为王阳明心学产生的重要历史背景。

这种货币化体现在："无论是从国家财政上，还是从社会各阶层人们日常生活上，即从国计与民生的角度来考察，这条轨迹都是清晰可见的。"从"国计"分析，整个国家收入的一块，如田赋、徭役、盐课、茶课、关税等，均用白银；支出的一块，如皇室、官俸、军费以及政府开支等，也已全面地使用白银；从"民生"的角度看，白银货币化引发了三个社会变迁现象——"白银将社会各阶层卷入市场之中""白银货币化与新的经济成分增长"和"社会各阶层的商业性行为"。②

从社会制度层面看，白银货币化全面引发传统制度的解体："考诸历史事实可以发现，明朝的一系列制度改革，几乎无一例外地均与白银相关，也就是说白银货币化不仅波及国计民生方方面面，而且直接或间接引发了明朝一系列制度的崩坏：黄册制度破坏，户籍管理制度衰亡；乡村基层组织里甲性质发生变化，逐渐为保甲制所代替；粮长制被破坏，乡村社会分化加剧；军屯、商屯、民屯破坏；工匠制崩坏；开中制瓦解……几乎所有明初制度都连带发生了程度不同的崩坏和演变。"③从社会意识层面看，白银货币化引发传统心态的颠覆："货币作为现存的和起作用的价值概念把一切事物都混淆了、替换了，所以它是一切事物的普遍的混淆和替换，从而是

---

① 万明：《明代白银货币化与制度变迁》，纪中安、汤开建主编：《暨南史学》（第2辑），暨南大学出版社2003年版，第278页。

② 万明主编：《晚明社会变迁：问题与研究》，第147、188、202、208页。

③ 万明：《明代白银货币化与制度变迁》，纪中安、汤开建主编：《暨南史学》（第2辑），第301页。

颠倒的世界，是一切自然的品质和人的品质的混淆和替换。"①由此必然引发集体无意识层面的、普遍的金钱追逐与崇拜。这当然是王阳明作为儒者必须思考与面对的现实世界状况。

以传统农业社会向白银货币化为标志的帝制农商社会转型的冲击、颠覆、解构，全面体现在下述组织秩序、行为秩序和心态秩序各方面。

### （二）组织秩序

在组织秩序方面，王阳明时代的重要领导者们显得既失范，又失能。

中国传统社会源于古代的家长制，该组织秩序有一个"大家庭"化的隐喻：皇帝是"君父"，受命于天，所以又称"天子"，百官是大大小小的"父母官"，百姓是高高低低的"子民"。这种社会秩序明显带有马克斯·韦伯所说的"里斯马型"和传统神圣型的结合，特别需要"君父"和"家长们"的榜样以身垂范。但明武宗这个"君父"与宦官刘瑾为代表的"家长们"显然失范。

如果不是从先入为主地以"皇帝"或"权宦"等概念来审视两人，而是以生物学意义和人文生态的角度观照来简单分析：前者明显带有一种"青春期叛逆"的倾向；而后者出身寒微，所以追求"过度补偿心理"的富贵。皇帝武宗15岁登基，他的"叛逆"有多处体现：信仰方面，你要求"理学开国"，我就偏相信藏传佛教乃至伊斯兰教；爱好方面，你要求节俭自重，我就偏放纵肉体，建豹房，宠幸优伶；在财富方面，你要求节欲爱物，我就偏要经商赚钱，乃至亲自站柜台……就最后一方面来看，《明武宗实录》记载："太监于经等……诱上以财利，创开各处皇店"；监察御史罗缙等奏疏："处逆瑾用事，创立皇店……拦截商贾，横敛多科"；朝鲜大使眼中："太监分出天下，言利之道大开。臣行一路，处处设皇店。"武宗为在北京西城开皇店，强拆民房，"毁积庆、鸣玉二坊民房，造皇店酒肆"，致使"居民数千百家，徘徊号泣"；或豪取权贵们的住宅或店面：正德十三年（1518），强夺大同总兵叶椿房宅，还抢夺

---

① 卡尔·马克思：《1844年经济学哲学手稿》，中共中央马克思恩格斯列宁斯大林著作编译局编译：《马克思恩格斯文集》（第1卷），第247页。

都指挥兰山、指挥杨俊所置店房两所，改为酒店；或直接把原官店改为皇店，如正德时大宁都司安乐开设的数千间官店，本来出租充公用的，而武宗直接下令改为皇店，于是"有司不复征租"。最荒唐者，是自己亲自当柜经商："尝亲扮商贾，与六店贸易，争忿喧诟。既罢，就宿廊下。"①刘瑾则在历史上充分显示出官宦的贪婪，刘瑾被抄家时的财富其说不一，有专家细检，得出"三组数字，第一组就是华尔街所依据的数字，也是最大的数字，即黄金1205.78万两，白银2.59亿两"；而"第二组数字见于《廿二史札记》卷三十五，（清）赵翼说刘瑾有黄金250万两，银5千余万两，他珍宝无算。这个数字大约只有第一组数字的五分之一"；其三，"《明通鉴》宣布与正史保持一致，给了个'金银累数百万'的说法。'累数百万'，到底是一百万还是九百万？是金是银？单位是斤还是两？这里的每个差别都能差出十倍，作者一概模糊过去，这样的数字实在没法用"。无论哪一个数字，都诠释了"富可敌国"这个成语，因为"正德元年（1506）刘瑾得势，当年中央财政收入的白银还不足二百万两。1522年到1532年，太仓平均每年的白银收入恰好是二百万两"②。

白银货币化的浪潮袭来时，一方面，"家长们"在拼命捞钱从而丧失传统的道德地位与政治合法性："明代官方并非只是重视白银作为计价单位，恰恰相反，它是将白银作为特种资产来对待，尽可能多地攫取白银来实现它对社会财富的占有和国家秩序的控制。"③另一方面，又显出对金融控制的无能："明朝政府失去通过货币发行调控市场的能力和利用货币流通量控制增加财政弹性的能力，却又大幅度地转入要求政府功能更为强化的货币财政体制，所以明朝在货币白银化开始的时候，其实就开始一步步走向财政困境。失去前述财政弹性的政府在不得不增加财政收入的情况下只能采取公开增加赋税甚至公开掠夺的方式满足财政需求和皇室开支，从而直接激化了统治阶层与社会的矛盾……到了万历中期以后，就与其他社会变动汇聚一起，成为加剧全面社会危机的基本因素了。"④

---

① 赵璨：《明代官僚经商初探》，山西大学硕士学位论文，2008年。
② 吴思：《隐蔽的秩序：拆解历史弈局》，海南出版社2004年版，第115—116页。
③ 何平：《"白银时代"的多维透视与明末的"废银论"》，《中国钱币》2020年第4期。
④ 赵轶峰：《明代经济的结构性变化》，《求是学刊》2016年第2期。

### （三）行为秩序

这里的"行为秩序"，主要指日常生活行为习惯，又称"习俗"，如衣食住行、岁时年节、人生礼俗、民间俗信、民间歌舞等。这些行为往往体现出人们的群体无意识，费孝通先生称为"可由之"而"不可知之"①，但又往往最能形塑一个时代风貌的社会要素。特别值得注意的是，在传统社会里，即便是日常的衣食住行等行为，也无不体现出阶层间不可僭越的身份等级。王阳明的时代，在白银货币经济的内在逻辑下，社会的行为秩序总的表现是奢靡与僭越，在等级区分方面则既失节也失度。

失节，即失去节制，日益奢靡。略早于王阳明的王锜生活于正统至弘治年间，在《寓圃杂记》中记录下他眼中苏州城的变迁：正统、天顺间，所见"稍复其旧，然犹未盛"；至成化年间，每隔三四年上一趟城，"则见其迥若异境"；而至弘治时"愈益繁盛"："闾檐辐辏，万瓦甃鳞，城隅濠股，亭馆布列，略无隙地。舆马从盖，壶觞罍盒，交驰于通衢。水巷中，光彩耀目，游山之舫，载妓之舟，鱼贯于绿波朱阁之间，丝竹讴舞与市声相杂。"而市面上"凡上供锦绮、文具、花果、珍羞奇异之物，岁有所增。若刻丝累漆之属，自浙宋以来，其艺久废，今皆精妙"，堪称"人性益巧而物产益多"。②

失度，即失去传统的礼秩规定而僭越："至明中后期，商品经济发展迅猛，人们的消费欲望膨胀……突破礼制约束的行为时有发生。'男子服锦绮，女子饰金珠，是皆僭拟无涯，逾国家之禁者也。'房屋逾制之风兴盛，南京'嘉靖末年，士大夫家不必言，至于百姓有三间客厅费千金者，金碧辉煌，高耸过倍，往往重檐兽脊如官衙然，园囿僭拟公侯。下至勾阑之中，亦多画屋矣。'嘉靖《建宁县志》卷1地理风俗载，建宁县'女饰衣锦绮，被珠翠，黄金横带，动如命妇夫人'。万历《新昌县志》卷4风俗志载，新昌县'城中富官之家，多高堂广厦，杂用诸色木植，周围绕以砖墙，檐阿警革，丹艧相望'。服饰、房屋等僭越定制，突破了等级、身份的限制，

---

① 参见林祥：《世纪老人的话·费孝通卷》，辽宁教育出版社2003年版，第22页。
② 王锜：《寓圃杂记》，张德信点校，中华书局1984年版，第42页。

冲击了封建礼制。"① "明代世风大抵以成化为分水，前期崇俭，后期尚奢。如万历《兖州府志》记载：'国初宫室尚朴，服不锦绮，器用陶瓦。成化以后，富居华丽，器用金银，陶以翠白，市井有十金之产，则矜耀者有之。'嘉靖《江阴县志》记载：'国初时，民居尚俭朴，三间五架制甚狭小，服布素……成化以后，富者之居，僭侔公室，丽裙丰膳，日以过求，既其衰也，维家之素，非前日比矣。'嘉靖《通许县志》记载：'成化以前，人心古朴，酒乃家酿，肴核土产。是后，崇尚侈僭，食菜至二三十豆，酒必南商粥（鬻）者。'正德《松江府志》记载：'成化以来，渐侈靡，近岁益甚。'"②该时段，正与白银货币化的起始时间相应。

### （四）心态秩序

白银货币化还导致了社会心态的失衡与失序。

失衡，指传统农业社会里，中国人以血缘纽带、熟人社会为基，拥有至高无上的天地、神圣无比的国君、可敬可尊的祖宗、可靠可依的乡土亲缘等种种关系，构成了强大稳固的心态秩序：在对大自然的关系上，崇尚"天人合一"；在对社会关系上，认同推己及人；在对自身利益和个性上，依从克己复礼。但在白银货币化的大潮中，却失去了往日的平衡。

失序，指失去了传统的价值秩序，至少以下两点值得关注：一是普遍从抑商到怜商、颂商，二是从传统有机的群体观逐渐向独立的个体观（原子化）转变。

先看对商业和商人态度的转变：从春秋战国时代，法家站在国家立场上，提出重农（本）抑商（末）的根本社会立场（理由诸如：商人不是"自养"类，不能直接给国家提供粮食；不能直接给国家提供兵源；所拥有的财富可颠覆传统等级社会；见多识广、脑子灵活后不好管制，等等），之后历代对商业商人的态度没有根本性的改变。但至明中期以降，经商渐成风潮。何良俊说："昔日逐末之人尚少，今去农而改业为工商者，三倍于前矣。"汪道昆言："吾

①张邦建：《明代中后期奢靡之风对社会发展的影响》，《韶关学院学报（社会科学）》2007年第7期。
②叶康宁：《明代中晚期的社会风气对书画交易的影响》，《南京艺术学院学报（美术与设计版）》2009年第4期。

乡（歙县）业贾者什家而七。"以至有"士商兼作""弃儒从商"的，郑利华《士商关系嬗变：明代中期社会文化形态变更的一个侧面》说："正德嘉靖以来，一股社会新兴势力的商人队伍趋于膨胀，并开始构成撞击传统社会经济结构与组织秩序的一种潜在威胁。在商人势力增长的过程中，士商兼作与弃儒从商的风气是其中的一重要特征。"[①]在此集体无意识及其行为之下，同情商业商人并为之申言者渐多。弘治时，李梦阳呼吁对商业商人一视同仁："夫商与士，异术而同心。"吏部尚书倪岳则同情道："官员对商人'往往以增课为能事，以严刻为风烈'，'常法之外，又行巧立名色，肆意诛求。船只往返过期者，指为罪状，辄加科罚'，如有不从，'轻则痛行笞责，重则坐以他事，连船拆毁'，从而使得'客商船只，号哭水次''多至卖船弃业'。"至嘉靖年间，呼声更高。庞尚鹏说："夫商人冒不测之险，而行货绝域，远逾数千里。单骑孤囊，昼有风尘之警，颓垣苇户；夜无衽席之家。彼强颜为此者，欲规十一之利，以自封殖焉耳。若所至关隘，复苦索之，彼揆于盈缩之间，或得失利害，不能相酬。"李贽则说："商贾亦何可鄙之有？挟数万之赀，经风涛之险，受辱于关吏，忍诟于市易，辛勤万状，所挟者重，所得者末。"张瀚辩解："四方之货，待虞而出，待商而通，待工而成，岂能废哉……是以善为国者，令有无相济，农末适均，则百工之事，皆足为农资而不为农病。"等等。[②]

再看从有机群体观到独立的"原子化"个体观。"有机群体"，指农耕社会血缘群体中，"一人得道，鸡犬升天；一人得罪，诛灭九族"，任何一个人，都不是独立的人，而是宇宙、人群中的一个有机的组成部分。"原子化"则相反，在传统群体观和秩序感失落后，在唯一的神灵"货币"面前，人与人变得自我、陌生、利己。专家引《共产党宣言》"一切封建的、宗法的和田园诗般的关系都破坏了……它使人和人之间除了赤裸裸的利害关系，除了冷酷无情的'现金交易'，就再也没有任何别的联系了"，并据此分析："小农经济社会以及附着其上的社会结构、等级制度就像地震一样坍塌了，过去曾经认为神圣的、不能用货币衡量的伦理情感、价值观念

---

[①] 均转引自赵世明：《我国明朝中后期重商略论》，《商业研究》2012年第5期。
[②] 均转引自赵世明：《我国明朝中后期重商略论》，《商业研究》2012年第5期。

逐渐消解了，生活世界中各种事物都货币化了。"[1]

总之，从谋生方式看，明中叶在"白银货币化"潮流下，迅速从传统农耕社会向帝制农商社会转型；从组织秩序看，统治者明显"失范"与"失能"；从行为秩序看，普遍形成"失节"与"失度"的民风；从心态秩序看，整个社会无意识层面"失衡"与"失序"。

严寒导致外寇入侵，募兵不断、白银军饷促使白银货币化。由此上层失范逐银，传统农民离开乡土，士大夫舍弃道义追逐名利，社会发展的共同趋向变成个体的、原子化的茫茫市民社会，制度由此从"人依赖人"的传统农耕社会，开始走向以白银为中介的"物的依赖"的农商社会。而曾经富于思辨性、权威性的程朱理学，也日益沦落为士子攫取功名的"俗学"。王阳明就生活在这个时代，而其"心学"，既在挺立坚守道义的"个体性"的价值与意义，又是适应这种帝制农商社会的衰衰士人以及广大市民的教化而出现的。其特征是天理不从外在的"世界"去寻求，而是不断完善自我心中内在的"世界图景"去安顿，于是具有独立狂狷、张扬自我、发挥主观能动性的新精神。

## 三、兼述当代的生态并比较古今

"当代"，指1949年之后至今。"只缘身在此山中"，便只能用最简单的文字来描述我对此时段的看法。仍分为自然生态与人文生态两个方面。

### （一）自然生态

自1949年以来，应该说从毛泽东、邓小平直至当今的高级领导者们，无不重视自然生态的保护，如一直坚持的植树造林、治理大河、保护濒危物种、爱国卫生运动、提倡人与自然的可持续发展并建设"和谐社会"等等，而近十多年来，人与自然环境、建设和谐生态等理念随着世界的高度关注，也得到越来越多的强调和各项有

---

[1] 柴艳萍：《货币、异化与社会转型——马克思的货币伦理思想探析》，《马克思主义与现实》2015年第4期。

力的保障措施。但此中仍然出现过"大跃进"运动、改革开放以来较普遍的片面追求经济发展等行为与心态，所以，总体上看，中国自然生态处于恶化但努力纠正的过程之中。

特别要指出，当代中国人的视野已与王阳明时代大不一样——不再是中原与四夷，而是具有"全球"的观念。从全球角度看，整个地球的自然生态在气候气象、土地土壤、地理地貌、物产资源等方面均趋向恶化——特别是工商社会带来的消费至上、效率至上的趋势下，出现了危险的征兆——气候变暖、臭氧层急剧耗损、南北极冰川迅速融化、海洋酸化、物种锐减，以及无处不在的微塑料不断污染地球与海洋⋯⋯以至于世界自然基金组织发布的2020年《地球生命力报告》说：当今的我们，可能是"最后一代能拯救"危局的人类。这是面向整个世界的警示，中国作为最大的发展中国家与发展最快的国家，当然也不能置身事外。①

### （二）人文生态

这一部分仍以谋生方式、组织秩序、习俗秩序与心态秩序四个方面，分为毛泽东时期、邓小平时期和新时代时期三个阶段略述。

毛泽东时期：以计划经济（党管经济）主导中国人的谋生模式，以单位制等半军事的方法管理每个人的身份，以政治化的革命性运动倡导并整饬人们的日常行为习俗，以高度理想主义与英雄主义的共产主义精神来塑造社会心态。这一切有力地结束了小农社会"一盘散沙"的局面，发挥极强的管理效应，使中国人站起来了，但经济发展却不甚理想。

邓小平时期：以社会主义市场经济取代计划经济（改革），以加强面向欧美的国际联系而相对淡化与第三世界的传统友谊（开放），以坚持四项基本原则为主，但采用较为灵活的"放活"的社会管理方式，人们的日常行为在市场化和消费中显得多元而世俗化，心态因此也开放、多元而活跃。这极大地刺激了中国人发财致富的欲望，也有力地促进了整个国民经济的飞速发展，使中国人迅速富起来。但个体主义、金钱至上等成为全民的社会意识及行为，

---

① 世界自然基金会，澎湃新闻，新华社.《解读2020〈地球生命力报告〉，我们可能是最后一代能拯救局面的人》，见网址：https://www.sohu.com/a/438613489_120207612。

更进而侵蚀到共产党内部乃至高层，产生严重的腐败。

新时代时期：着眼于实现中华民族伟大复兴，以完成一百多年来仁人志士"振兴中华"的夙愿，整饬党内行为，再振理想主义和英雄主义来重塑中国人的精神与道德面貌。其谋生方式拟吸取毛、邓两时期的优点，即以党领导的国有经济为主导，又不放弃民营经济与市场行为以及国际合作产生的经济效率，以发展经济、保障就业、促进社会稳定等；其组织秩序层面，重申并强化党对各项工作的领导权，集中全国全民力量去完成重大历史使命，但与市场紧密联系的广大企业仍然以利益作为群体主要纽带和激励方式；其行为秩序层面既有党员及干部整饬化的一面，又有宽容民众不同程度的世俗化的另一面；其心态秩序层面，高层强调马克思主义的权威并辅之以中华优秀传统文化等，但由于市场经济的产权制度、专利制度等，仍使广大民众以个体和金钱为主要关注与追逐的对象。

### （三）古今生态及其观念的比较

若比较当下的人文生态与王阳明时期的生态背景，古今不同生态至少造成对宇宙、人世、社会、个体等方面的四点不同观念：首先，宇宙秩序普遍被自然科学解构而不再神圣（传统"天人合一"的世界观被"天人两分"的理性和科学所"除魅"）；人的目光不再局限于一国疆土或自诩处于世界中心，认识到周边国家也绝非蛮夷，中国置身于整个人类的"战国时代的地球村"之中；社会秩序层面，普遍接受马克思历史唯物主义观点，唯物主义与唯心主义、无产阶级与资产阶级、社会主义与帝国主义、斗争和革命等思想观念已经深入干部群众的潜意识之中；城市化、人的陌生化，加上自"五四"以来的批判，使得家庭血缘为纽带的传统"三纲五常"等社会道德基础受到致命的冲击；个体角色则因普遍由传统农业融入城市工商业，受到陌生群体、市场原则及其伴生的"金钱至上"的影响，由"有机人"变为"原子人"等等。

回溯近代与当代历史，中国传统的世界观历经两次大的冲击：其一是鸦片战争以后，中西国力激烈碰撞，马恩说：工业革命"迫使一切民族——如果它们不想灭亡的话——采用资产阶级的生产方式；它……使农民的民族从属于资产阶级民族，使东方从属于西方。"①更由此引发西方文化对中国传统文化的强烈冲击：首先，西方建立在自然科学基础上的科学观与理性观，视儒家的"天理"与"理气相感"为虚幻；其次，西方崇尚个体主义与自由探索精神，其真理永远在前进的路途之中，视儒家迷信古圣前贤是荒谬；再次，以人性本恶及其基础上生成的制度和法制，视儒家的性善论为虚伪。以光绪时美国传教士谢卫楼（Davelle Z. Sheffield 1841 — 1913）为例，他批判包含"心学"的儒家思想道："第一是膜拜先祖，缺乏自由观念；第二是用理气性命解释一切，有非知识倾向；第三是试图对天地追究终极道理，但把'天道天理'推至虚幻，而与科学知识对立；第四是尽管历史证明人性恶，但儒家却总说人性善，所以，不能以制度和法律来建立秩序；第五是儒家崇拜圣贤，对于一切学问，都以圣人言论裁度，不能坚持人的理性；第六是儒家对于自然用理气相感来解释，有反科学倾向。"其结论是：如果中国要坚持"中学为体，西学为用"，结果就是竹篮打水一场空。②特别需要说明，西方思潮中自然科学常识把传统世界观神圣的"天理"颠覆了——天文望远镜与航空航天人眼中的宇宙基本取代了传统肉眼加想象形成的传统宇宙观。马克斯·韦伯说："科学的进步是理智化过程的一部分，当然也是它最重要的一部分……这样的知识或信念：只要人们想知道，他任何时候都能够知道；从原则上说，再也没有什么神秘莫测、无法计算的力量在起作用，人们可以通过计算掌握一切。而这就意味着为世界除魅。人们不必再像相信这种神秘力量存在的野蛮人那样，为了控制或祈求神灵而求助于魔法。技术和计算在发挥着这样的功效，而这比任何其他事情更明确地意味着理智化。"③在与中华传统思想的较量中，西方世界观方法论的精华"科学"与"民主"最终胜出。

第二个阶段及其思潮是传统马克思主义，主要体现于中华人民共和国成立以后。称其为"传统马克思主义"，是说与以习近平新时代中国特色社会主义思想为代表的当代马克思主义不尽一致。如侯外庐先生主编于1957年出版的《中国思想通史》，以阶级二元

---

①卡尔·马克思、弗里德里希·恩格斯：《共产党宣言》，中共中央马克思恩格斯列宁斯大林著作编译局编译：《马克思恩格斯文集》（第2卷），第35—36页。
②葛兆光：《到后台看历史卸妆》，四川人民出版社2021年版，第19页。
③马克斯·韦伯：《学术与政治》，冯克利译，商务印书馆2019年版，第16—17页。

对立（农民阶级还是地主阶级）、思想二元对立（唯物主义还是唯心主义）为理论依据，对王阳明的政治立场与思想方法进行了批判。在政治立场方面，该书主要批判王阳明站在地主阶级立场与农民阶级完全对立。其事功主要是"破山中贼"，镇压农民起义和少数民族起义；心理上则"破心中贼""存天理灭人欲"："这里应着重地指出，在中世纪，所谓'人欲'这一概念是具有着阶级意义的，统治阶级眼中的人欲，即人民眼中的天理。人民在封建主义特权的压迫下，连起码的生活权利，如衣、食等都没有保障，而长期陷入濒于死亡的境地。为了争取生活的权利，农民群众掀起了反地主阶级的武装起义，并提出'不纳粮、不当差'的革命口号。这些在地主阶级的忠实卫士们的眼里是大逆不道的人欲，他们把最基本的生存权利称之为'人欲'，向人民进行抽象的哲学说教，要人们'去欲'，放弃争取生存权利的斗争……从思想上去消解农民（"愚夫、愚妇"）群众或'山中之贼'的平均权利的正义斗争（"心中之贼"）。"①在思想方法方面，则主要批判王阳明的唯心主义、先验主义、神秘主义和唯我主义思想，以及方法上的感通式、直觉式"无类比附逻辑"等方法："王阳明近则接踵陆象山、陈献章，远则继承了曾子—子思—孟子的主观唯心主义传统。第一，即先验主义的形而上学体系之传统……其次，即无类比附逻辑的传统。"②因此，按传统马克思主义的观点看，阳明心学是没落、反动而毫无价值的。

总之，按照理查德·德威特的说法，人们的世界观有如巨大的"拼图"集合体。③王阳明时代的世界观与当今人们的世界观相比，至少有三块核心"拼图"差异巨大，直接影响其"心学"在当代中国大众中的影响力和价值感：一、良知是否有先验性及其科学性？二、王阳明是否是唯心主义者？唯心主义、唯物主义还能否作为当代人观察分析判断某种思想的标准？三、"天理"在重视自然科学的今天，是否还值得敬畏？"人欲"在市场经济生态中，是否值得警惕？"理欲对立观"在当代是否还具有重大的价值？

这些，还有待在下一节进行辨析。

---

① 侯外庐主编：《中国思想通史》（第4卷下），第895页。
② 侯外庐主编：《中国思想通史》（第4卷下），第883页。
③ 参见理查德·德威特：《世界观：现代人必须要懂的科学哲学和科学史（原书第2版）》，孙天译。

## 第三节 批判王阳明"心学"的三个观点的再审视

前面说，由于西方的理性、科学、法治等价值观以及马克思主义哲学已经传播百年，早已融入当代人的意识与无意识，即"常识"之中，所以，要使当代人对王阳明"心学"有积极正面的评价，就不能不对下述三个话题作比较严肃的思考：第一，良知是否有自然科学的基础，是否有其先验性？第二，阳明心学是否能归入主观唯心主义？唯心主义、唯物主义还应不应该作为当代人观察分析问题的视角？第三，从自然科学角度来说，"天理"是否值得敬畏？"人欲"是否值得警惕？"理欲对立观"在当代还有无价值？下面将从新心智科学的角度来分析"良知"的先验性，对阳明心学"主观唯心主义"论作一辨析，并且重新审视王阳明"'天理''人欲'对立观"的当代意义。

### 一、从新心智科学的角度看"良知"的先验性

我以为，"良知"是阳明心学的最核心的概念，阳明心学的三个主旨都与"良知"有关："心即理"，主要想说"良知即天理"，"天理体现在人的良知中"；"知行合一"，主要想说"良知与善行必须统一互证"；"致良知"，主要想说"坚守、完善与达成良知"。

"新心智科学"（Science of Mind）由美国学者诺贝尔奖获得者、神经认知科学家坎德尔提出。他认为，哲学与心理学结合，产生了"心智科学"；心智科学再与脑科学（神经科学）结合，可称为"新心智科学"。[①]新心智科学或能把抽象的哲学概念，从生物进化的角度还原为具体而可验证的大脑机能和心理活动，还可能将枯燥的专家话语，变为大众的知识。

所以，本节尝试用新心智科学来说明王阳明的"良知"概念。人类是长期进化而来的一种生物，作为生物器官的大脑在内外信息刺激下产生心理反应，在社会中普遍的心理反应形成大众意识，该意识由思想家归纳成概念术语。所以，要理解思想家的概念，就应

---

① 参见埃里克·坎德尔：《新心智科学与知识的未来》，李恒威、武锐译，《新疆师范大学学报（社会科学版）》2018年第1期。

该深入大众心态，分析心理反应，追溯神经功能。

### （一）"良知"的思想家说明

早先提出"良知"的是孟子："人之所不学而能者，其良能也；所不虑而知者，其良知也。"是说良知不需要学习和思考就有，因为良知像"四心"一样，非由外铄，"我固有之"。[①]

王阳明的"良知"概念应该源自孟子，所以他运用相似的表达，"是非之心，不虑而知，不学而能，所谓良知也"[②]。因为良知不需要学习，所以他反对从书本上求良知："不务去天理上着工夫，徒弊精竭力，从册子上钻研，名物上考索，形迹上比拟，知识愈广而人欲愈滋，才力愈多而天理愈蔽。"[③]

据当代几位新儒家人物分析，孟子与王阳明等儒家所说"良知"，其实是一种道德的直觉。梁漱溟说："儒家完全要听凭直觉，所以唯一重要的就在直觉敏锐明利。""美德要真自内发的直觉而来才算。"[④]冯友兰称阳明"心学"的良知为"来自直觉的认识"，并论证："人内心里，知道什么是对的，什么是错的。这种非意识是人的本性的表现，王阳明称之为'良知'。……人所当做原是遵行良知的命令；用王守仁的话来说，就是'致良知'。"[⑤]贺麟分析：王阳明代表着"直觉的价值的知行合一观"。[⑥]"与梁漱溟本能、情感、道德的直觉不同，与冯友兰强调神秘主义的直觉也不同，熊十力认为直觉是一种超越理智的高级精神现象；他反对割断直觉与理智的关联，并强调'善的直觉'。"[⑦]

由上，可知"良知"，乃是道德直觉，或称"道德情绪""情绪判断"等。

---

[①]焦循：《孟子正义》，《诸子集成》（第1册），上海书店出版社1986年版，第446、529页。
[②]王阳明：《传习录中》，《王阳明全集》（新编本），吴光等编校，浙江古籍出版社2010年版，第86页。
[③]王阳明：《传习录上》，王阳明：《王阳明全集》（新编本），吴光等编校，第31页。
[④]梁漱溟：《东西文化及其哲学》，上海人民出版社2014年版，第130、134页。
[⑤]冯友兰：《中国哲学简史》，赵复三译，天津社会科学院出版社2007年版，第284—285页。
[⑥]贺麟：《五十年来的中国哲学》，上海人民出版社2012年版，第163页。
[⑦]陈永杰：《现代新儒家直觉观考察：以梁漱溟、冯友兰、熊十力、贺麟为中心》，东方出版中心2015年版，第141页。

### （二）"良知"的大众心态呈现

在日常生活里人的普遍心态中，本不乏道德直觉的呈现。

以当代贵州百姓为例。2017年，广东卫视暗访贵州，做了一期"你会怎么做"节目：让一演员假扮农民工，拿着空瓶子到贵阳街头讨水喝并以镜头追踪。结果得到不同群众的善意帮助，其中一名16岁小姑娘不仅灌了瓶水，还免费送了一瓶未开封的矿泉水；另一羊肉米粉店的女老板不仅灌满水，更主动送上一碗米粉，还善意地撒谎："快点吃嘛，要不，老板来了不好得。"

在贵州道德模范中，良知表现得更是感人：贵州农村女孩李泽英进城当保姆，当所照顾的一对未满6岁的双胞胎姐妹被家人遗弃后，一文不名、22岁未成家的她却不离不弃，毅然当起"保姆妈妈"来。人们问及，她含着泪很朴直地说："哎，城里人猫、狗当宠物都要养嘛，何况是一对乖妹妹呢？"

以上几位女性，都没有学习过高深理论，仅凭直觉，就呈现出动人的道德心境和道德行为。可见，的确有不需学与虑的"良知"。一定意义上说，如果没有普遍化的大众的良知呈现，也支撑不起王阳明的"良知"概念。

### （三）"良知"的进化心理学、动物行为学说明

根据进化心理学的原则，人类大脑像一台经过数百万年自然选择而形成的复杂"信息处理机器"，为适应长期抱团才能生存的社会化生活，这台"机器"中已经固化了某种"我理解你""抑制自己，承认他人（乃至成全他人）"的心理"模块"。①

美国心理学家海特依据进化心理学，写成专著《正义之心》，其道德原则的首条即为："直觉在先，策略性推理在后"，即"道德直觉几乎于瞬间之内自动弹出，而道德推理开始运作则要晚很多，并且最初的直觉还试图操控后面的论证"。他还明言："如果我们的目标不仅是良好的思维（近似于"良知"，顾注），还包括产生良好的行为（近似于"善行"，顾注），那么拒斥理性主义，信奉直觉主义就更为重要了。"书中还勾画出几大道德"模块"：关爱与伤害，

---

① 参见陈红：《进化心理学：人类心理设计之路》，安徽大学出版社2014年版，第55—60页；徐英瑾：《演化、设计、心灵和道德——新达尔文主义哲学基础探微》，第30页。

公平与欺骗，忠诚与背叛，权威与颠覆，圣洁与堕落等。有意思的是，为该书作序的清华大学心理学系主任彭凯平先生明确提及"王阳明良知理论"："很多道德的判断，其实是从情绪判断开始。这同样也可以解释王阳明的良知理论，王阳明认为，良知就是不经思索就能感觉到的道德标准，归根结底就是情绪的判断。"①

如果"良知"有一个长期的进化过程，那么在动物行为上，至少在灵长目行为上，应该会有类似良知的体现。动物行为学家德瓦尔认为："除了情感上的连通性外，猿还有评估他者的状况以及在一定程度上采用他者的视角来思考问题的能力。"例子有二：一是黑猩猩库尼救助一只撞晕在地上的八哥，"库尼用一只手捡起那只八哥并带着它爬上了那棵最高的树的最顶端，在那里，她用双腿缠住树干，用腾空的双手握住那只鸟。而后她小心翼翼地拉开那只鸟的翅膀并将它的翅膀完全展开，她一只手托着一只翅膀，用尽全力将鸟投向圈养区的围栏之外……"；二是"黑猩猩不会游泳，一旦掉进深水区，他们就会被淹死，除非被人救出来。尽管这样，黑猩猩有时还是会作出英雄壮举式的努力以拯救溺水的同伴，有时还真的成功了。有一次，一位不称职的黑猩猩母亲让自己的一个婴儿落进了水中，一个成年雄黑猩猩试图去救那个孩子，但他却在救的过程中丢了自己的命"。有趣的是，德瓦尔以此赞美孟子的性善论："我完全赞同孟子的观点。演化造就了遵循真诚合作冲动的物种。"②

如果"良知"不需要学习而得，那么，该状态在未接受文化教育之前的婴儿时段，也应该有所体现。美国研究道德起源的科学家们为婴儿设计了一套几何彩片并演示：红色球形艰难爬坡，黄色方形在后面帮助它，而绿色三角形阻碍它。"我们发现，9个月和12个月大的婴儿在看到红圆球接近帮助它的角色时，注视时间会更长。""正如我们预期的一样，绝大多数6个月和10个月的婴儿都更喜欢帮助者，而不是阻碍者。而且从统计数据来看，实验结果异常显著：几乎所有婴儿都伸手去够帮助者。"③证实了儒家"人之初，

① 参见乔纳森·海特：《正义之心：为什么人们总是坚持"我对你错"》，舒明月、胡晓旭译，浙江人民出版社2014年版，第94—95、132页。
② 弗朗斯·德瓦尔：《灵长目与哲学家：道德是怎样演化出来的》，赵芊里译，上海科技教育出版社2013年版，第37、38、39、55页。
③ 保罗·布卢姆：《善恶之源》，青涂译，浙江人民出版社2015年版，第21、23页。

性本善"的判断。

可见，王阳明的"良知"的确有进化心理学与动物行为学的"先验的"基础。

### （四）"良知"的大脑科学说明

"道德"有很宽泛的内容：既有守信、自律等理性的道德推理、道德判断等，也包含同情、利他等感性的道德直觉、道德情绪等。而无论是道德理性，还是道德感性，都经自然选择而固化在大脑中的道德"模块"之中。脑科学（神经科学）家们一直在寻找这些神经部位及网络。

比如，"相关研究表明，与道德有着各种关系的人类大脑区域中的复杂的神经网络，既需要认知推理参与加工过程，也离不开直觉和情绪的参与，受到二者共同的影响。研究表明，背外侧前额叶是道德加工中典型的认知中枢，负责道德推理和逻辑判断。……腹内侧前额叶与个体的亲社会情绪的产生、发展密切相关。对已有的腹内侧前额叶损伤病人进行研究，结果发现腹内侧前额叶对道德情绪起着关键作用"[1]。依据这种观点，感性的道德情绪，主要由大脑的腹内侧前额叶产生；而理性的道德推理和判断，则由大脑背外侧前额叶主宰。

再如，美国加州大学洛杉矶分校的专家用一种赢得胜利后捐赠的游戏（"独裁者游戏"），以功能核磁共振仪器（FMRI）监测游戏者。结果是：慷慨解囊者，其杏仁体、体觉皮层和前脑岛等活跃；而"小气"者，其主管理性计算的前额皮层更活跃。依据该报告，感性的道德直觉，主要由大脑边缘系统发出；吝啬小气则由前额叶主导。

说法不尽相同，研究还在继续，但至少说明：无论是道德感性还是道德理性，都有其生物学意义上的大脑作为物质基础。

### （五）进一步的说明

#### 1.大脑的复杂性

大脑这个"机器"中并非只有"良知"一个模块。按麦克莱恩

---

[1] 江琦、侯敏：《教育神经科学视野中的道德教育创新》，教育科学出版社2016年版，第20页。

的"三重大脑假说",人类的大脑乃是爬虫类大脑（主管心跳、血压，以及谋食、追色、求安等本能行为）、哺乳类大脑（主管社会性判断、儿女情长之类情绪）和灵长类大脑（语言符号、宗教艺术感、数学推理等理性）的综合体。[1]

所以，前面论证大脑中"的确有"良知模块，但绝不是说人类的大脑中"只有"良知模块。我们的大脑还有"自我中心"的求食、谋生、追色等模块，不然不能生存与发展。

**2.心理的复杂性**

动物中有极少数"真社会性动物"，这是共处一巢，生殖能力有异且该能力低下者主动放弃生育，或专司生育或主管觅食，严格分工互助共存的生物群体，如白蚁和某些蜂群。但人类为"非真社会性物种"，他们各自生育、各有利害，但为共同生存不得不抱团，由此产生群内的竞争和群外的竞争。被誉为"当代达尔文"的威尔逊论述了这种既竞争又不得不抱团的心理悖论："在群体内部，自私的个体战胜了利他的个体，但是在群体之间，利他的群体打败了自私的群体。或者说，个体选择滋生罪恶而群体选择孕育美德"，"由于史前人类中多层次选择的存在，所以人类永远处于矛盾斗争中。人类被困在两股极端力量中——两股创造人类的极其不稳定并且处于不断变化情境中的力量，我们不能单纯地寄希望于其中任何一种力量，它们中的任何一种都不可能完美地解决人类面临的社会问题和政治骚乱。如果我们完全听从于在个体选择中产生的本能的驱使，我们的社会将是一个分崩离析的社会；反之，如果我们完全屈从于在群体选择中产生的本能，那么我们将变成有着天使般善良的机器人，或是特大号的蚂蚁，完全失去了人类的本质"。[2]

**3.遗传性道德情绪与后天文化育成的道德概念，共同凝成人类道德**

如果说前面提及"独裁者游戏"（通过某种游戏赢利再自愿捐赠），能测试出慷慨与吝啬者不同的大脑区域反应，那么，网络上的另一篇关于玩"独裁者游戏"的文章，呈现出另一有趣的发现：

———————————

[1] 参见卡尔·萨根：《伊甸园的飞龙：人类智力进化推测》，吕柱、王志勇译，方丁校，河北人民出版社1982年版，第40—41页。
[2] 爱德华·威尔逊：《人类存在的意义》，钱静、魏薇译，浙江人民出版社2018年版，第31页。

"在游戏前，两个一对、两个一对的学生先要拼凑一些句子并大声读出来。一种情况是：这些句子中包含了下列单词：神性、精灵、天使、上帝、神圣、先知。另一种情况是：这些句子中不包括任何具有宗教意义的单词。当游戏结束，统计表明在游戏开始之前受到'宗教单词'提示的学生要比未受到提示的学生平均多给同伴2美元（4.56美元对2.56美元）。这一实验的科学数据至少在一定程度上说明，特定的宗教概念使我们人类更趋向于作出合作的行为。"①这一实验说明了道德概念对于道德情绪的影响力。

以此来比较朱熹的"理学"与王阳明的"心学"，我以为两者的共同点在于：都属儒家，意欲重塑社会道德、达成个人的心灵秩序和社会的既定秩序。不同处在于：前者的入口在"道德理性"——半日读书，半日静坐，体认圣哲与天道，最后成贤成圣；后者则由"道德情绪"（直觉）进入——体认各人早已具有的"道德模块"，最终达成圣贤之道。道德情绪（直觉）与道德理性都很重要，两者相较，前者更古远、更本真，也更有体量（类似于弗洛伊德的"海面下的冰山体"），但人类文明社会的确立，是一个依据"自然而成"但更重"人为打造"的过程，即主要通过道德理性的强制和约束来达成的②。只强调一面而淡化另一面，是理论的简单化。

此外，社会道德不仅依存于生物性的大脑（我比喻成"硬件系统"），还离不开具体的历史环境、具体的社会背景的影响（我称之为"软件系统"）。对后者的忽视，是"新心智科学"及传统哲学共同具有的"软肋"。

## 二、阳明心学"主观唯心主义"辨

新中国成立后，对阳明心学的评价极低，原因之一，就是阳明心学被认定属于"主观唯心主义"体系。

例如，前引侯外庐主编的《中国思想通史》认为，王阳明有

①《"独裁者游戏"——向大学生推荐三本书》，见网址：http://www.360doc.cn/article/5274187_89894214.html。
②参见诺贝特·埃利亚斯：《文明的进程：文明的社会起源和心理起源的研究》，王佩莉、袁志英译，上海译文出版社2009年版。

"一套主观唯心主义哲学体系",并举著名的"南镇观花"为例:"先生(王阳明)游南镇,一友指岩中花树问曰:'天下无心外之物。如此花树,在深山中自开自落,于我心亦何相关?'先生曰:'你未看此花时,此花与汝心同归于寂;你来看此花时,则此花颜色一时明白起来:便知此花不在你的心外。'"[1]因为该著作被认为是"二十世纪中国马克思主义史学的重要组成部分",是"从整体上对思想史进行分析的马克思主义方法"的代表作[2]。因此,阳明心学属"主观唯心主义",就属于没落、反动、毫无价值、理当批判的学说。

改革开放以来,对王阳明及其心学评价日趋正面与积极,而对心学进行辩说者也渐多。本节拟从马克思恩格斯原著的原旨,以及"从两极到中介"的当代角度,对阳明心学的"主观唯心主义"作进一步辨析。

### (一)马克思、恩格斯关于唯物主义与唯心主义原旨

新中国的教科书关于马克思主义哲学的基本问题通常表述如下:"哲学的基本问题是思维和存在的关系问题,也就是精神和物质的关系问题,或者说是意识和物质的关系问题。在这个基础上,又提出思维和存在、精神和物质的关系问题包括两个方面,第一方面是精神和物质谁是第一性的问题。……凡是承认物质是第一性的,而精神是第二性的哲学学说,都是哲学的唯物主义;与此相反……都属于哲学的唯心主义。"[3]加之"在一个时期内,人们又简单地以政治上的革命与反动、进步与保守、正确与错误等去划分哲学的唯物主义与唯心主义,似乎凡是'唯物主义'便是革命、进步与正确,凡是'唯心主义'则是反动、保守与错误。其结果,就不仅仅是使哲学唯心主义抽象化和漫画化,而且也把哲学唯物主义简单化和凝固化"[4]。

因此,马克思、恩格斯原著、原旨就值得进一步追溯和分析。

---

[1]参见侯外庐主编:《中国思想通史》(第4卷下),第875、884页。

[2]张岂之:《〈中国思想通史〉简介——为〈中国思想通史〉2008年人民出版社新版而作》,《华夏文化》2008第3期。

[3]孙正聿:《哲学修养十五讲》,北京大学出版社2004年版,第214页。

[4]孙正聿:《哲学修养十五讲》,第233页。

**1.马克思对唯物主义、唯心主义的分析是客观辩证的**

马克思在其重要著作《关于费尔巴哈的提纲》中，对唯物主义与唯心主义没有采用简单贴政治标签的方法，而是对两者进行历史、客观的评价："从前的一切唯物主义……的主要缺点是：对对象、现实、感性，只是从客体的或者直观的形式去理解，而不是把它们当做感性的人的活动，当做实践去理解，不是从主体方面去理解。……和唯物主义相反，唯心主义却把能动的方面抽象地发展了，当然，唯心主义是不知道现实的、感性的活动本身的。"①显然，马克思心目中的唯物主义并不就是革命、进步与正确的，而唯心主义也绝不等同于反动、保守与错误。

而且，马克思对两者都进行了批判与扬弃："由于旧唯物论和旧唯心论离开人类的实践活动和人类的历史发展去解决自然界与精神的关系问题，才把二者在'本原'问题上的抽象对立夸大、扩展和膨胀为整个哲学理论的互不相容，从而造成了各自无法克服的局限性（旧唯物论无法容纳能动性，旧唯心论则只能抽象地发展能动性）……其结果，是造成了自然本体与精神本体、客体性原则与主体性原则的抽象对立和互不相容，并构成了'非此即彼'的形而上学的思维方式。"②正因为如此，马克思才以辩证唯物主义的实践哲学来纠正两者的短处。

**2.恩格斯认为唯物主义与唯心主义的概念是近代的产物**

恩格斯心目中，唯物主义与唯心主义并非古已有之，早期的人们并不清晰地具备主—客体相分离的意识和概念。他说："思维对存在、精神对自然界的关系问题，全部哲学的最高问题，像一切宗教一样，其根源在于蒙昧时代的愚昧无知的观念。但是，这个问题，只是在欧洲人从基督教中世纪的长期冬眠中觉醒以后，才被十分清楚地提了出来，才获得了它的完全的意义。"为何是在近代的欧洲？因为近代欧洲工业化与自然科学的相互促进，最终使西方人淡化对上帝的依赖，产生出人类主体意识，自觉将自身与身外的世界分离开，区分出主体与客体，才清晰凸显出"唯物""唯心"的思维方

---

①卡尔·马克思：《关于费尔巴哈的提纲》，中共中央马克思恩格斯列宁斯大林著作编译局编译：《马克思恩格斯文集》（第1卷），第499页。
②孙正聿：《从两极到中介——现代哲学的革命》，《哲学研究》1988年第8期。

式与概念。所以恩格斯接着说："在从笛卡尔到黑格尔和从霍布斯到费尔巴哈这一长时期内，推动哲学家前进的，决不像他们所想象的那样，只是纯粹思想的力量。恰恰相反，真正推动他们前进的，主要是自然科学和工业的强大而日益迅猛的进步。"①

上述思想历程，引用张世英的论述即为：近代以前，人们的世界观是"前主客阶段的天人合一"；近代在工业与科学的影响（在中华，则是在西方坚船利炮的冲击）下，才产生"主体—客体关系的结构"；而进入现代，哲学应当进入"高级的天人合一"的境界。②张先生还认为，在中国，真正自觉地把主体与客体分离的，是在鸦片战争前后的魏源："魏源的主—客关系思想，及其对传统的'万物一体'说的无情批判，虽尚不够细致，但显然标志着中华'睡狮'所受到的一次猛烈的震撼：中华传统思想文化从主导方面来看，几千年来一向沉醉于不分人己、不分物我、不分彼此的'天人合一'——'万物一体'的思想迷梦之中，轻视求知，以湮没'自我'于'天'（自然之整体与名教纲常的封建社会群体）之中为最高境界，并以此自傲。魏源敢于公开明确揭露其危害，并提出科学求知的理论基础——'主—客'关系的思想以与之对立，实乃西方'船坚炮利'震撼的结果。魏源实开中华儿女之'自我'冲破原始的浑沌的'一体'之先河。"在张先生看来，"一部中国近代史可以看做是向西方近代学习和召唤'主体性'的历史"。③

其实，恩格斯担心人们简单化地滥用唯物主义、唯心主义之类概念，还补充说："唯心主义和唯物主义这两个用语本来没有任何别的意思，它们在这里也不是在别的意义上使用的……如果给它们加上别的意义，就会造成怎样的混乱。"④

———————————

①弗里德里希·恩格斯：《路德维希·费尔巴哈和德国古典哲学的终结》，中共中央马克思恩格斯列宁斯大林著作编译局编译：《马克思恩格斯文集》（第4卷），第280页。
②张世英：《万有相通的哲学》，《光明日报》2017年6月26日。"无论是就个人精神的发展阶段而言，或就一个民族思想文化形态的发展而言，大体上都经历三个阶段：第一阶段我称之为'原始的天人合一'，是一种'前主客关系的天人合一'结构，人在此阶段中缺乏独立的自我意识。第二阶段是'主体—客体'关系的结构，人在此阶段中凸显自我的主体性。第三阶段是包括'主体—客体'关系在内而又超越了'主体—客体'关系的结构，我称之为'高级的天人合一'，是一种'后主客关系的天人合一'结构，人在此阶段中既意识到自我，又超越自我而与他者融通为一。"
③张世英：《觉醒的历程：中华精神现象学大纲》，中华书局2013年版，第138页。
④弗里德里希·恩格斯：《路德维希·费尔巴哈和德国古典哲学的终结》，中共中央马克思恩格斯列宁斯大林著作编译局编译：《马克思恩格斯文集》（第4卷），第278页。

今天看来，造成的"混乱"之一，是把哲学目标给混淆了。如果把哲学目标简化为"探索世界"与"定位人生"两者，则唯物主义、唯心主义概念提出者的着眼点在前者，而阳明心学等传统哲学的目标显然是后者。

总之，王阳明的时代，属"原始的天人合一"阶段，远未经工业文明以及近代科学的洗礼，主体与客体的关系尚不分明，是一个拥有天地鬼神、祖宗儿孙、长幼尊卑的相对固化的神圣世界。儒家所关心的，是怎样稳定这个世界的秩序，并进而安顿自身的心灵秩序，使人生充满意义感和价值感。对此，简单采用唯心主义、唯物主义等认识论的概念来判定近代以前的伦理道德论的概念，因为"加上"政治的"意义"，从而"造成怎样的混乱"，完全违背了马克思主义创始人的本意，犯了形而上学的历史虚无主义错误。

## （二）从两极对立到中介融通

前面说，唯物主义与唯心主义等"两极对立"的哲学概念是经过一定历史阶段才出现的，历史上出现的也往往会消失在不断发展的历史潮流之中。孙正聿说："从对立的两极出发，并以抽象的两极对立关系为基础而形成的旧唯物论和旧唯心论，被探索两极融合、过渡和转化的中介哲学——现代哲学——所取代了。这种取代，是迄今为止的最深刻的哲学革命。它改变了哲学的提问方式和追求方式，从而改变了人类的致知取向、价值取向和审美取向，即从深层改变了人类的思维方式。"[1]

### 1.哲学思想作为中介

按孙正聿先生的梳理，这种"两极融合、过渡和转化的中介哲学"依次有：康德的以人为主的"实践理性"；黑格尔的"辩证的唯心主义"；马克思的人类实践活动的"实践哲学"；海德格尔等人的"语言是存在的家"，其间还有卡西尔的"文化符号哲学"，波普尔等人的"科学哲学"……[2]

### 2.以生物的神经科学为中介

笔者尊重上述哲学思想及其提出者，但更赞成弗洛伊德的见

---

①孙正聿：《从两极到中介——现代哲学的革命》，《哲学研究》1988年第8期。
②孙正聿：《从两极到中介——现代哲学的革命》，《哲学研究》1988年第8期。

解："生物学中充满了无限的可能性，我们可以期待它给我们提供最惊人的信息……也许会是这样一些答案，它们可能推翻我们人为地建构起来的所有假设。"①换句话说，思想家们苦苦思虑，争论不休的东西，在现代生物学家们看来，或许只是简单的神经活动。

这里主要以动物（包括人类）的大脑定位、空间识别的机理为例。首先因为这是国际自然科学界公认的可重复的事实，另外，这种空间能力乃是康德哲学中极其重要的"先天的直观形式"，他说："借助于外感官（我们内心的一种属性），我们把对象表象为在我们之外、并全都在空间之中的。"②

动物的空间识别，分别由大脑不同部位中的"位置细胞（在海马体）""头部方向细胞（在前庭系统）"和"网格细胞（在内嗅皮层）"共同作用而形成。位置细胞处理的空间信息有如一块块零散的拼图，而网格细胞则会将整个空间信息进行整合，"头部方向细胞的方向信息，以及来自视觉和本体感觉的距离信息，并通过一些复杂的算法来确定自己在这个六边形坐标系中的精确坐标"③。据此，位置细胞与网格细胞主要功能在辨识和记忆外部的世界，而头部方向细胞主要偏重在自我与外部世界之间的关系。

因此，在识别空间的过程中，大脑需要不断地在"自我中心坐标"和"异我中心坐标"中切换才能定位自我与外部空间。埃里克·坎德尔曾解释"空间是如何在大脑中表征的"："大脑的有些空间表征通常使用自我中心的坐标（以信息接收者为中心）……自我中心的表征有很多用处，人类或猴子通过它把目光投向特定位置来定位一个突如其来的噪声，果蝇用它来躲避与不愉快反应相联结的气味，海兔靠它来产生缩鳃反射。""对于其他行为，比如小鼠或人类的空间记忆，把生物体的位置相对于外部世界来进行编码以及对外部物体之间的关系进行编码是很有必要的。针对此类目的，大脑使用异我中心的坐标（以世界为中心）。"当一只老鼠走迷宫时，大脑自我中心的坐标与异我中心的坐标不断交叠，而其"大脑将它的

①西格蒙德·弗洛伊德：《自我与本我》，涂家瑜、李诗曼、李侨娇译，台海出版社2016年版，第70页。
②康德：《纯粹理性批判》，邓晓芒译，杨祖陶校，人民出版社2004年版，第27页。
③赵明东、张欣：《大脑中负责定位导航的细胞——2014年度诺贝尔生理学或医学奖解读》，《生物学教学》2015年第3期。

周遭环境拆分成许多相互重叠的小区域，类似一幅马赛克，每一个区域由海马体中特定细胞的活动来表征。在大鼠进入一个新环境后数分钟内，这幅内部地图就形成了"。[①]

以上发现位置细胞的是约翰·基奥夫，发现网格细胞的是爱德华·莫泽及其夫人，都是2014年诺贝尔奖的共同获得者，而提出"自我中心"与"异我中心"的坎德尔，则荣获了2000年的诺奖。

这个生物学的及其康德式哲学的"先天直观形式"的发现启示我们：在实际生活中，每一个人——无论他自称或他称为"唯物主义"或"唯心主义"者——其实都是"自我中心"与"异我中心"脑区的交相混用的人，所以每一个人都难免有"唯心"（当"自我中心"时）和"唯物"（当"异我中心"时）的复杂思维活动。在处于不同的境遇，针对不同的问题，会体现出不同的层面。只有以纯粹概念为生的哲学家，才可能因为不断坚持其有局限的立场或概念而不自知或难以自拔。

从这个意义上说，每一个人在实际生活实践中，都是既属唯物主义者又属唯心主义者的悖论综合体。

比如恩格斯评费尔巴哈："作为一个哲学家，他也停留在半路上，他下半截是唯物主义者，上半截是唯心主义者。"[②]可见同一个人可以在不同思维领域里可以共同保有"异我中心"与"自我中心"两个坐标。

再如，马克思是开创辩证唯物主义的伟大思想家，但按照李泽厚的观点，也会陷入唯心的"先验幻相"之中。李泽厚说："'先验幻相'指的是，由于没有经验的支持，抽象思维所产生的是'只可思之，不可知之'的对象概念。如康德所讲，它是先验理性所自己生发造成的理念幻相：'由知性观念而形成超越经验可能性的概念便是理念。'（《纯粹理性批判》）'先验幻相引导我们越出范畴的经验使用，而以纯知性的扩展蒙蔽我们。'（同上）……由于缺乏经验的支持，便成为只可思考不能认识即不可能证实其真实存在的理念幻相。我以为马克思的上述'枢纽点'及其概念，相当类似或接近

---

[①] 埃里克·坎德尔：《追寻记忆的痕迹：新心智科学的开创历程》，喻柏雅译，中国友谊出版公司2019年版，第326—328页。

[②] 弗里德里希·恩格斯：《路德维希·费尔巴哈和德国古典哲学的终结》，中共中央马克思恩格斯列宁斯大林著作编译局编译：《马克思恩格斯文集》（第4卷），第296页。

这种思辨抽象所产生的'先验幻相'或先验理念。它以高屋建瓴的思辨方式，揭示资本家掠夺工人劳动产生大量财富的根本来源，揭示资本主义的'自由、平等、博爱'的虚假性质，提出彻底改变这一状况的共产主义远大理想。它在范导、指引人们的思维从而行动是有价值有意义的。但这只是一种哲学上的意义。落实到实证的经济科学，由于缺乏足够的准确的中介环节，以'抽象劳动''社会必要劳动时间'推论出'按劳分配'，由此直接构建未来社会，便产生了先验幻相。"李泽厚还分析："……辩证法和历史感如果脱开具体经验来抽象地运用，便会造成如康德讲的先验幻相。康德特别强调思维结合经验的极端重要性，只有数学和物理学的某些领域可以除外。但物理学最终仍需经验（实验）验证。数学则恰好相反，必须脱离经验来思维……材料表明，马克思正式写作《资本论》前正欢天喜地沉浸在对黑格尔逻辑学的重新阅读之中。但也不难理解，出于当年青年知识分子对现实社会的一腔愤怒和正义观念、革命情感，黑格尔的辩证法有如列宁所说，成了他们的'革命的代数学'。马克思以几个基本辩证观念为基础，整理编排了大量经验资料，推论出了这个资本主义必然迅速崩溃的'代数学'，引导了整整百年革命实践的理论需要。"①

又如中国当代伟人毛泽东，不断倡导"实事求是"的精神，撰写过《矛盾论》《实践论》等哲学雄文，还脚踏实地领导中国人民推翻旧中国建立新中国。但其年轻时也曾发言论道："个人有无上之价值，百般之价值依个人而存，使无个人（或个体）则无宇宙，故谓个人之价值大于宇宙之价值可也"，以及"宇宙间可尊者惟我也，可畏者惟我也，可服从者惟我也。我以外无可尊，有之亦由我推之；我以外无可畏，有之亦由我推之；我以外无可服从，有之亦由我推之也"。②

既然如此，王阳明先生身处明代的自然环境、社会环境都很不理想：叛乱需要止息、社会需要安定等"异我中心坐标"的时段里，他知己知彼，能征善战，有效管理社会等，体现出实事求是的智慧。当面对需要将社会秩序与个体心灵秩序相统一的时候，难

①李泽厚：《李泽厚近年答问录》，第252、258页。
②中共中央文献研究室、中共湖南省委《毛泽东早期文稿》编辑组：《毛泽东早期文稿》，第108、153—154页。

免产生如马克思所说的"凡是有某种关系存在的地方，这种关系都是为我而存在的；动物不对什么东西发生'关系'，而且根本没有'关系'"①，以及恩格斯所说的"就单个人来说，他的行为的一切动力，都一定要通过他的头脑，一定要转变为他的意志的动机，才能使他行为起来……"②所以，王阳明在孟子、陆子等奠定的儒家理论概念之上，强调"自我中心坐标"的能动性和超越性，就是自然而然的，而不能简单以"反动"或"主观唯心主义"来进行贬斥了。

## 三、重新审视王阳明"'天理''人欲'对立观"的当代意义

"存天理、灭人欲"这个命题，即"'天理''人欲'对立观"（下面简称"理欲对立观"），曾长期被接受，后来又一度被否定，而处于当代的问题域中，重新审视这些概念及其关系，仍有重大现实意义。

下面从王阳明提出"理欲对立观"的缘由，后人对"理欲对立观"的反对，当下对"理欲对立观"的重新审视三个方面展开论述。

### （一）王阳明提出"理欲对立观"的缘由

从生态哲学的角度出发，笔者首先视人为生物，必须生存在特定自然与人文的生态环境中，通过感官产生相应反应和无意识、意识，在此基础上产生出理性和理论。所以，分析"理欲对立观"，首先要观察提出者的社会生活环境，即自然生态与人文生态，其次关注由此产生的集体无意识，最后才观察精英群体提出的理论。

#### 1.社会生活环境

先宏观看看传统农耕社会生活状况，再具体分析王阳明身处的明代中期的生态。

---

① 卡尔·马克思：《德意志意识形态》，中共中央马克思恩格斯列宁斯大林著作编译局编译：《马克思恩格斯文集》（第1卷），第533页。
② 弗里德里希·恩格斯：《路德维希·费尔巴哈和德国古典哲学的终结》，中共中央马克思恩格斯列宁斯大林著作编译局编译：《马克思恩格斯文集》（第4卷），第306页。

（1）数千年的传统农耕社会（乃至还有更早的狩猎采集社会）生活状况

进入工业社会以前，社会生产力水平相对都低，人们主要维持在生物性的存活与繁殖的基础上生活：寻找足够食物以维系自身的存在，寻获异性以延续生命，由此产生最基本最原初的人类组织形态——血缘家庭。至民国期间，英国社会学家托尼还说，在中国"农村人口的状况就像一个长期站在水中只有头还露在水面上的人一样，只要稍微过来一阵涟漪，就足以把他淹死"。还说："他们之所以免于饿死（在他们没有饿死的时候），部分是因为他们自己令人敬佩的创造力和坚忍不拔的意志，部分是因为中国家族中的共产主义，部分是因为他们减少了自己的必要消费，并耗尽了自己的体能资本。"[1]在"减少了必要消费"以及"家族共产主义"的群体中，个体非分的欲望会带来群体生存资源、组织秩序、习俗秩序与心态秩序的动荡和生存危机。因此，个人欲望会受到来自各方面的合力限制。

这一点，不仅中国，各国也当如此：天主教将贪婪归入"七宗罪"；基督教判定贪婪是罪恶之根；印度诸教都确认欲望乃人生痛苦之源，只有通过修养达成无欲无求的境界才能解脱。

因此，王阳明的"理欲对立观"有当时生产力水平的根由。

（2）明中期的社会生活状况

在上一节的基础上，略作分析。由于自然生态"明清小冰期"的袭来，引发国内民众生存资源减少的问题，也诱发北方蒙古人的入侵。后者又带来人文生态的系统动荡——明早期的屯兵制和世兵制，因自然生态与人文生态的双重恶化而导致普遍的逃军状况，该状况又促使明中叶的募兵制——雇佣兵制度的产生。[2]

雇佣兵必付的酬金，由早期的粮食布匹等实物，演变为明中叶的白银军饷。"天顺、成化以后，开中渐有向纳银转化的趋势，弘治五年（1492）叶淇变法，更改为运司纳银开中制，也就是商人纳银至盐运司，再由盐运司转运至户部太仓，由户部作为年例银下拨各

---

[1]理查德·H.托尼：《中国的土地和劳动》，安佳译，商务印书馆2014年版，第74、79页。
[2]张娜：《明代逃军问题研究》，青海师范大学硕士学位论文，2009年。

边，支付边境军需。"①而且，"年例银"越支越高："召募初期，被召募的军人所得到的待遇并不是很高，被召募的军人还带有为朝廷服差役的性质，他们所以应募主要是为了能够免除他们一定的税粮和徭役，朝廷发给一定的应募津贴，所发的数额亦不是很高，仅为'银一两，布二匹'。"但到了王阳明的青年时代，"情况发生了变化，募兵数量逐渐扩大，军人待遇也不断提高……（到）弘治年间的募兵，所给的待遇为'人给银五两'"，②相较于前，银饷提高了五倍。军饷开支中的这笔硬性支出，应该是引发整个社会白银货币化的重要诱因之一。而全社会的白银货币化，促进了明中叶后整个社会的帝制农商社会的出现，谋生方式、组织秩序、习俗秩序、心态秩序等的重大变革。（详见前一节）

观察西方，当市场、商业、货币等因素袭来之时，也曾有较长而普遍的思想磨合过程，用赫希曼的话来说，西方世界用了近二百年，将有罪恶感的"欲望"概念，包装成"无害而得体的""利益"一词。③

面临"利益"，从皇帝到百官到地主，都燃起对白银、土地的贪婪：皇帝圈地为皇庄，占铺面为皇店；诸王圈地为王田；勋戚、中官圈庄田；士大夫也乘机营田放利，整个社会都被白银所腐蚀，传统的生活状况因此出现新的面貌。与王阳明同时代的何良俊记述："宪、孝两朝以前，士大夫尚未积聚……至正德间，诸公竞营产谋利。"并举例某士大夫中了进士，立即疏远文士而与市井之徒结交，"虽有谈文论道之士，非唯厌见其面，亦且恶闻其名。而日逐奔走于门下者，皆言利之徒也。或某处有庄田一所，岁可取利若干；或某人借银几百两，岁可生息若干……"何因此感叹。"此病已在膏肓，非庸医所了。"④

另一方面，底层农民受到气候致灾与苛捐杂税的双重侵扰，相当多农民的土地又被有权有势者占去，流民就成为当时重大的社会问题。成化年间，巡按直隶御史梁昉说："民迫于饥寒，困于徭役，

①张松梅：《明代军饷研究》，南开大学博士学位论文，2008年。
②杨顺波：《明代军制与军饷》，云南师范大学硕士学位论文，2005年。
③参见阿尔伯特·赫希曼：《欲望与利益：资本主义胜利之前的政治争论》，冯克利译，浙江大学出版社2015年版。
④何良俊：《四友斋丛说》，中华书局1959年版，第312页。

往往隐下税粮，虚卖田地，产业已尽，征赋犹存，是以田野多流亡之民。"[1]而右都御史项忠说："流贼啸聚山谷百五十余万，自宣德至今四十余年……实无一人还乡。"所说"流贼"，指涌入荆襄一带的失地农民。此处曾为元朝流民寓居之所，山深林密，易匿难管，所以被朱元璋划为封禁之地，进入者一律驱除。被驱者不愿离去，就会发生尖锐冲突。项忠称其"众至百五十万，结成巨党，杀伤官军，据法皆当剿"。[2]因此导致"兵刃加之，无分玉石，驱迫不前，即草剃之。死者枕藉山谷。其解去湖、贵充军者，舟行多疫死，弃尸江浒，臭不可闻。怨毒之气，上冲于天"[3]。终大明一朝，失地或不堪重税的农民持续演变成流民与暴民，不断发生与中央政权的对抗与冲突。

上层的穷奢极欲与下层的痛苦与对抗，共同成为王阳明挥之不去的"心中之贼"。所以，所言"灭人欲"，不应单指"不安分"的下民，更应针对放纵贪欲的上层统治者和拥有地位仍谋利不止的士大夫。

**2.古人心目中"天理"的地位**

（1）传统集体无意识中"天理"的地位

在古代中国人的心目中（应该从狩猎采集时代开始），人类的生存要仰仗至高至伟的"天"。"天"至少拥有三个特征：①从权力看，地位尊崇，至高无上；②从威力看，神力巨大，主宰人间；③从道德权威看，臧否人事，裁决善恶。

在以狩采农耕为食的情势下，这个"天"及其律令（"天理"），是必须畏惧、敬奉和遵循的。以消费观为例，中国人长期而普遍地具有"天道崇俭而黜奢"的集体无意识。从《尚书·大禹谟》的"克勤于邦，克俭于家"，至《论语》的"节用爱人"；从朱柏庐的"一粥一饭，当思来之不易；半丝半缕，恒念物力维艰"，到曾国藩"'俭'之一字……随处留心，牢记'有减无增'四字，便极好耳"[4]，等等。这些既体现了上层人士的意识，更有民间广泛的神

---

[1] 万明主编：《晚明社会变迁：问题与研究》，第34页。
[2] 项忠：《抚流民疏》，陈子龙、徐孚远、宋征璧等选辑：《明经世文编》卷四十六，第361—362页。
[3] 《明宪宗实录》卷九十八，台湾"中央研究院"历史语言研究所1985年影印本，第1873页。
[4] 唐浩明：《唐浩明评点曾国藩家书》，华夏出版社2009年版，第559页。

圣礼俗，将节制欲望、敬惜资源等意识渗透于日常行为之中。笔者年幼时，如果撒饭于地，家长会申斥"雷公要劈人"；如剩饭粒在碗，家长会威胁"脸上要生麻子"；吃花生米则用"只许骑马，不许抬轿"（只能用筷子一粒粒夹着吃，不能将筷子横着撮几粒）来教导与规范。另有传说，家家均有上天派来的使者灶君实时监控，并于腊月某日上天述职举报，所以家家敬奉灶神，整饬行为和心态。

（2）社会精英的"天理"

除了全社会广泛倡导对天道的畏惧、敬奉、遵循外，少数精英还将"天"及其"天理"升华为形而上的本体来推崇，使自己的理论更具有唯一性和神圣感。

查尔斯·泰勒认为，在传统人心目中，有个"天人一体"的"伟大存在之链"：上有神圣的"宇宙"（天理）；中有天理投射出的社会秩序；下有个体自律与修养。一旦失去，个体生命将失去意义，社会也将混乱无序，从而出现"英雄维度的失落"，"不再有更高的目标感，不再感觉到有某种值得以死相趋的东西"。①

一定意义上，历代儒家——当然也包括王阳明——就是这种精英化的、宇宙—社会—个体"伟大存在之链"的寻求者与践行者，体道者与传道者。比如宋代理学：上有宇宙秩序（天理），中有人间秩序（"君臣相得""共治天下""三纲五常"等），下有个体人生的体悟（格物致知、诚意正心等）与相应事功（修齐治平）。而王阳明时代，上述"人间秩序"一环断裂，阳明心学的特点，是将个体人生、相应事功直接与天理（宇宙秩序）相结合以自证其尊。

**3.王阳明"理欲对立观"的理论根源**

作为思想家，理学、佛教与道教应该对王阳明的话语有深刻影响。

（1）宋代理学

早期宋代理学家们的"天理""人欲"概念，应出自《礼记·乐记》："好恶无节于内，知诱于外，不能反躬，天理灭矣。夫物之感人无穷，而人之好恶无节，则是物至而人化物也。人化物也者，灭

---

①查尔斯·泰勒：《现代性的隐忧：需要被挽救的本真理想》，程炼译，南京大学出版社2020年版，第22—23页。

天理而穷人欲者也，于是有悖逆诈伪之心，有淫泆作乱之事。"①所以张载说："上达反天理，下达徇人欲者与。"②体现出两者的对立，却并没有对两个概念进行具体分析。

进一步详加区分并界定"天理""人欲"的应该是程颐。他认为宫室、饮食、刑罚、征讨等维系正常生命及秩序的行为是正当的——"本"，但与此相应的峻宇雕墙、酒池肉林、淫酷残忍、穷兵黩武等，则是过分与滥用的——"末"："天下之害，无不由末之胜也。峻宇雕墙，本于宫室；酒池肉林，本于饮食；淫酷残忍，本于刑罚；穷兵黩武，本于征讨。凡人欲之过者，皆本于奉养；其流之远，则为害矣。先王制其本者，天理也；后人流于末者，人欲也。"③

朱熹是非常认真地研读并熟悉古代经典的，所以，其"天理人欲"对立观不是发明，而是重申："饮食者，天理也；要求美味，人欲也。"④

王阳明虽然对朱熹的思想进行了反思和批判，但对"天理人欲"对立观却只字未动地承续下来。如："此心无私欲之蔽，即是天理，不须外面添一分。……只在此心去人欲、存天理上用功便是。""学者学圣人，不过是去人欲而存天理耳。"⑤

（2）佛教与道教

王阳明时，佛教与道教在官方意识形态中均有一席之地，他个人也曾"溺"于二教，受过佛道的涵育而佛教更甚。所以刘宗周称心学为"阳明禅"，李贽说心学与佛学互通无碍，颜元说阳明近禅处尤多，而侯外庐认为王阳明的很多话"脱胎于禅宗……如出一辙"⑥，等等。

按照佛理来讲，人生痛苦本于先天感官引发的各种欲望，产生"苦谛""集谛"；而消除痛苦在于自我控制内心的欲望，体悟心下智慧，最终达成梵人合一，涅槃超脱，是为"灭谛""道谛"。而

①杨天宇：《礼记译注》，上海古籍出版社2004年版，第471—472页。
②张载：《正蒙·诚明》，《张载集》，章锡琛点校，中华书局1978年版，第22页。
③程颐：《周易程氏传》卷三，《二程集》，王孝鱼点校，中华书局2004年版，第907页。
④黎靖德编：《朱子语类》卷十三，王星贤点校，中华书局2020年版，第239页。
⑤王阳明：《传习录上》，《王阳明全集》（新编本），吴光等编校，第3、30页。
⑥侯外庐主编：《中国思想通史》（第4卷下），第891页。

道教有所谓《清静经》，中有"夫人神好清，而心扰之；人心好静，而欲牵之。常能遣其欲，而心自静，澄其心而神自清。自然六欲不生，三毒消灭……欲既不生，即是真静"。[①]

看来，"灭人欲"之"灭"，与"苦集灭道"之"灭"和道教的"清心寡欲"之"寡"，在王阳明心里及话语中，并非全无联系。

### （二）后代对"理欲对立观"的否定

#### 1.古代学者对"理欲对立观"的怀疑与否定

其实，"人欲"本来指"贪欲"，但古人习惯尊重袭用传统古词，到现实社会中则易意义含混，有否定人们正常生存基本欲求的歧义，并与各类人群集体无意识与生活常识相对立——从生物的角度看：生生不息的，才是好的；导亡致死的，一定是坏的。

在历史社会实践中，这个词确曾产生束缚人们正当生存权利以至"以理杀人"的负面影响。如《儒林外史》第四十八回"徽州府烈妇殉夫"中的王玉辉，恪守理学，辑纂"三礼"，倡导"小学"，编著乡约等，得知三女儿要殉夫，反劝亲家"我这小女要殉节的真切，倒也由着他行罢。自古'心去意难留'"，等女儿自尽后，竟仰天大笑道"死得好，死得好"。历来被认为是以理灭欲、丧失人性的反面典型。

因此，随着明清帝制农商社会的进一步发展和人们思想的进一步解放，"理欲对立观"理所当然地受到批判：李贽说"穿衣吃饭，即是人伦物理。除却穿衣吃饭，无伦物矣"；陈确说"天理正从人欲中见，人欲恰好处，即天理也……欲即是人心生意，百善皆从此生"；戴震有"饮食男女，生养之道也，天地之所以生生也……是故，去生养之道者，贼道者也"；等等。[②]

#### 2.近代以来对"理欲对立观"的反对

进入近代，西风东渐，民国时期的学者对"理欲对立观"多有反思。蔡元培的《中国伦理学史》对戴震的意见表示赞同，而胡适之更是明言："理学家把他们冥想出来的臆说认为天理而强人服从。他们一面说存天理，一面又说去人欲。他们认人的情欲为仇敌，所

---

①李道纯：《太上老君说常清静经注》，上海涵芬楼1924年影印本。
②沟口雄三：《中国的思想》，赵士林译，中国财富出版社2012年版，第47—48页。

以定下许多不近人情的礼教，用理来杀人，吃人。"①随着历史的发展，中国"天道"中所包含的"神力至大，司风管雨"的威力，日益受到科学技术的"除魅"；"地位尊崇，至高无上"的威权，受到过新政权的蔑视；"裁决行为，扬善惩恶"的权威，已逐渐被当代市场经济社会"人不为己，天诛地灭"之"天"所颠覆。

（1）自然科学，直接对"天理"进行了"除魅"

在西方产生的近代自然科学曾对基督信仰进行了颠覆："在一个被科学和理性前所未有地照亮了的时代，基督教的'福音'就蜕变成了一种越来越不能令人信服的形而上学结构，越来越不能充当人们生活所依托的基础，也就越来越丧失了心理上的必要性……在现代需要公开的、经验的、科学的证明一切信仰的聚光灯下，基督教信仰的本质开始衰退了。"②同样，西方科学技术对中国人"天道"信仰的破坏也极致命。用普通天文望远镜对准天宇时，中国人也明知，天上根本没有玉皇大帝和天宫。这个过程和现象，马克斯·韦伯称为"除魅"。

（2）"反对封建迷信"对"天理"的破坏与新"天理"的建立

共产党人建立新中国以后，曾经一度视传统组织秩序为反动，斥"天理""天道"等为封建迷信，坚信共产主义就是要与传统进行最彻底的决裂。笔者在小学一年级时，语文教材就有"大跃进"时农民诗作："天上没有玉皇，地上没有龙王。我就是玉皇，我就是龙王。喝令三山五岳开道，我来了！"但新政权另外确立了一个"天理"——传统的"共产主义"——无产阶级通过革命，建立政权，失去锁链，获得世界；经过改造，进入物质高度丰富，没有剥削，没有压迫，人人自由全面发展，全世界无产者大联合的新的理想世界。并塑造出该时代的典范——雷锋，要解放全世界三分之二受苦受难的民众，要毫不利己，专门利人，甘当革命螺丝钉，等等。

（3）市场经济浪潮对"天理"的冲击

工商社会中，在"发展"的神圣任务下，欲望是最基本的物质生产原动力，"天理"再难有立锥之地。正如日本企业家稻盛和夫所言："欧洲兴起了工业革命，以此为契机，近代文明获得了快速的发

---

① 胡适：《戴东原的哲学》，《胡适全集》（第6卷），安徽教育出版社2003年版，第376—377页。
② 理查德·塔纳斯：《西方思想史》，吴象婴、晏可佳、张广勇译，第337页。

展……与此同时，人类具有的'希望更加富裕、更加便利'——这种不知餍足的欲望，也成为发展的原动力。"于是，"人类不得不面临地球环境和能源的问题"。①

孙正聿曾对比农业经济社会与市场经济社会两种不同的生存状态：前者是"经济生活的禁欲主义、精神生活的蒙昧主义和政治生活的专制主义"；而后者则"从经济生活的禁欲主义到经济生活的追求现实幸福，从精神生活的蒙昧主义到精神生活的理性自由，从政治生活的专制主义到政治生活的民主法制"，从而具有"功利主义的价值取向、工具理性的思维取向、民主法制的政治取向"。②进而描述中国市场经济带来的五种社会思潮："两极对立模式的消解、英雄主义时代的隐退、高层精英文化的失落、理性主义权威的弱化和人类精神家园的困惑。"③

市场经济的基本特征及社会思潮，激发了人们对物质的强烈欲望。由欲望推动着需求、生产与市场；推动着农村劳动力向城市工商业的转移；推动着全社会GDP的增长，财政收入的增加……在一定意义上，整个社会的第一推动力并非传统的鬼神或道德理想，而是赤裸裸的物质欲望和对金钱的追求。

按照鲍德里亚的观点，这些欲望和金钱，涌进市场，使消费"渗入了人们的思想，进入了伦理和日常意识形态之中：这种形式表现为对需求、个体、享乐、丰盛等进行解放。这些关于开支、享乐、非计算的主题取代了那些关于储蓄、劳动、遗产的'清教式'主题"；更形成一种符号秩序、道德、沟通体系与交换结构共同形成的力量，最终成为凌驾于个人之上的集体无意识："消费是一个系统，它维护着符号秩序和组织完整：因此它既是一种道德，也是一种沟通体系，一种交换结构……并根据一种无意识的社会制约凌驾于个体之上。"最终，消费者被当成符合"天命"者来称颂，而超级购物中心变成新时代的神殿："消费者就是这样无意识且无组织，就像19世纪初的工人那样……他们到处都被正人君子们当做……天命的'至高无上'的神秘现实来称赞、奉承、歌颂"，而"我们的

①稻盛和夫、梅原猛：《拯救人类的哲学》，曹岫云译，机械工业出版社2020年版。
②孙正聿：《我国人文社会科学研究的范式转换及其他——关于文科研究的几点体会》，《学术界》2005年第2期。
③孙正聿：《哲学修养十五讲》，第184—188页。

超级购物中心，就是我们的先贤祠，我们的阎王殿"。①

于是，市场经济浪潮冲击猛烈，在社会普罗大众中，特别是在该经济环境中出生、成长的年轻人心底，传统"天道"早已"死去"，而"人欲"就是"天理"，"天理"支持"人欲"，乃至"人不为己，天诛地灭"成为共同观念和集体无意识，"理欲对立"观不复存在。

### （三）当下对"理欲对立观"的重新审视

李泽厚先生认为，中华文化心理深处，有一种"乐感文化"的基因，但从生物学角度看"人欲"的危险性与破坏性，特别是在工商业社会和强大科技手段下，人欲对天理的破坏可能导致人与自然、人与人之间的危机。下面将对此分别进行论述，并且进一步探析"存天理、限人欲"如何成为可能。

#### 1.从生物学角度看"人欲"的危险性与破坏性

人类作为生物，必须具备三大原始本能才得以生存与繁衍：求食，以保障个体的欲望；求色，以保障种系的繁衍；求安，以保障生命的存在。中国先哲告子说："食、色，性也。"②《礼记·礼运》说："饮食男女，人之大欲存焉"，"夫礼之初始诸饮食"。③革命导师马克思也说："人们为了能够'创造历史'，必须能够生活。但是为了生活，首先就需要吃喝住穿以及其他一些东西。因此第一个历史活动就是生产满足这些需要的资料，即生产物质生活本身，而且，这是人们从几千年前直到今天单是为了维持生活就必须每日每时从事的历史活动，是一切历史的基本条件。"此外，"人们开始生产另外一些人，即繁殖。这就是夫妻之间的关系，父母和子女之间的关系，也就是家庭。""这样，生命的生产，无论是通过劳动而生产自己的生命，还是通过生育而生产他人的生命，就立即表现为双重关系：一方面是自然关系，另一方面是社会关系。"④恩格斯提

---

①让·鲍德里亚：《消费社会》，刘成富、全志钢译，南京大学出版社2014年版，第7、60、64、69页。

②焦循：《孟子正义》，《诸子集成》（第1册），第437页。

③杨天宇：《礼记译注》，第275、268页。

④卡尔·马克思、弗里德里希·恩格斯：《德意志意识形态》，中共中央马克思恩格斯列宁斯大林著作编译局编译：《马克思恩格斯文集》（第1卷），第531—532页。

出："根据唯物主义观点，历史中的决定性因素，归根结底是直接生活的生产和再生产。但是，生产本身又有两种。一方面是生活资料即食物、衣服、住房以及为此所必需的工具的生产；另一方面是人自身的生产，即种的繁衍。"①可见，中外先哲都说明，人类确有"食"（物质生活的生产）与"色"（人的生产）两大原始本能。

由此推论至普通动物。动物行为学的开拓者之一、诺贝尔奖获得者洛伦兹说："每天都发生的、具普遍性的、'廉价的'而且被我称为'护种的小奴仆'的固定活动模式通常是受一个以上的'大'驱力所操纵。尤其是移动的行为模式，例如跑、飞、游等，还有咬、啄、掘等的行为模式都同时服侍喂食、生殖、逃跑、攻击四个大驱力。"②——动物有"四大驱力"：食、色、避、攻。四者驱动了"护种的小奴仆"跑、飞、游、咬、啄、掘等具体行为。另一本书里，他把"四大驱力"换成"四大本能"："那些古老的、广为人知的本能，如觅食本能和交配本能，已经趋向过度了。这不免令人想到，人类很可能有意促进盲目的贪食本能以及同样盲目而贪婪的性本能，却把进攻本能和逃避本能视作妨碍物种选择的因素而力求消除。"③可见，动物还具备了进攻与逃避双向的行为以"求安"。

上述求食、求色、求安欲望的生物学依据，使得人类作为生物体产生出种种感觉、感情并产生出种种行为，得以与当时的自然环境相"匹配"。但随着人类特殊的天赋与才能发展，社会组织、科学和生产力水平等人文生态不断演进，不断突破早期自然环境的供给量，从而导致人与自然的"失配"。简单说，"求食"的本能会引发"求富"，"求色"的本能会导致"求庶"，"求安"的本能会产生"求强"，三者如无节制，都可能带来灾难。

（1）从求食到求富

求富并非与生俱来，原始人类求实物不用金钱，对财富并无兴趣。萨林斯说："无论多贵重的东西，一经转入他们（指原始人。顾注）之手，新奇的劲头一过，便不再当回事儿了。在那以后，无分

①弗里德里希·恩格斯：《家庭、私有制和国家的起源》，中共中央马克思恩格斯列宁斯大林著作编译局编译：《马克思恩格斯文集》（第4卷），第15—16页。
②康罗·洛伦兹：《攻击与人性》，王守珍、吴雪娇译，作家出版社1987年版，第94页。
③康拉德·洛伦茨：《文明人类的八大罪孽》，徐筱春译，中信出版社2013年版，第112页。

贵贱，全都弃置泥沙。"①而神经科学家也证实了这一点，他们"在法国里昂做过一项研究，发现腹侧纹状体、脑岛前侧、前扣带皮层、中脑对奖赏进行编码，不管这种奖赏属于何种类型——这项研究中的奖赏包括钱以及能引起性欲的图像……研究者发现，钱激活的是眶额叶皮层演化得比较晚的部位的神经活动……也许钱给我们带来的部分快乐是后来才发展的"②。而进入文明时代，以金钱为标志的"富裕"是任何个人和任何国家都必须追逐的目标。比如俄罗斯的未来国家发展目标"消除贫困人口、促进经济增长"，欧盟的共同目标"追求公民富裕生活"，美国前总统特朗普就职演说的"我们会让美国再次富有"，等等。没有一个国家不以自身的富裕，而非邻国或者世界的穷国特别是敌对国的富裕，作为自身的国家目标。与此同时，极少有个人或国家在拟定其富裕目标时，分析过支撑目标的自然资源环境和其他国家的资源环境。从而带来相互的攀比与歧视，争夺乃至侵略，引发人文生态与自然生态之间的"失配"。

（2）从求色到求庶

动物对异性的追求和性渴望必须强烈，才能延续生命的存在。"在交配发生的那些形式中，受精作用显然决定于推动雄性追求雌性的性本能的强度。这种本能是众所周知的。它一时可能克服一切其他本能。许多动物有一种发狂的情欲。"③

强烈的性欲及行为会导致人口出生率高，但早期人类社会的生产力水平不高，缺少食物、疾病侵扰、战争频繁，以及节制生育的礼俗等，使得人口增长缓慢，与自然环境资源基本匹配。随着生产力发展，人的性欲不但没减弱，反倒随着营养、生理早熟和生命延长等因素而有所增强，所谓"饱暖思淫欲"，促使人口迅速增加。民众，特别是在中国，养儿防老、多子多福，曾经成为强大的集体无意识。

有国家以来，会站在国家立场上"求庶"——人多则税多，税

①马歇尔·萨林斯：《石器时代经济学》，张经纬、郑少雄、张帆译，生活·读书·新知三联书店2009年版，第16页。
②安简·查特吉：《审美的脑：从演化角度阐释人类对美与艺术的追求》，林旭文译，浙江大学出版社2016年版，第93页。
③亚历山大·莫里斯·卡尔-桑德斯：《人口问题——人类进化研究》，宁嘉风译，楠木校，商务印书馆2016年版，第36页。

多则富；人多则兵多，兵多则强。孔子就曾羡慕"庶矣哉"[①]；孟子相信"寡，固不可以敌众；弱，固不可以敌强"[②]；法国的亨利四世说："帝王的富强在于其臣民的众多与富足"；威廉·配第说："人口稀少便是真正贫困；拥有八百万人民的国家，比占有相同土地面积但仅有四百万人民的国家，其富足程度要超过两倍"；亚当·斯密也说："任何国家的繁荣最具有决定意义的标志就是它的居民数目的增长"；等等。[③]

总之，个人的性能力、民众的意识、国家的目标，都会推动快速增殖，最终带来人口与自然环境之间的"失配"。

（3）从求安到求强

所有动物，都需要一个相对充裕的生存空间来满足食、色本能，有捍卫或撤离到一定生存空间以"求安"的本能，并形成高度警惕、拼死捍卫、悲情逃离等心理和行为系统。

早期争取生存资源的战争是频繁而小规模的。生育数量与因战争等死亡的人数基本匹配，因战争获得的资源与消耗的资源也基本匹配，人类才得以存在。但随着群体、国家与武器杀伤力都越来越大，原初"求安"的欲望一定会演变为追求强大国防力量的理性追求，无论哪个国家，都在准备着"在下一场战争"中成为胜出者。以色列军事家说："战争在人类事务中一向发挥着至关重要的作用。正如一位英国官员曾对我说过的，任何帝国、任何文明、任何民族或者任何宗教的崛起，莫不以在这种'打打杀杀的事情'上取得优势为先决条件。通常，最成功的思想、宗教、民族、文明和帝国，都不过是设法获得了最多的大炮，然后利用大炮将其余的对手压制了下去。"[④]这种种族与国家间"求强"的比拼，显然会把人类带入无休无止的战争之中，在拥有核武器的今天，甚至可能导致全人类的毁灭。

---

①焦循：《孟子正义》，《诸子集成》（第1册），第287页。

②焦循：《孟子正义》，《诸子集成》（第1册），第54页。

③哈志年：《哈尔滨人生命素质的国际对比》，黑龙江科学技术出版社1993年版，第217—218页。

④马丁·范克勒韦尔德：《战争的文化》，李阳译，生活·读书·新知三联书店2016年版，第3页。

## 2. "人欲"对"天理"的破坏导致当代人与自然、人与人之间的危机

基于对"天理"的除魅与解构，当前人类日益放纵自身"人欲"，所赖以生存的"自然生态"已经遭到破坏，人与自然的关系日益恶化。

这可从联合国环境规划署与世界自然基金会各自的报告中看出。前者名为《全球环境展望》，用联合国秘书长古特雷斯的话来说，是"对地球进行的一次重要体检"。最近一次"体检"，由来自70多个国家的252名科学家和专家历时5年完成。该报告警告，"地球已受到极其严重的破坏，如果不采取紧急且更大力度的行动来保护环境，地球的生态系统和人类的可持续发展事业将日益受到更严重的威胁"[①]。后者名为《地球生命力报告》。早在2008年，该报告就称："全球3/4的人生活在生态负债国（国家的消费超出了本国的生物承载力）。因此，大多数人都是在通过利用或者日益透支异地的生态资本，来维持现有的生活方式和经济增长。"[②]而最新一期报告在分析种种数据后说："由于自然环境遭到破坏，造成包括新冠疫情在内的人畜共患病蔓延，在不到半个世纪的时间里，哺乳动物、鸟类、两栖动物、爬行动物和鱼类的全球种群数量平均下降了约三分之二。"[③]不仅如此，气候变暖、臭氧耗损、海洋酸化、塑料污染等，也都变成全球重大环境问题。仅其中气候变暖一项，就可能带来全人类的重大灾难。在2021年联合国气候峰会上，各国专家有下列表述："我们从来没有在短短数十年内经历过如此严重的全球变暖。0.5摄氏度意味着更加极端的天气，而这种天气可能更频繁、更剧烈、持续时间更长"；"气候变化已经在影响全球每一处有人居住的地区"；"如果升温幅度超过2摄氏度，冰盖就可能崩塌，海平面则有可能上升多达10米"；"如果世界上的几处'粮仓'同时出现作物歉收，那么世界上的大片地区可能会出现粮价飙升以

①段赟婷、凌曦：《历时5年〈全球环境展望6〉发布：地球已受到严重破坏》，《世界环境》2020年第2期。
②世界自然基金会：《地球生命力报告2008》，《资源与人居环境》2009年第3期。
③李庆：《〈地球生命力报告2020〉发布全球野生物种群数量平均减少三分之二》，见网址：http://www.gongyishibao.com/html/yanjiubaogao/2020/09/15587.html。

及饥荒"。①

自然生态的问题，必然传导到人文生态中来。人类曾经普遍以为：只要财富增加，幸福感也会相应增加，但事实似乎并非如此。

第一，从总量看，据统计，在农业文明晚期的1650年（清顺治年间），全球人口为5亿，国民生产总值推算只有约1000亿美元，人均约200美元；到1830年（清道光年间）工业文明在欧洲迅猛发展时，全球人口为10亿，国民生产总值推算约为3000亿美元，人均约300美元；到2020年，全世界人口大致为61.14亿，国民生产总值达33.6万亿；人均5492.6美元。总量达到1650年的300多倍和1830年的100多倍；人均量是1650年时的近30倍，1830年的近20倍；但显然人们的幸福感并没有增加这么多倍。

第二，财富增加，并没有解决普遍贫困的问题。2021年，在109个国家的59亿人中，13亿人仍处于多维贫困状态，该数量远远超过了农业文明时代全球的总人口数。

第三，财富增加，分配不均衡也在加剧。1960年，世界最富裕的20%的人口拥有70%的全球收入；1991年，这一比例上升到85%；而2019年瑞士瑞信银行（Credit Suisse）研究院的研究数据，当前全球最富有的1%人口就掌握了全球45%的财富，全球最富有的10%人口占有全球财富的82%，而全球最不富裕的50%人口占有的财富不足全球总量的1%。②

在此情势下，当"粮价飙升以及饥荒"等生存资源的灾难爆发，为了生存，人类可能破坏任何秩序，直至发动战争导致死伤。据统计，"20世纪战争死亡人数达到1.097亿人，这几乎是1900年以前所有战争死亡人数总和的3倍"③。人与自然生态的紧张关系，势必引发全面的人与人的危机。

### 3. 当下"存天理、灭人欲"如何成为可能

前面提到，"天理"曾受到自然科学与毛泽东时期的马克思主义

---

① 《专家分析：全球升温1.5℃和2℃区别何在》，《参考消息》2021年11月11日。
② 历史数据见孙家驹：《人、自然、社会关系的世纪性思考》，《北京大学学报（哲学社会科学版）》2005年第1期。近年的世界人口、国民生产总值数据见快易理财网：https://www.kylc.com；贫困人口数据见《UNDP发布〈2021年全球多维贫困指数〉报告》，见网址：http://guoqing.china.com.cn/2021-10/20/content_77821653.htm；财富不均数据见徐秀军：《全球财富鸿沟的演进与弥合》，《人民论坛》2021年第8期。
③ 詹克明：《人类物种老化危机》，《上海文汇报》2020年第8版。

的颠覆，"人欲"则受到市场经济的纵容。那么，在当下的情势下，存天理——敬畏自然、呵护自然，灭人欲（应该是"贪欲"）——抑制市场经济对人类的异化，如何成为可能？

（1）自然科学与马克思主义语境下，"天理"如何成为可能？

从自然科学角度看，当代自然科学家对自然秩序研究越深，往往对自然环境与自然秩序越加敬畏。

清华大学丁照教授是研究自然科学的，退休以后，开课名"理解自然"，全方位论述了人类文明诞生与发展所需的各种自然条件的极端复杂性和敏感性，并以非线性科学的观点说明地球演化过程的不可重复性和唯一性，阐述地球是宇宙间一个极其难得的适时、适量、适度，不容许在时、量、度等方面有半点差错的星球，人类及其文明才得以存在。并说："惟有理解自然，才能尊重自然……如果读者能真正体会到宇宙中文明诞生的严苛、微妙与神奇，感受到自然之深邃与可敬可畏……那么，本书向您所要传递的信息也就算基本达到了。"[1]该课列入北京开放大学科学教育课程。后又完成另一著作，宗旨是"由普及到抽象，由抽象到思考，由思考到敬畏——珍惜自然"，而"这种敬畏是发自于对自然的深层理解的"。[2]爱因斯坦也曾说过："关于上帝，我不能接受任何基于教会权威的概念。从记事起，我就对大量洗脑深恶痛绝"，表示绝不迷信宗教，但绝不排斥他对自然有一种宗教的神圣感："每个探索科学真理的人都会日渐相信宇宙法则中体现的一种精神———种远远超越人类灵魂的精神，以我们渺小的能力与它直面只会感到卑微。如此，对科学的探求会导致一种特殊的宗教情绪，而与以往朴素的宗教情感大相径庭。"在爱因斯坦的时代，人与自然的矛盾尚未尖锐化，但"如果爱因斯坦活在今日，一定会去传扬一种主张，通过削减某些地方的某些过度狂热的消费，以达成社会发展与自然和谐的平衡"。[3]从20世纪60年代以来，西方更是广泛兴起各类生态主义思潮，对人类破坏生态的文化根源及科学技术手段进行了反思和批判，其中相当一部分人是从事自然科学相关行业的。

---

[1] 参见丁照：《理解自然：一个文明星球的形成》，清华大学出版社2010年版。
[2] 参见丁照：《一个令人敬畏的星球：地球究竟是什么》，清华大学出版社2016年版。
[3] 阿尔伯特·爱因斯坦：《爱因斯坦的宇宙》，沃尔特·马丁、玛格达·奥特编，汪翊鹏译，外语教学与研究出版社2017年版，第43、47页。

再从马克思主义角度看。恩格斯早就说过："我们不要过分陶醉于我们对自然界的胜利。对于每一次这样的胜利，自然界都报复了我们。每一次胜利，在第一步都确实取得了我们预期的结果，但是在第二步和第三步却有了完全不同的、出乎预料的影响，常常把第一个结果又取消了。"历数史实后，他又说："我们决不像征服者统治异民族人那样支配自然界，决不像站在自然界之外的人似的去支配自然界——相反，我们连同我们的肉、血和头脑都是属于自然界和存在于自然界之中的。"①西方的"生态马克思主义"，进而将对自然生态采取保护与对资本主义制度进行批判结合在一起。在坚持马克思主义主流地位的中国，领导人曾提出含有"统筹人与自然和谐发展"的"科学发展观"，进入新时代后，更多次着力强调人与自然的和谐关系，明确表示："大自然孕育抚养了人类，人类应该以自然为根，尊重自然、顺应自然、保护自然。"②

可见，在坚持发展自然科学与马克思主义的背景下，"天理"（大自然）"臧否人事，裁决善恶"的拟人的道德属性虽然被普遍抛弃，但其"地位尊崇、至高无上"与"神力巨大，主宰人间"的属性，仍然保持了与日俱增的受尊重与敬畏的状态。

（2）市场经济的人文生态中，"人欲"能否被抑制？

从生物学的角度看，"生命的组织和有序是以环境更加无序为代价的，而且后者付出的代价更高"③。过分地超出自然生态的欲望，虽古已有之，但只有到了工业社会，在资本主义制度下，才在近现代科技的帮助下迅速膨胀。这一点，西方生态学家已经从人类中心主义、唯发展主义、科技至上观等立场有所批判。比如，1925年，利奥波德就批判了经济第一、物质至上的发展观。他以盖房子为喻："盖一幢，两幢，三幢，四幢……直至所能占用土地的最后一幢，然而我们却忘记了盖房子是为了什么。……这不仅算不上发展，而且堪称短视的愚蠢。这样的'发展'之结局，必将像莎士比亚所

---

① 弗里德里希·恩格斯：《劳动在从猿到人的转变中的作用》，中共中央马克思恩格斯列宁斯大林著作编译局编译：《马克思恩格斯文集》（第9卷），第560页。
② 习近平：《共同构建人与自然生命共同体——在"领导人气候峰会"上的讲话》，《人民日报》2021年4月23日。
③ 尼克·莱恩：《复杂生命的起源》，严曦译，贵州大学出版社2020年版，第58页。

说的那样：'死于过度'。"①

　　中国自改革开放以来，遵循邓小平提出的"发展是硬道理"观念，紧紧抓住经济建设不放，使经济不断腾飞，国力不断强盛。但至20世纪末21世纪初，人与自然、人与社会的矛盾普遍尖锐起来，党中央因此提出过"科学发展观"。但从整个社会看，干部们对经济发展的强烈进取心、广大人民群众对消费的欲望并没有因与生态的紧张和矛盾而减少。例如，年轻一代的借贷消费仍然高涨："全国有1.75亿90后，其中只有13.4%的年轻人没有负债，而86.6%的90后都接触过信贷产品。……在最基本的生活需求满足后，90后与00后也有着与上一辈截然不同的消费观念。在他们看来，消费是为了更好的体验，追求更有品质感的生活。他们愿意在自己喜爱的领域投入更多的资金。而互联网金融产品的诞生与繁荣让年轻人的消费少了很多约束。"②从上述情况看，正当的欲望与过分的贪欲之间的界限，在中国人的观念与集体无意识中，还远远没有区分清楚。尤其是，从民族主义的角度更助长了欲望。受过阳明心学影响的日本企业家稻盛和夫曾反思当今世界的民族主义："我以为，'国家'存在的本身就带来了人类的傲慢。不论大国还是小国，不论先进国家还是发展中国家，大家都在争取和维护自己的'国益'。所谓'国益'，实质上是'以国家为单位的私利'，各国为争夺自己国家的私利而陷入傲慢……在这个小小的地球上，如果各国一味强调自己国家的利益，人类将无法生存下去。以'利他之心'考虑人类全体的利益，国际社会必须建立起能够持续和平繁荣的邻居式的友好关系。"③

　　好在党的十八大以后，进入中国特色社会主义新时代，习近平总书记以前所未有的重视程度，一再强调了对自然资源与环境的保护，提出"人类命运共同体"与"人与自然是命运共同体"等重要命题，并采取很多制度性的重要举措，更提倡中华优秀传统文化精神的弘扬，因此，中国人对自然资源的过分超载欲求，以及对自然

①王诺：《生态危机的思想文化根源——当代西方生态思潮的核心问题》，《南京大学学报（哲学·人文科学·社会科学版）》2006年第4期。
②《〈当代青年消费报告〉发布：全国只有13.4%的90后没有负债》，见网址：https://finance.ifeng.com/c/8AYD9o6xMrK。
③稻盛和夫、梅原猛：《拯救人类的哲学》，曹岫云译，第23页。

资源的过分超载的发展速度，有望得到有效遏制。

　　总而言之，"存天理，灭人欲"的正确表述是"存天理，灭贪欲"。而对自然（"天理"）的尊敬与对人类欲望（"人欲"）的高度警惕，是笔者提出"生态哲学"的重要目标之一。因此，在我们心目中，王阳明所代表的中华传统文化提出的"理欲对立观"，在当下具有紧迫的时代意义和重要的精神价值。

# 第二章

# 分 论

# 第一节　王阳明"明德亲民"治道思想及其历史回响

王阳明是中国历史上伟大的哲学家、思想家、政治家和军事家，也是少有的达成立德、立言、立功"三不朽"圣人。纵观王阳明的生平，其于立德处以身作则倡导知行合一、致良知之教；立功则为平定南赣匪乱、镇压宁王之乱以及安抚两广等功绩，亦因此被封新建伯、追封新建侯，成为明朝开国以后唯一以军功封侯的文臣；立言则是开创姚江学派，创立阳明心学。王阳明治道思想不仅是王阳明思想的重要组成内容，还是其心学思想的集中表现。

在明清时期，学界主要是通过简单记载其生平事迹以研究和阐述其治道思想。其中，主要的著述是钱德洪的《阳明先生年谱》[①]、张廷玉等的《明史·王守仁传》[②]、黄宗羲的《文成王阳明先生守仁传》[③]等作，通过平铺直叙的形式将王阳明的治道政策与治道思想作为珍贵的史料而保存下来。近代以降，虽有涉及王阳明治道思想的著作，但仅是将王阳明作为中国治道思想整体中明朝的代表进行了收纳[④]。这也从另一侧面反映了王阳明治道思想的重要性和代表性。改革开放以来，随着王阳明研究的广度和深度不断扩展，对其治道思想的研究呈现上升趋势，十分值得晚辈学者学习和借鉴。当前学界对王阳明治道思想的关注主要以治道思想结合阳明心学为主，且尚未有以"明德亲民"为中心来论述、阐释王阳明治道思想的研究论著。在体悟王阳明治道思想真精神和总结前人成果的基础上，本节以"明德亲民"为王阳明治道思想的切入点，重新梳理他的治道思想以统摄其治理政策、构建其治道体系。王阳明的"明德亲民"治道思想是在历史实践和心学发展中总结出的，秉承古为今用、推陈出新的态度，对王阳明思想进行创新性继承，从王阳明治道思想中汲取精华，对推进当代的国家治理无疑具有重要的借鉴价

---

①钱德洪：《阳明先生年谱》，明嘉靖四十三年周相、毛汝麟刻本。
②冀元亨：《王守仁传》，张廷玉等：《明史》卷一百九十五，清乾隆四年武英殿校刻本。
③黄宗羲：《文成王阳明先生守仁传》，《明儒学案》卷十，清文渊阁四库全书本。
④进入近现代以来，在探索思想史、建构中华文化认同的思想文化热潮中，萧公权的《中国政治思想史》、刘泽华的《中国古代政治思想史》、陶希圣的《中国政治思想史》、吕振羽的《中国政治思想史》均有一定的篇幅讨论王阳明的治道思想，肯定王阳明思想中蕴含着治道。

值和现实意义。

# 一、王阳明的"明德亲民"治道思想

王阳明的治道思想并非脱离实际的时代的产物，恰恰相反，它是同明中叶政治经济和社会发展脉络紧密联系的思想。

王阳明所处的历史时代，即成化至嘉靖时期正是明朝中叶由盛转衰的时代。此时的明王朝已处于内忧外患境地中，在内，皇帝丧失绝对至高无上的地位，中央宦官、内阁两大势力为权力明争暗斗，造成国力的巨大虚耗，地方法政松弛，各地因流民问题时有暴动；在外，自土木之变后，明王朝不再拥有对蒙古的进攻优势，转向防御，边境时有战乱。同政治倾颓相反的是商品经济领域的进一步发展，随着生产力提高和土地兼并的严重态势，商品经济所需的资本、原材料、市场和劳动力等生产要素已经初步具备，商品经济在成化至嘉靖时期取得一定发展，并为嘉靖至万历的蓬勃发展奠定了基础。新的经济政治现实条件和强制性的皇权下，程朱理学俨然已经失去其本身的学理性和发展生机，日益封闭僵化而不能适应时代的发展。而明中叶的进一步发展呼唤着新的思想，理学内部也自行对程朱理学进行修正与调整，在内外双重的影响下，王阳明结合时代的最新情况，提出阳明心学，这无疑是历史的必然。

## （一）王阳明治道思想的核心——明德亲民

王阳明在朱廷立、南大吉、赵仲立等弟子上任治理一方前，均以"政在亲民"为主旨教导弟子们为政为学之道，希望学生们以"亲民"为治道之要，造福一方。"政在亲民"是王阳明治道思想的主旨之一，在心学思想影响下，呈现出"明德亲民"为一体的核心特点，即"明德"为"亲民"本体，"亲民"为"明德"工夫。

正德五年（1510）十月上旬，王阳明在龙场悟道和庐陵治理后，已经完成由"得君行道"向"觉民行道"的转变。正德七年（1512）十二月，王阳明升任南京太仆寺少卿，其弟子兼妹夫徐爱祁州知州期满，至京师叙职并升南京工部员外郎，二人同舟前往南京。在途中，王阳明向徐爱讲解《大学》，徐爱初听之时，按其自言为"始闻而骇，既而疑，已而殚精竭思，参互错综，以质于先生，然后知先生之说，若水之寒，若火之热，断断乎百世以俟圣人而不惑者也"①。王阳明对于《大学》的理解即使是其高徒徐爱初听时都感觉到惊骇，无疑其言说对于当时以程朱理学为正统的明朝理学是惊涛骇浪般的冲击。也是在这次讲解中，王阳明正式阐释了自己对于"明德亲民"的理解：

> 爱问："'在亲民'，朱子谓当作'新民'。后章'作新民'之文似亦有据。先生以为宜从旧本作'亲民'，亦有所据否？"先生曰："'作新民'之'新'是自新之民，与'在新民'之'新'不同，此岂足为据？'作'字却与'亲'字相对，然非'亲'字义。下面'治国平天下'处，皆于'新'字无发明，如云'君子贤其贤而亲其亲，小人乐其乐而利其利'；'如保赤子'；'民之所好好之，民之所恶恶之，此之谓民之父母'之类，皆是'亲'字意。'亲民'犹孟子'亲亲仁民'之谓，亲之即仁之也。百姓不亲，舜使契为司徒，敬敷五教，所以亲之也。《尧典》'克明峻德'便是'明明德'。'以亲九族'至'平章''协和'，便是'亲民'，便是'明明德于天下'。又如孔子言'修己以安百姓'，'修己'便是'明明德'，'安百姓'便是'亲民'。说'亲民'便是兼教养意，说'新民'便觉偏了。"②

"明德亲民"语出《大学》开篇的"大学之道，在明明德，在亲民，在止于至善"，《大学》本是《小戴礼记》四十九篇中的第四十二篇，本不受儒家学者特别重视。自宋代二程将《大学》称赞为"孔氏之遗书，而初学入德之门也"③后，朱熹师承二程再传弟子李侗，在继承二程思想的基础上，将《大学》自《礼记》中抽出以单独成书，并将《大学》列为《四书》之首，《大学》的地位才得以提升。朱熹认为汉唐所传的古本存在脱文和错简情形，即第二部分的传基本是依照三纲八目的顺序而逐一解释的，而解释诚意的传文在八目中的顺序却是不相对应的；同时，第二部分中并没有"致

①王守仁：《传习录上》，《王阳明全集》，吴光等编校，上海古籍出版社2011年版，第1页。
②王守仁：《传习录上》，《王阳明全集》，吴光等编校，第2页。
③朱熹：《四书章句集注》，中华书局1983年版，第3页。

知在格物"的解释。因此，朱熹在因袭二程学说的基础上，考证经文，进行"移其文、补其传"，编成《大学章句》，即"新本"。王阳明则认为古本不存在脱文和错简而信用古本。

朱熹和王阳明的学说以及立教均以《大学》为核心进行开发。"明德亲民"作为《大学》三纲中两个极为重要的概念，朱熹和王阳明有不同的理解和阐释。对于"明德"，朱熹认为"明德者，人之所得乎天，而虚灵不昧，以具众理而应万事者也"①。王阳明对"明德"的解释话语"明德者，天命之性，灵昭不昧，而万理之所从出也"②看似与朱熹大同小异，实则有本然的区别：朱熹的"明德"更注重落在性、理之上，而王阳明认为"明德"是得自天的本心，此心灵昭不昧且包容接纳万事万物。

至"亲民"处，朱、王二人的阐释更有根本区别。朱熹因"今亲民云者，以文义推之则无理，新民云者，以传文考之则有据"③等，根据《大学》的上下语义认为"亲，当作新"，并进一步解释"新"的含义，即"新者，革其旧之谓也，言既自明其明德，又当推以及人，使之亦有以去其旧染之污也"④。王阳明坚信古本，于《传习录》开篇即是"新民"和"亲民"的驳辩。王阳明认为"亲民"当以旧本为正，仍是亲近民众之意。如果是"亲民"则教养二义都可兼顾，而说"新民"则是仅仅包含了教化之义而失之偏颇。王阳明在继承孔孟先养后教的教化之道的基础上，并不赞同朱熹所言《大学》主题仅为教化，认为《大学》在教化之外应还有养民之义。

黄绾在上疏为王阳明辩解时列其一生有"四大功"与"三大要"，其中，"三大要"分别为"致良知""亲民"和"知行合一"。在黄绾的疏中，"亲民"赫然是"三大要"之一。嘉靖三年（1524），朱廷立举进士授诸暨县令，任职途中前往绍兴请教王阳明为学与为政，王阳明答曰："明德、亲民，一也。古之人明明德以亲其民，亲

---

①朱熹：《四书章句集注》，第3页。
②王守仁：《亲民堂记》，《王阳明全集》，吴光等编校，第279页。
③朱熹：《大学或问》，朱杰人、严佐之、刘永翔主编：《朱子全书》（第6册），上海古籍出版社2002年版，第509—510页。
④朱熹：《四书章句集注》，第3页。

民所以明其明德也。是故明明德，体也；亲民，用也。"①嘉靖四年（1525），南大吉被任命为绍兴知府，特前往王阳明处请教为政之要，王阳明亦回答道："政在亲民。"②以王阳明自己所言可以断定，自庐陵治理后到其晚年，王阳明已经在治道思想的内核上寻到了根本，即"明德亲民"。

### （二）王阳明治道思想的思想内涵

王阳明同徐爱乘舟自京城南下途中所讲的《大学》"亲民"之义有三重含义。一是"亲亲仁民"的亲近之义，即以民为本。王阳明认为官员的喜好与行为应该同民众的好恶同一，以民众的好恶为准绳，真正做到民之"父母"。二是教化民众使其互相仁爱，即教养并重。正如舜任命契为司徒，使契推行、教化父义、母慈、兄友、弟恭、子孝五种道德伦理，使民众互相仁爱。王阳明认为"亲民"不仅有教而化之的含义，更重要的是教养并重。三是"修己以安百姓"，即内圣外王。其中，"修己"为内圣修养的"明明德"，"安百姓"则为外王的"亲民"。

王阳明自正德七年（1512）初步形成以"明德亲民"为核心的治道思想之后，在随后的政治实践过程中，其"明德亲民"治道思想的教养并重、以民为本、内圣外王等思想内涵特征愈发凸显。以下分别论述之。

第一，教养并重。王阳明以"明德亲民"为核心的治道思想十分注重教养之间的协同合一关系。他在给徐爱讲授《大学》时，因徐爱对"亲民"当以旧本为正的疑问而特意阐述了"亲民"之义，在最后提出"'亲民'便是兼教养意"的"教养并重"教养观。

教化思想与养民思想是在中国古代长期的政治实践中逐步形成的。自原始时代人们自发形成伦理政治礼仪到周公自觉制礼作乐，教化思想和养民思想已经融入中国治道之中。正如《周易》中言道："刚柔交错，天文也。文明以止，人文也。观乎天文，以察时变。观乎人文，以化成天下。"③教化思想在中国治道思想起源时期便同其有了密不可分的关系。自周平王东迁，九州便进入一个礼崩

---

① 王守仁：《书朱子礼卷》，《王阳明全集》，吴光等编校，第313页。
② 王守仁：《亲民堂记》，《王阳明全集》，吴光等编校，第279页。
③ 姬昌：《上经噬嗑传》，《周易》卷三，四部丛刊景宋本，第22页。

乐坏的时代，儒家等诸子百家各自探寻着救国安邦之策。儒家思想自形成之初，便十分注重教化思想同养民之间的关系。

《尚书》中已提出"德惟善政，政在养民"的养民思想。对于教化百姓和养民之间的关系，孔子在同冉子周游卫国时，以"富之"而后加"教之"①回答了冉子。《孟子·梁惠王上》中孟子亦是认为"无恒产而有恒心者，惟士为能；若民，则无恒产，因无恒心。苟无恒心，放辟邪侈，无不为已"。只有在保障了百姓的基本生活需求下，再加之以教化，百姓才有能力修身养性。因此，孟子详细地论述了自己的"仁政"："五亩之宅，树之以桑，五十者可以衣帛矣；鸡豚狗彘之畜，无失其时，七十者可以食肉矣；百亩之田，勿夺其时，数口之家可以无饥矣；谨庠序之教，申之以孝悌之义，颁白者不负戴于道路矣。"这也体现了孟子对民产的重视，认为应在百姓没有饥饿得以安居乐业的情况下，以孝悌等仁德教化才能有所成效。

儒家以孔孟为代表的先养后教思想在《大学》中亦有体现。王阳明认为《大学》"亲民"之义中，如果将"亲民"作"新民"的话，会丧失"亲民"教养并重的特点，而仅仅涵盖了教化。王阳明提倡"教养并重"的亲民教养观，不同于朱熹将教化百姓的主要途径和人群集中于正规的书院教育与中上层的精英知识分子，而是将教化这一儒家重要的社会治理功能从书院中下移，扩展到中下层的田间地头与普通百姓中。

王阳明在明中叶腐败黑暗的政治生态下，已经逐步放弃了"得君行道"以重现尧舜风气的策略。同时，明中叶以来商品经济勃发，市民阶层崛起，在江浙地区生活长大的王阳明意识到这一阶层的壮大。在贵州谪居时期和庐陵治理过程中同底层民众的朝夕相处，王阳明在迷茫中将自己的目光下移至劳苦大众身上，以"明德亲民"实现了自己的治道思想。

王阳明在《答顾东桥书》中言及"是皆汲汲然以仁民之心，而行其养民之政，治历明时之本，固在于此也"②，在王阳明看来，

---

① 语出《论语·子路》，原文为："子适卫，冉有仆。子曰：'庶矣哉！'冉有曰：'既庶矣，又何加焉？'曰：'富之。'曰：'既富矣，又何加焉？'曰：'教之。'"（杨伯峻：《论语译注》，中华书局1980年版，第144页）
② 王守仁：《传习录中》，《王阳明全集》，吴光等编校，第59—60页。

尧舜敬授人时的根本目的在于以亲民之心行养民教化。同时，王阳明在应刘天和请求而撰写的《金坛县志序》中说："参之食货，所以遂其养也……养遂而民生可厚矣……"①亦是认为教化百姓的同时也应重视养民的重要性。因此，王阳明在自己治理江西和两广的政治实践中，十分重视教养并重的教化之道。以其治理南赣为例，南赣地区的动乱不息并不是来自百姓的顽劣不堪，而是百姓缺少小农经济赖以生存的安定环境。流民与土著民众之间的争斗使土地流转不断。王阳明在教化南赣民众之时，采用的主要便是教养并重的原则。王阳明先是平定匪乱使南赣恢复安定，同时向朝廷申请广盐代替淮盐入南赣，使长期居高不下的盐价得以降低。与此同时，颁布《禁约榷商官吏》促进境内的商业发展，多次整顿吏治，使官不扰民。通过一系列的与民修养的政策，推行《十家牌法》、讲学和兴办社学、移风易俗以教化南赣民众。正如《和平县重修王文成公祠碑记》对王阳明教化功绩的描述所言，"乃疆乃亩，乃城乃濠，乃集流亡，乃立室家，乃兴学校，矜其劳费，舍征弛禁，使狼奔豕突之俗，一变为敦诗讲艺之乡"②，在王阳明教养并重的教化下，以和平县为代表的南赣地区一改曾经匪乱不断的情形，形成敦实淳朴的民风。

教养并重中的教化和养民实际上呈现的是一种互为表里的协同合一关系，在养民的过程中推行教化，在推行教化的过程中亦不缺失养民。值得注意的是，教养并重并非仅仅限于王阳明治理南赣时，而是贯穿于龙场悟道后其整个政治实践中。

第二，以民为本。中国传统的民本思想有着深厚的文化根基和长远的历史发展。无论是《尚书·五子之歌》中的"民可近，不可下。民惟邦本，本固邦宁"，《尚书·泰誓上》中的"天矜于民，民之所欲，天必从之""天视自我民视，天听自我民听"等经典论断，还是《礼记·大学》中孔子的"民之所好好之，民之所恶恶之，此之谓民之父母"对为民之父母官的为政要求，抑或孟子的"民为贵，社稷次之，君为轻"的论述，都无不证明着以民为本的民

①王守仁：《金坛县志序》，《王阳明全集》，吴光等编校，第971页。
②邵廷采：《和平县重修王文成公祠碑记》，《思复堂文集》卷四，祝鸿杰点校，浙江古籍出版社2012年版，第241页。

本思想在中国的传统治道思想中有着举足轻重的地位。

值得注意的是，"民本"一词是由近现代学者创造运用的范畴，中国古代并无此种表达。毫无疑问的是，"民本"一词的产生是同近代西方民主思想传入中国这一现象密不可分的。因此，对民本思想的片面理解大多将民本思想同君本思想完全对立起来。实际上，这二者并非相对立的，而是互为一体的。更加准确地说，应该是"就国家基础而言，民为本，君为末；就政治主宰而言，君为本，民为末"[①]，即民为国本，君为政本。在这样的关系中，可以明显地看到，民本思想实际上是统治阶级为更好地维护自己的统治和利益而产生的思想，也就是说，民本思想从产生之初便是为了维护君本思想。

遥接儒家孔孟脉络的王阳明，他的治道思想自然有着浓厚的民本思想色彩。王阳明在主持山东乡试时，于《诗经》中取"孔曼且硕，万民是若"[②]一言为题，王阳明的表达与《尚书》的表达可谓是一脉相承，他言："夫人君之举动，当以民心为心也，鲁侯修庙而有以顺乎民焉，诗人得不颂而美之乎？"[③]王阳明希望君王可以注重民生与民意的想法不言而喻。于《礼记·缁衣》中，王阳明选"心好之，身必安之；君好之，民必欲之"一句，将君民之间比喻为心身之间"内外上下本同一体，而此感彼应，自同一机"[④]的关系，认为君民本是一体，人君当以百姓为念，最后抛出"而君之存亡，有系于民乎？为人君者，但知下之必从夫上，而不知上之存亡有系于下，则将恣己徇欲，惟意所为，而亦何所忌惮乎？故夫子于下文必继之曰：'君以民存，亦以民亡'"[⑤]的观点供考生辩论。王阳明希望人君可以认识到民虽以君为首脑，但是人君应该明白"水能载舟，亦能覆舟"的道理而善待民众，可以励精图治，挽救民众于苦难之中。如此则国必将长治久安，即"君以民存，亦以民亡"。在一省乡试中，王阳明的考题多次涉及以民为本的民本思想，无疑证

①张分田、张鸿：《中国古代"民本思想"内涵与外延刍议》，《西北大学学报（哲学社会科学版）》2005年第1期。
②毛亨、毛苌：《毛诗》，四部丛刊景宋本，第262页。
③王守仁：《附山东乡试录》，《王阳明全集》，吴光等编校，第935页。
④王守仁：《附山东乡试录》，《王阳明全集》，吴光等编校，第941页。
⑤王守仁：《附山东乡试录》，《王阳明全集》，吴光等编校，第941页。

明"以民为本"在他心中有着重要的地位。

王阳明向来倡导知行合一之教，以民为本在他的治道思想体系中从来不是一纸空谈，而是确确实实地实践于他的政治治理生涯中。当他平定宁王之乱后，面对旱灾水灾不断的现实以及明武宗南巡带来的重大民生虚耗，他以民众的利益为主，多次向朝廷请求减免赋税，甚至言辞犀利地上奏朝廷，不惜得罪上层而写道"民者邦之本，邦本一摇，虽有粟，吾得而食诸"①，"财者民之心也，财散则民聚；民者邦之本也，本固则邦宁。故文帝以赐租致富乐之效，太宗以裕民成给足之风。君民一体，古今同符"②。王阳明认为，民为国邦之本，希望朝廷予以减免赋税，但是朝廷却强烈要求他如实上缴应征赋税。最后，阳明自己一力承担责任，在充分体恤民意的情形下，加上将宁王的相关财产变现抵赋税，终于完成了当年的赋税上缴任务。

以民为本的民本思想是王阳明"明德亲民"治道思想的根基所在。正是因为他以民为本，不以个人荣辱得失为要，而是致力提升民众精神生活水平和物质生活质量，将个人价值同社会价值合一，方能形成核心为"明德亲民"，教养并重和内圣外王的思想内涵的治道思想。

第三，内圣外王。王阳明作为中国少数达成"三不朽"的圣人，他的治道思想同其心学思想紧密相连。儒家的"内圣外王"思想作为一种传统的政治伦理思想，在王阳明以"明德亲民"为核心的治道思想中可谓体现得淋漓尽致。

"内圣外王"语出《庄子·天下篇》："天下大乱，贤圣不明，道德不一，天下多得一察焉以自好。……是故内圣外王之道，暗而不明，郁而不发，天下之人各为其所欲焉，以自为方。"在庄子看来，内圣和外王本来就是一体的，但是后世之人得一者便自以为完美，导致如今天下动荡而圣贤不出。虽然"内圣外王"出自道家，但儒家亦有许多类似于"内圣外王"的概念，如"成己成物""修己安人""修齐治平"等。随着宋代程颢将邵雍之学概括为"内圣

①王守仁：《乞宽免税粮急救民困以弭灾变疏》，《王阳明全集》，吴光等编校，第475页。
②王守仁：《计处地方疏》，《王阳明全集》，吴光等编校，第476页。

外王之学"①，后世的儒家知识分子便普遍使用"内圣外王"这一概念来表达自己的人格理想、政治追求和学术抱负的高度合一。

王阳明治道思想以"明德亲民"为核心，亦是"内圣外王"的体现。在王阳明的圣人观中，圣人是可学而至的，并非遥不可及，"圣人之所以为圣，只是其心纯乎天理，而无人欲之杂"②；同时他认为"中国之圣人，以尧、舜为最"③，他如此推崇尧舜的原因在于他认为内圣与外王是一体之物。

王阳明在同徐爱解释"亲民"时曾言："孔子言'修己以安百姓'，'修己'便是'明明德'；'安百姓'便是'亲民'。"④此处意味着修持己身便是明明德，而使百姓安乐则是亲民。换言之，"内圣"便是"明明德"，"外王"即是"亲民"。王阳明每逢他人问为政之要时，必言"政在亲民"，而言"亲民"则言"明明德"。无论是对朱廷立还是对南大吉的教谕中，都可以看出王阳明的"明德亲民"从来只是一事。尤以《书朱子礼卷》而言，朱廷立先问政后问学，王阳明先教育其"言学而不及政"⑤，使朱廷立通过修持己身而懂得亲民之政要，感悟"吾乃今知学之可以为政也已"⑥。后是指明其"言政而不及学"⑦，使朱廷立通过知民之所好与民之所恶，使自身的学业进一步上升，而明悟"吾乃今知政之可以为学也已"⑧。最后，王阳明点明"明德、亲民，一也。古之人明明德以亲其民，亲民所以明其明德也。是故明明德，体也；亲民，用也。而止至善，其要矣"。针对这一关系，王阳明最为经典的论述当在《大学问》中，学生以"物有本末"引发"以新民为亲民，则本末之说亦有所未然欤"⑨的疑问，王阳明回答道：

　　终始之说，大略是矣。即以新民为亲民，而日明德为本，

①脱脱等：《邵雍列传》卷四百二十七，《宋史》，清乾隆武英殿刻本，第4461页。
②王守仁：《传习录上》，《王阳明全集》，吴光等编校，第31页。
③王守仁：《谏迎佛疏》，《王阳明全集》，吴光等编校，第327页。
④王守仁：《传习录上》，《王阳明全集》，吴光等编校，第2页。
⑤王守仁：《书朱子礼卷》，《王阳明全集》，吴光等编校，第312页。
⑥王守仁：《书朱子礼卷》，《王阳明全集》，吴光等编校，第313页。
⑦王守仁：《书朱子礼卷》，《王阳明全集》，吴光等编校，第313页。
⑧王守仁：《书朱子礼卷》，《王阳明全集》，吴光等编校，第313页。
⑨王守仁：《大学问》，《王阳明全集》，吴光等编校，第1069页。

亲民为末，其说亦未为不可，但不当分本末为两物耳。夫木之干谓之本，木之梢谓之末，惟其一物也，是以谓之本末。若曰两物，则既为两物矣，又何可以言本末乎？新民之意，既与亲民不同，则明德之功，自与新民为二。若知明明德以亲其民，而亲民以明其明德，则明德亲民焉可析而为两乎？先儒之说，是盖不知明德亲民之本为一事，而认以为两事，是以虽知本末之当为一物，而亦不得不分为两物也。①

在王阳明的治道思想体系中，"明德"为"亲民"之体，"亲民"为"明德"之用，"明德亲民"本为一，不应分作两物看待，这是同王阳明的知行合一之教前后相承的。若将"明德亲民"作两物对待的话，很容易就会陷入"固有欲明其明德矣，然或失之虚罔空寂，而无有乎家国天下之施者，是不知明明德之在于亲民，而二氏之流是矣；固有欲亲其民者矣，然或失之知谋权术，而无有乎仁爱恻怛之诚者，是不知亲民之所以明其明德，而五伯功利之徒是矣"②这样顾此失彼的境地。欲要明明德以修身，却脱离亲民之工夫，很容易陷入无落脚点的虚谈之中；而想要亲民以安百姓，却不修身明德，亦容易因不知明德之体而成为功利之人。

"明德亲民"的极致是"止至善"，即"止于至善"。对"止至善"，朱熹和王阳明均有自己的阐释，这形成了朱学和阳明心学两大思想流派的重要分歧之一。王阳明以"明德亲民"为核心的治道思想的最终归宿可以说即是止于至善。

王阳明的"止至善"是在批判继承朱熹的"止至善"基础上进一步发展形成的。朱熹在《大学章句》中将"止至善"释为"止者，必至于是而不迁之意。至善，则事理当然之极也。言明明德、新民，皆当至于至善之地而不迁"③。于朱熹言，"止至善"为"明明德"和"亲民"到达事理当然之则的极好之处而经久不变。而王阳明对"止至善"有不同的看法，他将"至善"解释为"至善者，

① 王守仁：《大学问》，《王阳明全集》，吴光等编校，第1069页。
② 王守仁：《亲民堂记》，《王阳明全集》，吴光等编校，第280页。
③ 朱熹：《四书章句集注》，第3页。

心之本体也"① "至善者，明德、亲民之极则也"②，并认为"止至善"即"止之，是复其本然而已"③ "明德、亲民无他，惟在止于至善，尽其心之本体，谓之止至善"④。从上述话语中可以看出，在王阳明的思想体系中，"止至善"成为恢复心之本体的本然状态，这一状态即是"明明德"所追求的极致，也是"亲民"这一工夫所体证的本体所在。

## 二、王阳明治道思想的历史回响

王阳明作为陆王心学的集大成者，遥接儒家孔孟正脉，开创的阳明心学一度在明中后期同程朱理学分庭抗礼，甚至占据主流地位，其思想从诞生之日起就饱受争议，并且一直未有定论。肯定其思想的学者将其思想同孔孟之学并列，否定其思想的人则认为王阳明开创的姚江学派使明朝中后期陷入空疏不实的流弊境地，甚至将明朝灭亡归咎于王阳明一人。究其原因，程朱理学自宋以来即为官方正统思想，已经与时代的发展脱节而日益陷入沉闷教条。阳明心学的产生和发展对程朱理学的正统地位带来了巨大的挑战，备受统治阶级和道学家的诽谤和非议。我们应该看到阳明心学及其治道思想的产生使已经愈发沉闷的明代思想界重新焕发了活力。正如梁启超所言："阳明是一位豪杰之士，他的学术像打药针一般，令人兴奋，所以能做五百年道学结束，吐狠大光芒。"⑤

王阳明去世之后，其治道思想同心学思想一样对后世产生莫大的影响。先是中晚明王学盛况下后学对王阳明思想的继承和发挥，后是近现代以来的思想家发掘其思想以振奋民心，王学的两次兴盛无不说明王阳明思想强大的生命力和价值所在。

### （一）王阳明治道思想的历史价值

王阳明治道思想有着丰富的内涵和实践经验，既是中国古代治

---

① 王守仁：《传习录下》，《王阳明全集》，吴光等编校，第135页。
② 王守仁：《大学问》，《王阳明全集》，吴光等编校，第1067页。
③ 王守仁：《传习录上》，《王阳明全集》，吴光等编校，第29页。
④ 王守仁：《大学古本傍释》，《王阳明全集》，吴光等编校，第1316页。
⑤ 梁启超：《中国近三百年学术史》，俞国林校，中华书局2020年版，第5页。

道思想在明中叶时期的新发展，又是中华优秀传统文化的结晶，其治道思想充满着人文关怀和道德追求，对中晚明和近代中国产生重大的影响和历史价值。

　　欧阳德为阳明后学代表人物之一，从政三十余年，官至礼部尚书，一生讲学传播维护王阳明学说。欧阳德的政治思想受王阳明治道思想影响，认为为学为政本就是一事，并不冲突。这一观念无疑继承发展了王阳明"明德亲民"的治道思想。王阳明同朱廷立的书信、《远俗亭记》和对属官因政务繁杂而无力进学的回答，都已经鲜明表明王阳明治道思想是坚持为学为政合一。欧阳德将其进一步发展，认为"故格物所以致我之知，亲民所以明我之德，合内外动静之道也"①。"致知"离不开"格物"的工夫，"明德"亦离不开"亲民"的工夫，因此，在泰和知县进京前的赠言中，欧阳德写道：

　　　　政与学有二乎哉？良知酬酢变化而万事出。事者，知之事；知者，事之知。学也者，致其事之知以广业；政也者，致其知于事以崇德……故致知者，天德之学；知致而王道达矣。②

　　欧阳德政治思想中，"为学"是自我完善恢复良知本体的过程，而"为政"是良知在现实中践行和判断的途径，二者是良知两面，实际上是政学合一。

　　泰州学派的创始人王艮继承发展王阳明的"万物一体"思想，将其同自己兼济天下的政治理想结合，化"万物一体"为自身的政治追求。王艮认为"夫仁者以天地万物为一体，一物不获其所，即己之不获其所也，务使获所而后已。是故人人君子，比屋可封，天地位而万物育。此予之志也"③，王艮将天下众人成为君子且生活富裕的理想作为自己的使命抱负。及其随后的后学颜钧和何心隐等人，将王阳明的"万物一体"思想运用到实践之中，创建萃和堂和聚和堂试图实现小范围的大同社会。

　　李贽深受王阳明及其学说的影响，先后在泰州学派王东崖和罗

①欧阳德：《答陈盘溪》，《欧阳德集》，陈永革编校整理，凤凰出版社2007年版，第5页。
②欧阳德：《缪子入觐赠言》，《欧阳德集》，陈永革编校整理，第236页。
③王艮：《明儒王心斋先生遗集》（第1册），清袁承业编刻本，第13页。

近溪处求学。其"童心说"同王阳明的良知前后相继，同时李贽在王阳明"求之于心而非也，虽其言之出于孔子，不敢以为是也"[①]的影响下，大胆提出：

> 天生一人，自有一人之用，不待取给于孔子而后足也。若必待取足于孔子，则千古以前无孔子，终不得为人乎？[②]

李贽并不以权威为真理的标准，在继承王阳明"致良知"的思想下，结合王阳明以良知为判断是非的标准，李贽大胆地高扬个体独特价值。同时，在王阳明"圣凡平等"影响下，李贽积极追求精神价值外的平等，提出"致一之理，庶人非下，侯王非高。在庶人可言贵，在侯王可言贱"[③]的平等思想。李贽强烈追求平等的精神，使其成为中国早期启蒙思想的一位巨匠，产生广泛的国际影响力。

进入近代以来，龚自珍、康有为、梁启超、谭嗣同以及孙中山等思想家、革命政治家十分关注王阳明致良知中的"心力"作用且多次提倡，希望以此使中华民族振奋直追，摆脱贫困落后的局面。谭嗣同认为"夫心力最大者，无不可为"[④]，梁启超在《新民说》中提出"盖心力散涣，勇者亦怯；心力专凝，弱者亦强。是故报大仇，雪大耻，革大难，定大计，任大事，智士所不能谋，鬼神所不能通者，莫不成于至人之心力"[⑤]。面对近代列强入侵的千年未有之大变局，谭嗣同等人寄希望于"心力"以凝聚民族精神，自强国体抗击入侵。自日本归来的孙中山认识到阳明学在日本的广泛传播和对明治维新的极大推动，虽曾经发表对王阳明知行合一说的批判，但孙中山对心理精神建设的重视明显受到"心力"的影响。在《孙文学说自序》中，孙中山认为国民从心理上接受革命理念，才能使革命真正地开展并走向成功。因此，贺麟认为孙中山实是近代以来将王阳明的事功发展得最为淋漓尽致的代表。

---

① 王守仁：《传习录中》，《王阳明全集》，吴光等编校，第85页。
② 李贽：《答耿中丞》，《焚书》卷一，中华书局2009年版，第16页。
③ 李贽：《老子解》，张建业主编：《李贽全集注》（第14册），社会科学文献出版社2010年版，第61页。
④ 蔡尚思、方行编：《仁学》，《谭嗣同全集》，中华书局1981年版，第357页。
⑤ 梁启超：《新民说》，商务印书馆2016年版，第189页。

### （二）王阳明治道思想的社会价值

富含人文关怀的王阳明治道思想对当代仍有着重要的参考借鉴价值。王阳明治道思想以"明德亲民"为核心，思想内容包含"知行合一""致良知"和"万物一体"，具有"教养并重""以民为本""内圣外王"的思想内涵。其治道思想启迪明末清初的黄宗羲提出"天下为主君为客"的民本主义思想，这样以民为本的治道思想对当代有着重要的社会价值。

王阳明心学思想以心为本体，十分强调人的主观能动性。这一特点反映在治道思想上即积极挖掘民众的"心力"，使百姓自觉参与到社会治理和建设中。其思想内涵中将教养置于同等地位，在教化的同时养民富民，不仅在精神层面使民众开化，而且在物质层面提供基本的保障和条件，使民众有余力自我奋进、提升自己。2020年我国已经取得脱贫攻坚的全面胜利，开启全面乡村振兴新征程。在乡村振兴的过程中，各级政府应该积极挖掘人民群众的"心力"，认识到不能依靠简单的金钱开道、搞数字振兴，而是在保证经济支持到位的同时，培养、激发、调动百姓的"心力"，使乡村振兴从被动支持转变为主动振兴。正所谓，"授人以鱼不如授人以渔"，各级政府应有着"良知之在人心，无间于圣愚，天下古今之所同也"的认识，积极培训、传授百姓专业技能和致富经验，调动其内心动力，使乡村振兴在养民的同时教民，让民众自觉建设自己的家园。同时，各级政府积极宣传"四民平等"的职业平等观，引导百姓树立"三百六十行，行行出状元"的就业观，让各行各业都可以参与到乡村振兴中来。在这样的层面上，王阳明治道思想仍然有着其历史价值和社会价值，为今天的民生建设提供借鉴意义。

"明德亲民"的治道思想以"明德"为体，将为政视为成圣的工夫，使为政为学合一。这一特点为党的领导干部和政府工作人员以德才兼备，以德为先的选拔标准，进行有效的补充。王阳明"万物一体"学说为"明德亲民"提供理论依据。只有在"万物一体"下，领导干部将自己治下的民众视为自己的父母、兄弟和子女，方能感同身受地切身体会民众的疾苦和诉求，"以民为本"的民本思想才有实现的可能。这一道理，古今同一，我们社会主义民主政治的本质特征是人民当家作主，有的领导干部却有浓重的官僚主义，而官僚主义的根源很大程度上是因为官本思想和错误的权力观，导致领导干部脱离群众。领导干部应该加强自身的道德修养，坚持为人民服务的宗旨，做到"视人犹己"，"每念斯民之陷溺，则为之戚然痛心，忘其身之不肖，而思以此救之，亦不自知其量者"①，认识到自己是同人民息息相关的整体，与百姓的切身利益感同身受，从而更好地服务人民。党的领导干部以及政府工作人员应该努力提升自身道德修养，时时自省修身，将日常的公务看作实现自己人生价值的工夫，不走形式，真正做到"知行合一"。

## 三、余论

王阳明能够认识到明中叶时期王道隐退、霸道盛行、多功利之徒假公济私的时代沉疴，并自创阳明心说以救时弊，本身就是大智；敢于挑战程朱理学正统地位，饱受世人非议，仍创立发展姚江学派为中国早期思想启蒙孕育先机，亦是大勇；终生忍受肺病折磨，晚年带病出征思田，而为社稷黎民死而后已，正是大爱。因此，大智大勇大爱的王阳明当之无愧为封建时代于立德、立言、立功皆"三不朽"的最后一个圣人。王阳明自创立阳明心学以来便不断受到来自道学家和保守派的攻击和非议。尽管王阳明生前取得的功绩因各种原因而被当朝大大忽视甚至打压，但王阳明去世时大呼的"此心光明，亦复何言"将其洒脱表露无遗。对王阳明本人的讨论从未有过盖棺定论，而且自其生前就持续至现在。笔者认为王阳明作为封建时代的最后一个圣人，已经实现封建时代最高的价值要求，但他当然只是封建时代的圣人，即一时一代的圣贤，并非万世师表。王阳明及其思想有着自身的时代和阶级局限性，这是不可避免的。

在人民当家作主的今天，治理的主体和客体已经合二为一。王阳明的治道思想仍有巨大价值，能够助推国家治理体系和治理能力的现代化。建设人人有责、人人尽责、人人享有的社会治理共同体，需要各级领导干部和人民群众的共同努力。对于官僚主义、形式主义等脱离人民群众的问题，在强化制度监督和加大惩治力度等

① 王守仁：《传习录中》，《王阳明全集》，吴光等编校，第90页。

外部举措的同时，应更加注重提升政府官员的思想境界，使官员自内心拥有为人民服务的信念，而非仅仅停留于喊口号。这正是"明德亲民"的治道思想提供的历史借鉴。"亲民"的政治践行应以"明德"为本体，努力提升自身的道德境界，使个人追求同共产主义远大理想和中国特色社会主义共同理想合一。以"内圣外王"为自身工作的基本道德要求，源自"明德"之心发出的"亲民"之行自然可以将为人民服务落实到一言一行之中。同时，需要人民群众的广泛参与，积极宣传调动人民群众的"心力"，使全国一人、勠力同心参与国家治理体系现代化的建设。

王阳明治道思想的精华部分对我们当代社会治理有着重要的价值，我们应该积极吸收，对其进行创造性转化和创新性发展，使其可以更好地适应和指导当代社会治理。王阳明治道思想的糟粕部分是我们应该坚决摒弃的，其治道思想不应完全照搬，而是应结合我们当代的国情有选择地继承，我们应该以辩证的态度对待王阳明的治道思想。

## 第二节　阳明心学中的亲民廉政思想论考

王阳明的主要心学思想"知行合一"，简言之，即是"知中有行、行中有知，即知即行、知行并进"。知是道德之知，良知之知。"致良知"即是推广、扩充、彰显、恢复人们的道德意识和道德准则，加强道德修养，就是要做善事，不做损人利己的恶事，要纠正错误的想法和念头，使想法和念头纯一不杂；就是去掉人们的私欲、名利、权念、贪念、恶念，唤醒迷失在物欲及屈从权威的人，使其能自觉自信地做一个堂堂正正、坦坦荡荡的人，以恢复人的天赋良知道德。王阳明践履知行合一，彰显良知道德，在其工作和生活实践中多有体现，王阳明的廉政及亲民思想与古代圣贤孔子、孟子、朱熹等人的思想是一脉相承的，他一生洁清自矢，秉正无私，无论是贬谪在龙场期间，还是在江西、广西等地执政时期，都体恤民情、为民减负，抗击疫情、救助病人，抗洪抢险、赈济灾民。王阳明不但自己廉政亲民，而且教育部下不得贪图财利，做到廉洁正直。他的许多清正廉洁、为民亲民事迹影响深远，至今仍然值得我们学习和借鉴。

## 一、社会治理中的民生情怀

王阳明认为民生是国之根本，作为社会治理者，应体恤人民生活的艰难，懂得怎样防治疾疫、预防火灾、抗洪抢险、赈恤难民、解民倒悬。

### （一）防治疫情

正德五年（1510）三月，王阳明到庐陵县任知县后，即发生疾疫，他一是以德倡导，要求病人家庭要骨肉相保，不可离弃；二是号召各家用生石灰洒扫室内室外、厕所、畜圈，进行消毒，及时掩埋死者，做好环境卫生；三是号召富户出钱出粮，对病人施以医药，给予救助，由县衙组织医生到各乡村救助病人。他作《告谕庐陵父老子弟》，其中说到对疫情的防治：

今灾疫大行,无知之民惑于渐染之说,至有骨肉不相顾疗者。汤药饘粥不继,多饥饿以死,乃归咎于疫。夫乡邻之道,宜出入相友,守望相助,疾病相扶持。乃今至于骨肉不相顾。县中父老岂无一二敦行孝义,为子弟倡率者乎?夫民陷于罪,犹且三宥致刑。今吾无辜之民,至于阖门相枕藉以死。为民父母,何忍坐视?言之痛心。中夜忧惶,思所以救疗之道,惟在诸父老劝告子弟,兴行孝弟。各念尔骨肉,毋忍背弃。洒扫尔室宇,具尔汤药,时尔饘粥。贫弗能者,官给之药。虽已遣医生老人分行乡井,恐亦虚文无实。父老凡可以佐令之不逮者,悉已见告。①

王阳明在很多文章中都谈到治疗疾病以预防为主,要讲卫生,强健体魄,心气平和。他说:“病者宜求医药,不得听信邪术,专事巫祷。”②“良医之治病,随其疾之虚实、强弱、寒热、内外,而斟酌加减。调理补泄之要,在去病而已。”③“病疟之人,疟虽未发,而病根自在,则亦安可以其疟之未发而遂忘其服药调理之功乎?若必待疟发而后服药调理,则既晚矣。”④这仅是阳明谈治病的部分内容。

## (二)赈灾与救荒

正德十三年(1518)正月,赣县在籴买粮食赈灾时,出现一些弊端。“纳贿受赂,公行无忌”,“无官不赂遗,无守不盗窃”。阳明在《批赣州府赈济石城县申》中说,准许富裕户籴粮发放给贫困的人家。而今籴买粮食之人不止二千,但坐等救济的贫民不知有多少,在县城附近者先获救济,远乡贫困户必有得不到实惠,近日赣县发仓救济,可见其弊端。于是“仰行知县林顺会同先委县丞雷仁先,选该县殷实忠信可托者十数辈,不拘生员耆老义民,各给斗斛,候远乡之民一至,即便分曹给散。仍选公直廉明之人数辈在傍纠察,如有夤缘顶冒,实时擒拿,昭议罚治,庶几小民得蒙救急之

---

①王守仁:《告谕庐陵父老子弟》,《王阳明全集》,吴光等编校,第1131页。
②王守仁:《告谕》,《王阳明全集》,吴光等编校,第628页。
③王守仁:《与刘元道》,《王阳明全集》,吴光等编校,第213页。
④王守仁:《传习录中》,《王阳明全集》,吴光等编校,第79页。

惠，而远乡可免久候之难"①。这样有公正廉明、殷实忠信的人监督，远近的贫民均可得到救济。

正德十五年（1520）五月，丰城、新喻等县发生水灾，毛家垱等处被大水冲毁决堤，极其严重，若不及时修筑，秋天水势再次泛滥，受害灾民生活将极端艰难痛苦。六月初九日，王阳明颁《案行湖西道处置丰城水患》令：

> 近该本院抚临该县，督同巡守该道副使顾应祥、参议周文光、知县等官顾似等，看得前项决堤渐侵县治，委系紧急民害。但正当水冲，欲便筑塞，必须依仿水帘桅之法，用大船数十装载砖石沙土，阻遏水势，方可施工。……为照丰城县即今见要破损大船塞阻水势，所据前项船只，合行查处变卖，以济急务。②

从此段文字可知，王阳明是要求当地官员购买破损不能再继续使用的船只，用以装载整船砖石沙土，沉入决堤处，以阻遏水势。到了现代发生类似的决堤事故，人们采取的策略，与王阳明当年使用的治水方法基本相似。

江西很多县都遭受了水灾，南昌地区尤为严重，老百姓生活困难，急需救济，该怎么办呢？阳明颁行《赈恤水灾牌》，其中一段记载：

> 为此仰分守巡南昌官吏，即便分督该府县官于预备仓内米谷，用船装运，亲至被水乡村，不必扬言赈饥，专以踏勘水灾为事，其间验有贫难下户，就便量给升斗，暂救目前之急。给过人户，略记姓名数目，完报查考，不必造册扰害。所至之地，就督各官申严十家牌谕，通加抚慰开导，令各相安相恤。仍督各官俱要视民如子，务施实惠，不得虚文搪塞，徒费钱粮，无救民患，取罪不便。③

---

① 王守仁：《批赣州府赈济石城县申》，《王阳明全集》，吴光等编校，第629页。
② 王阳明：《案行湖西道处置丰城水患》，《王阳明全集》（新编本），吴光等编校，第1984—1985页。
③ 王守仁：《赈恤水灾牌》，《王阳明全集》，吴光等编校，第684页。

在南康、建昌、宜黄、横水等县，水灾也非常严重，王阳明要求赣州、南安二府各县官员："已行二府各委佐贰官，及行所属被水各县掌印等官，用船装载谷米，分投亲至被水乡村，验果贫难下户，就便量行赈给。"①要求各县官员必须亲自到乡村踏勘，要视灾民如己子，务要施行实惠，不得虚文搪塞，根据实际情况，对贫困灾民进行救济。为了不流于形式，把赈灾工作落到实处。王阳明又颁《牌行江西临江府赈恤水灾》令，对临江府新喻县等给予赈济：

> 今年自春入夏，淫雨连绵，田地冲成江河，沙石积成丘陵。即今四野一空，秋成绝望，要将本县在仓稻谷赈济缘由。为照临江一府，被水县分恐亦非止新喻，合就通行。为此牌仰本府官吏，即便分委佐贰等官，及行所被水各县掌印佐贰等官，将在仓稻谷用船装载，或募人夫挑担，亲至乡村踏勘水灾。验果贫难下户，就便量给升斗，暂救目前之急。就各申严十家牌谕，通加抚慰开导，令各相安相恤。各官务要视民如子，务施实惠，不得虚文抵塞，徒费钱粮，无救民患。②

从此文中可知，王阳明再次要求各个官员务要亲至乡村踏勘水灾，验明极度困难户，用船装载稻谷，再募人夫挑担上门，给急困民户几升或一斗粮食，暂救目前之急，待后再行救济。据王阳明《批吉安府救荒申》中载：

> 近据崇仁县知县祝鳌申，要将预备仓谷，凶荒之时则倍数借给，以济贫民；收成之日则减半还官，以实储蓄；颇有官民两便，已经本院批准照议施行。……仰布政司酌量缓急，分别重轻，略定征收先后之次，备行各属，以渐而行，庶几用一缓二之意，少免医疮剜肉之苦。③

救荒就是将各县粮仓中储备的稻谷，先借给灾民食用，救济贫

---

①王守仁：《赈恤水灾牌》，《王阳明全集》，吴光等编校，第684页。
②王阳明：《牌行江西临江府赈恤水灾》，《王阳明全集》（新编本），吴光等编校，第1987页。
③王守仁：《批吉安府救荒申》，《王阳明全集》，吴光等编校，第662—663页。

民，然后等秋收后，让灾民减半还官，即先借一斗，后返还给官府五升。这个方法既救助了灾民，减轻了农民负担，又收回部分稻谷作储备，一举两得。

嘉靖七年（1528）四月，王阳明在广西南宁时，看到前来南宁府屯住防守的汉土官军民，因有三月大旱，庄稼未下种入土，男子不得耕种，妇女不得织布，军民多缺食物，诚可悯念！于是令同知史立诚遍查停歇的湖兵之家，开报相应量行赈给。看到阳明统计之数，10名以上71家，5名以上356家，5名以下454家，各给米多少石，鱼多少斤，统计数是多么的仔细精确。他在《赈给思田二府》载：

> 今虽地方平靖，湖兵已回，然疮痍未起，困苦未苏，况自三月已来，天道亢旱，种未入土，民多缺食，诚可悯念！已经行仰同知史立诚遍查停歇湖兵之家，开报相应量行赈给。为此牌仰南宁府著落当该官吏，专委同知史立诚即将十名以上七十一家，各给米二石，咸鱼二十斤；五名以上三百五十六家，各给米一石三斗，咸鱼十三斤；五名以下四百五十四家，各给米一石，咸鱼十斤；就于该府军饷米鱼内支给开报。其余大小军民之家，谕以本院心虽无穷，而钱粮有限；各宜安心生理，勤俭立家，毋纵骄奢，毋习游惰，比之丰亨豫大之日虽不足，而方之兵戈扰攘之时则有余矣。[1]

七月，王阳明在南宁听人报告说，宾州（今宾阳）屯住防守的三省汉土官兵，因三个月未下雨，到五月时，农田龟裂，撒籽栽种延迟。正值青黄不接，民多缺食。王阳明委托判官杨耀查实，量行给以赈济。并告诉这些官兵，地方目前已经无盗贼之患，赈济比之丰亨豫大之日虽未足，而比之前兵戈扰攘之时已有余。于是颁布《告谕宾州军民》，其中载：

> 军民大小，男不得耕，女不得织。而湖兵安歇之家，骚扰尤甚。今虽地方幸已平靖，湖兵亦已放回，然疮痍未起，困苦未苏。况自三月不雨，至于五月。农田龟拆，布种大迟。即今正值青

---

① 王守仁：《赈给思田二府》，《王阳明全集》，吴光等编校，第700—701页。

黄不接，民多缺食，诚可悯念。当委判官杨耀遍历城郭内外，查报停歇湖兵之家，大小共计一千四家，合就量行赈给。已经牌仰宾州官吏行委判官杨耀，将大家给米一石，小家给米六斗。就于该州仓贮军饷等米内照数支给，略见本院存恤之意。①

八月初十日，王阳明又牌仰本道官吏会同分巡道即行南宁府，备查府城内外大小人户，照依后开等第，对乡官、举人、监生、生员、贫难小官之家通行查出，量分差等，给予赈济。必须使各沾实惠，不得容奸吏、官仓、局院役吏等人作弊克减，使赈济有名无实。他在颁行《行左江道赈济牌》中说：

> 为此牌仰本道官吏，会同分巡道，即行南宁府，备查府城内外大小人户，照依后开等第，就于军饷米内照数通行赈给。务使各沾实惠，毋容奸吏斗级人等作弊克减，有名无实。事完开报查考。计开：乡官、举人、监生之家，每家三石。生员每家二石。大小人户每家一石。贫难小官，通行查出，量分差等，呈来给赈。②

以上仅是一部分王阳明清正廉洁，勤政亲民，关心民众疾苦的具体事例，从中可看出他是何等的关心民众困难，为老百姓着想，解决民众困苦。以前曾有人批判王阳明是镇压农民和少数民族起义的刽子手。对这些观点不须去驳斥，若真是一个镇压农民起义和少数民族起义的刽子手，是绝对不会去做这些救助灾民、勤政爱民的事情，且不会受到百姓的尊重的。

康熙初经学家、明史馆纂修官绍兴府萧山人毛奇龄在《王文成传本》卷二中载："初，公（阳明）丧归时，世宗不谕祭，而民间之私祀者遍天下。及穆宗赐祀，而前此之私祀者悉改官祭。凡祠祀、书院，合不下数百所，亦极盛矣。《勋贤祠志》云：'书院七十五所，祠四百二十所。'"③可知嘉靖、隆庆之间，祭祀王阳明的祠堂、书

① 王阳明：《告谕宾州军民》，《王阳明全集》（新编本），吴光等编校，第2018页。
② 王守仁：《行左江道赈济牌》，《王阳明全集》，吴光等编校，第1234—1235页。
③ 毛奇龄：《王文成传本》，《四库全书存目丛书·史部》（第87册），齐鲁书社1996年版，第20页。

院如此之多。廉政亲民的王阳明，受到广大百姓的敬仰。

## 二、民惟邦本的理念

民惟邦本的理念，是儒家政治思想的一项重要内容，孔子曾说："民以君为心，君以民为体。"(《礼记·缁衣》)正德五年（1510）三月十八日，王阳明到庐陵县正式上任知县。其在庐陵任职时，遇县民集体上访，针对苛捐杂税过多，发生疾疫、火灾、盗贼等问题，他不是利用权力弹压民众，而是基于以民为本、爱民从政的思想立场，切实有效地将民众关切并与民众切身利益息息相关的问题逐一予以解决。

### （一）免赋税和通民情

王阳明首先解决集体上告的问题，处理积压多年的案件，杜绝苛捐杂税和横征暴敛的行为。他认为一个领导者，应体恤人民生活的艰难，在老百姓处境困难危急之时，应该去帮助他们，解民倒悬。他通过调查，才知道是加派的杂项赋税太重，老百姓真是无法活下去了，才到县衙上告，要求减免赋税。了解详细情况并经过思考后他宣布：新增的杂项税，今后就不用交了，今年的赋税全免了。阳明在上《庐陵县公移》公文中说道：

> 民产已穷，征求未息。况有旱灾相仍，疾疫大作，比巷连村，多至阖门而死，骨肉奔散，不相顾疗。幸而生者，又为征求所迫，弱者逃窜流离，强者群聚为盗，攻劫乡村，日无虚夕。今来若不呈乞宽免，切恐众情怨怨，一旦激成大变。为此连名具呈，乞为转申祈免等情。

> 据此欲为备由申请间，蓦有乡民千数拥入县门，号呼动地，一时不辨所言。大意欲求宽贷。仓卒诚恐变生，只得权辞慰解，谕以知县自当为尔等申诸上司，悉行蠲免。众始退听，徐徐散归。[1]

王阳明说"坐视民困而不能救，心切时弊而不敢言"，还要我

---

[1]王守仁：《庐陵县公移》,《王阳明全集》,吴光等编校，第1135—1136页。

这个知县干什么呢？他将免除赋税理由的公文交到府台，说要免除的赋税是强加给百姓的，府台也怕闹出大事担责，就免除了强加的和当年的赋税。

王阳明到任庐陵知县后，即把"肃静""回避"两块署牌改为"求通民情""愿闻己过"的牌子。这是王阳明很重要的为政理念，他不是禁阻民声，或者只允许歌功感恩的舆论存在，而是要真正倾听民声，了解民情民意，把悟民心，尤其欢迎各种批评。这样不仅不会出现官民矛盾对立，而且更能在官民一体、同心同德的局面下取得良好的治理效果。如果王阳明钳制民意、压阻舆论并导致官民对立，还能够取得让民众满意的政绩，并赢得民众由衷爱戴和称颂吗？乾隆《庐陵县志》卷二十五《令属》王守仁条载："五年春擢庐陵知县，治尚德化，访乡贤者之贤者，列坐旌善、申明二亭，讲论劝善、惩恶之旨，令讼者听乡者劝解，不则自治之，人多感化。"王阳明在庐陵任职时，做了很多利于百姓的事情。执政期间不采用威势和刑罚，只是开导人心。执政时间虽短，但效果良好，这是他践履"知行合一"之成果。

正德十二年（1517）六月，王阳明在赣州作《疏通盐法疏》中说："告示商民，但有贩到闽、广盐课，由南雄府曾经折梅亭纳过劝借银两，只在赣州府发卖者，免其抽税；愿装至袁、临、吉三府卖者，每十引抽一引。闽盐自汀州过会昌羊角水，广盐自黄田江、九渡水来者，未经折梅亭，在赣州府发卖，每十引抽一引。"[①]为繁荣商贸，对贩盐所经关口，规定抽税多少，不得任意多抽。是年九月，他在《议南赣商税疏》中说："折梅亭之税，名虽为夫役，而实以给军饷；龟角尾之税，事虽重军饷，而亦以裕民力。两税虽若二事，其实殊途同归。"[②]说若是折梅亭既已经抽分税，龟角尾不得再抽，以免有留滞之扰。他在赣州时，非常关心民众疾苦，减收部分商税，免去部分农产税。不准税吏擅登商船，假以查盘为名，侵凌骚扰客商。若是有违令乱收或加收者，照例问罪。他在《禁约榷商官吏》中说道：

---

① 王守仁：《疏通盐法疏》，《王阳明全集》，吴光等编校，第356—357页。
② 王守仁：《议南赣商税疏》，《王阳明全集》，吴光等编校，第374页。

即便备行收税官吏，今后商税，遵照奏行事例抽收，不许多取毫厘；其余杂货，俱照旧例三分抽一，若资本微细，柴炭鸡鸭之类，一概免抽。桥子人等止许关口把守开放，不得擅登商船，假以查盘为名，侵凌骚扰，违者许赴军门口告，照依军法拿问。其客商人等亦要从实开报，不得听信哄诱，隐匿规避，因小失大，事发照例问罪，客货入官。①

## （二）颁布乡约和奖励清官

正德十三年（1518）十月，他在颁布的《南赣乡约》中，特别要求"本地大户，异境客商，放债收息，合依常例，毋得磊算；或有贫难不能偿者，亦宜以理量宽；有等不仁之徒，辄便捉锁磊取，挟写田地，致令穷民无告，去而为之盗"②。《南赣乡约》是乡民必须遵守的道德公约，要求百姓互相督促约束，互相帮助。

正德十四年（1519）和十五年（1520），江西先发生旱灾，后发生水灾。正德十四年（1519）七月，阳明在《旱灾疏》中记其情况："本年自三月至于秋七月不雨，禾苗未及生发，尽行枯死。夏税秋粮，无从办纳，人民愁叹，将及流离。理合申乞转达、宽免等因到臣。节差官吏、老人踏勘。委自三月以来，雨泽不降，禾苗枯死。"③正德十五年（1520）五月十五日，其又在《水灾自劾疏》中说道：

> 而地方日以多故，民日益困，财日益匮，灾变日兴，祸患日促。自春入夏，雨水连绵，江湖涨溢，经月不退。自赣、吉、临、瑞、广、抚、南昌、九江、南康沿江诸郡，无不被害，黍苗沦没，室庐漂荡，鱼鳖之民聚栖于木杪，商旅之舟经行于闾巷，溃城决限，千里为壑，烟火断绝，惟闻哭声。询诸父老，皆谓数十年来所未有也。④

这说明江西这两年的旱灾、水灾非常严重。此年又遇到宁王朱

①王守仁：《禁约榷商官吏》，《王阳明全集》，吴光等编校，第629页。
②王守仁：《南赣乡约》，《王阳明全集》，吴光等编校，第666页。
③王守仁：《旱灾疏》，《王阳明全集》，吴光等编校，第452页。
④王守仁：《水灾自劾疏》，《王阳明全集》，吴光等编校，第479页。

宸濠叛乱，发生战争，老百姓生活极度困难，王阳明三次向皇帝疏请放宽租税，均未获准。正德十五年（1520）三月，王阳明在《乞宽免税粮急救民困以弭灾变疏》中说：

> 夫免江西一省之粮税，不过四十万石，今吝四十万石而不肯蠲，异时祸变卒起，即出数百万石，既已无救于难矣。此其形迹已见，事理甚明者。臣等上不能会计征敛以足国用，下不能建谋设策以济民穷，徒痛哭流涕，一言小民疾苦之状，惟陛下速将臣等黜归田里，早赐施行，以纾祸变。[1]

十一月，王阳明又在《批追征钱粮呈》中说："目击贫民之疾苦而不能救，坐视征求之患迫而不能止，徒切痛楚之怀，曾无拯援之术，伤心惨目，汗背赧颜，此皆本院之罪，其亦将谁归咎？"[2]王阳明说此时四十万石粮税朝廷都不肯免掉，老百姓实在无法生活，若是群起抢劫造反，到时即使出数百万石粮食，也难平息战乱，更不能让"仕途如市，入仕者如往市中贸易，计美恶，计大小，计贫富，计迟速"[3]的乱象持续下去。说自己"不能建谋设策以济民穷，徒痛哭流涕"，请放宽租税的奏章未获朝廷准，他便把宁王朱宸濠侵占百姓的田地、房屋财产归还本主，变卖余下土地财产等救助饥民和替代灾民交税，真是既为朝廷担责，又为百姓着想。他还奖励为官清廉而生活有困难的致仕县丞龙韬，他在《优奖致仕县丞龙韬牌》中说：

> 为此牌仰赣州府官吏，即便措置无碍官银十两，米二石，羊酒一付，掌印官亲送本官家内，以见本院优恤奖待之意。仍仰赣县官吏，岁时常加存问，量资柴米，毋令困乏。呜呼！养老周贫，王政首务，况清谨之士，既贫且老，有司坐视而不顾，其可乎？远近父老子弟，仍各晓谕，务洗贪鄙之俗，共敦廉让之风。[4]

---

①王守仁：《乞宽免税粮急救民困以弭灾变疏》，《王阳明全集》，吴光等编校，第476页。
②王守仁：《批追征钱粮呈》，《王阳明全集》，吴光等编校，第658页。
③计六奇：《明季北略》，魏得良、任道斌点校，中华书局1984年版，第236页。
④王守仁：《优奖致仕县丞龙韬牌》，《王阳明全集》，吴光等编校，第632页。

赣县致仕县丞龙韬，为官一直廉洁谨慎，年老致仕归家后，却因生活贫困难以生存，浮薄的风俗和愚昧鄙陋之人反而讥笑他。那些贪官污吏生活奢侈豪华，洋洋得意自以为成功人士，愚昧无知之人争相羡慕；然而清廉谨慎的贤士，以致无以为生，乡族邻居不但不去周济抚恤，反而讥笑他。风俗轻薄不淳朴达到如此程度，当地官员是难以推脱其过失的。王阳明的民惟邦本理念，就思想形态和理论体系来说，是比较丰富和成系统的，他是将这一理念贯彻于亲民为民实践中的思想家。

## 三、廉洁自律的具体实践

王阳明从未向上级领导赠送财物，也未接受过他人的赠送，在做人做事做学问上，都能做到大公无私、公私分明。

### （一）不受馈赠和赏赐

弘治十二年（1499）七月，他在浚县修造威宁伯王越墓时，尽心尽责，坟墓竣工，王越家人非常满意，用金帛感谢，被他拒绝不受，在当时政治腐败，贪污索贿盛行之时，彰显了他的人格清白；正德三年（1508），他贬谪居住龙场时，条件非常艰辛，贵州宣慰使安贵荣派人奉送金帛、鞍马，他推辞不受。在这样的情况下，都不接受他人赠送的财物，其精神真是难能可贵。

王阳明还曾经几次疏请辞正德皇帝的赏赐。正德十三年（1518）六月，王阳明升任都察院右副都御史，荫子锦衣卫，世袭百户，王阳明疏请皇帝辞免；正德十六年（1521）六月，阳明因平定南安、赣州、汀州、漳州之乱和南昌宁王朱宸濠叛乱有功，升任南京兵部尚书，十二月再封为"新建伯"、光禄大夫柱国兼任南京兵部尚书，并岁支禄米一千石，三代并妻一体追封，王阳明又疏请免去封爵和赏赐。皇帝派官员去奖赏慰劳，赐以银币、丝绸、羊酒，阳明并未占为己有，他把这些物品全部分给下属将领。

### （二）亲民与反腐倡廉

王阳明有诸多特别亲民的举动，贬谪时就曾赞扬龙场勤劳的少数民族，《何陋轩记》中说："夷之民方若未琢之璞，未绳之木，虽粗砺顽梗，而椎斧尚有施也，安可以陋之。"①正德四年（1509）秋七月三日，有一吏目和儿子、仆人因病相继死于蜈蚣坡山腰，王阳明听说三具尸体无人埋葬，"恻隐之心，仁之端也"，他便领着两个童子拿上工具，并带一只鸡、三钵饭来到蜈蚣坡，将三具尸体掩埋，并作《瘗旅文》凭吊。这就是他悲天悯人的圣人情怀。

正德十二年（1517）五月，王阳明在平定龙南和三浰"乱民"时，深知造反的农民是因为被官府所迫、大户所侵、豪强所夺，无以为生才到山中来造反抢劫。他在《告谕浰头巢贼》中说道："乃必欲为此，其间想亦有不得已者，或是为官府所迫，或是为大户所侵，一时错起念头，误入其中，后遂不敢出。此等苦情，亦甚可悯。然亦皆由尔等悔悟不切。尔等当初去从贼时，乃是生人寻死路，尚且要去便去；今欲改行从善，乃是死人求生路，乃反不敢，何也？"②对于这种情况，他采取重抚轻剿、围而不剿的方式，将乱民包围后，派人送去急需的生活物资进行安抚，又张贴告示，对乱民动之以情，陈以利害关系，使其多受感动，于是前来投诚。

王阳明有许多反贪腐、倡清廉、亲民的言辞，他在《行浔州府抚恤新民牌》中说道："各官务要诚爱恻怛，视下民如己子，处民事如家事，使德泽垂于一方，名实施于四远，身荣功显，何所不可。"③因为王阳明有了这样的思想，他在漳州象湖山、箭灌寨平乱时，颁布《剿捕漳寇方略牌》令，授予佥事顾应祥、胡琏进兵方略中说："罪恶未稔，可招纳者，还与招纳，毋纵贪功，一概屠戮；乘胜之余，尤要溯旅如初。"对罪恶不大、可招抚者，还予招纳，不得贪功而一概屠杀，在成功之前再做最后的努力。他在广西《牌行永顺宣慰司统兵致仕宣慰使彭明辅进剿方略》中说道："仍要禁约目兵人等，所过良民村分，毋得侵扰一草一木。有犯令者，当依军法斩首示众。"④其在平定广西思、田之乱时，极力主张招抚，他认为："只求减省一分，则地方亦可减省一分之劳扰耳。此议深知大拂喜事者

①王守仁：《何陋轩记》，《王阳明全集》，吴光等编校，第982页。
②王守仁：《告谕浰头巢贼》，《王阳明全集》，吴光等编校，第6页。
③王守仁：《行浔州府抚恤新民牌》，《王阳明全集》，吴光等编校，第1220页。
④王阳明：《牌行永顺宣慰司统兵致仕宣慰使彭明辅进剿方略》，《王阳明全集》（新编本），第2021页。

之心，然欲杀数千无罪之人，以求成一将之功，仁者之所不忍也。"①
他不愿为获取功名，劳民伤财而去剿杀数千人，这就是践行"知行
合一"与"致良知"的精神。

王阳明在《巡抚南赣钦奉敕谕通行各属》中有："其军卫有司
官员中政务修举者，量加旌奖；其有贪残畏缩误事者，径自拿问发
落。尔风宪大臣，须廉正刚果，肃清奸弊，以副朝廷之委任。"②在
《谕泰和杨茂》中有："见人怠慢，不要嗔怪；见人财利，不要贪
图。"③在《陈言边务疏》中有："用人之仁，去其贪；用人之智，
去其诈；用人之勇，去其怒。"④

王阳明在《十家牌法告谕各府父老子弟》中，告诫乡民，家庭
要团结友爱，邻里要和睦相处，有善举要互相劝勉，有恶行要互相
惩戒，不要一点小事就去打官司。"自今各家务要父慈子孝，兄爱弟
敬，夫和妇随，长惠幼顺，小心以奉官法，勤谨以办国课，恭俭以
守家业，谦和以处乡里，心要平恕，毋得轻意忿争，事要含忍，毋
得辄兴词讼，见善互相劝勉，有恶互相惩戒，务兴礼让之风，以成
敦厚之俗。"⑤在《南赣乡约》中说：凡是同约之乡民，都要孝敬你
的父母，尊敬你的兄长，教训你的子孙，温和对待你的邻里，死丧
之事要相帮，患难之事要相助，要求乡民做到"息讼罢争，讲信修
睦，务为良善之民，共成仁厚之俗"⑥。在《亲民堂记》中有："故
止至善之于明德亲民也，犹之规矩之于方圆也，尺度之于长短也，
权衡之于轻重也。……明德亲民而不止于至善，亡其则矣。夫是之
谓大人之学。大人者，以天地万物为一体也，夫然后能以天地万物
为一体。"⑦

以上所述都是王阳明廉洁自律的思维方式，这决定了他在行为
上的廉政自觉。这些具体事例和思维表达，就是大公无私、公私分
明、公而忘私，只有一心为公、事事出于公心，谨慎用权，光明正
大，才能清清白白做人，干干净净做官。"法律只能提供社会稳定的

①钱德洪：《年谱三》，王守仁：《王阳明全集》，吴光等编校，第1448—1449页。
②王守仁：《巡抚南赣钦奉敕谕通行各属》，《王阳明全集》，吴光等编校，第583页。
③王守仁：《谕泰和杨茂》《王阳明全集》，吴光等编校，第1013页。
④王守仁：《陈言边务疏》，《王阳明全集》，吴光等编校，第318页。
⑤王守仁：《十家牌法告谕各府父老子弟》，《王阳明全集》，吴光等编校，第587页。
⑥王守仁：《南赣乡约》，《王阳明全集》，吴光等编校，第665页。
⑦王守仁：《亲民堂记》，《王阳明全集》，吴光等编校，第280—281页。

最低条件，可以但不能最终解决社会公正、社会正义的问题，不能维系世道人心，尤其不能使人安身立命①"。划清公私界限，把握好公与私、情与理的尺度，尺度在心中，要用自律的戒尺量一量自身的言行举止，才能做到自省、自净、自警，才能守好自己的为人底线和道德红线。

## 四、结语

王阳明在每个地方工作和生活，都能与当地群众和睦相处，而且乐于助人。他体恤民情，减免赋税，抗击瘟疫，防范火灾，扼制盗贼，赈恤水灾，救助难民，洁清自矢，秉正无私的这些事例及精神激励着一代又一代人。王阳明在贬谪龙场，庐陵任职，平定南、赣、汀、漳之乱事，平定宁王朱宸濠反叛，以及平定思、田之乱，及平定八寨、断藤峡之乱事中，有很多反贪腐、倡清廉、维公德、廉政及亲民的做法，这些事迹很值得人们学习。王阳明的廉政及亲民思想，对当代加强社会公德、职业道德，维护公共利益，保持社会稳定，倡导遵纪守法、诚实守信等思想道德建设和行为规范教育来说，仍然是适用的。弘扬阳明文化，就是要把优秀的传统文化与社会主义核心价值观结合起来，就是要与当前廉政建设、乡村振兴、社会治理和现代化强国建设结合起来，才更有现实意义和价值。

---

①郭齐勇：《守先待后：文化与人生随笔》，北京师范大学出版社2011年版，第55页。

## 第三节　中国近代阳明学复兴运动

自近代以来，中国逐渐沦入半殖民地半封建深渊，面临前所未有的社会危机，在此背景下，传统的阳明心学重新被唤醒，同时在日本阳明学刺激和影响之下，中国近代阳明学被赋予新的时代内涵，有的学者甚至提出"致良知以救国"的思想，逐渐建立起了"新心学"思想体系，中国近代出现一场阳明学复兴运动。

### 一、阳明学在近代复兴的背景

自鸦片战争以来，中国被西方列强打开国门，中国处于内忧外患的境地，成为列强瓜分的对象。晚清名臣李鸿章悲叹道："此三千余年一大变局也。"[1]中国近代处于被动挨打的局面，中国知识分子面临双重任务：一是救亡图存，一是确立文化的主体性。

#### （一）日益加剧的近代危机

中国近代史是一部沉沦的、屈辱的、多灾多难的历史。西方列强步步紧逼，凭借强大的军事实力胁迫中国签订一个又一个的不平等条约，正是通过这些条约，列强在中国取得了一系列特权。正如毛泽东同志所说，西方列强"控制了中国一切重要的通商口岸，并把许多通商口岸划出一部分土地作为他们直接管理的租界，他们控制了中国的海关和对外贸易，控制了中国的交通事业（海上的、陆上的、内河的和空中的）"[2]。外国资本主义入侵使得近代中国的社会经济发生了重大变化，在客观上促进了本国自给自足的小农经济解体，使我国的民族资本主义与商品经济有所发展，罗荣渠《现代化新论》说："在甲午战争以后的半个世纪中……外国势力在中国政

---

[1]顾廷龙、戴逸主编：《筹议制造轮船未可裁撤折》，《李鸿章全集》（第6册），安徽教育出版社2008年版，第107页。
[2]毛泽东：《中国革命和中国共产党》，《毛泽东选集》（第2卷），人民出版社1991年版，第628页。

治和经济生活中上升为支配性影响。"①中国的资本主义发展艰难、缓慢，在外国资本主义的剥削和本国封建主义的压迫中求生存。中国人民受到腐朽的晚清政府和帝国主义双重压迫。

近代中国，危机四起，民族危机和社会危机日益严重，救亡图存成为时代的两大主题。"救亡图存是中国近代社会的主题，反帝反封建斗争，争取国家的独立、民主、富强是近代中国人民的主要任务。这种反帝反封建的历史大趋势，是民国王学复兴发展最深刻的社会时代背景。"②中国人民始终朝着反帝反封建的目标前进，社会各阶级、各阶层的人们为国家独立与民族富强进行艰苦卓绝的奋斗。他们从各自的阶级立场出发，先后提出了不同的主张和方案，对国家的出路进行了可贵而大胆的探索。梁启超将"致良知"与爱国画等号；著名的光华大学创办人张寿镛，以王阳明倡导的"知行合一"为校训；无锡国学专修学校的创办人唐文治高呼王学为"救国之本"；1933年的一份报纸，有学者提到"正人心、移风俗、转国运"。③关于王学能够救国、强国的论调在近代一直存在。

鸦片战争以后，西学东渐揭开了新一轮帷幕。中国人对西学的认识和接受程度在逐渐加深。洋务派等人看到西方军事工业、自然科学技术的强大力量，在十九世纪七八十年代产生了中、西学体用关系的讨论。甲午战败消息传来后，这些深受儒家教育影响的进步人士发现传统的儒家知识已经不能够解决尖锐、复杂的民族和社会危机。正如费正清等人讨论中国近代化过程时所说，中国社会长期以来基本处于停滞状态，循环往复，缺乏内部动力突破传统框架，只有经过十九世纪中西方冲击后，才发生巨变，向现代社会转型。④他们将目光投向了距离中国较近、西学普及程度较高的日本，掀起了留日热潮。

具有西方留学经验的知识分子将西方自由、平等、文明、进步、独立、冒险、国家主义等理论传回国内，引起了中国思想界的动

---

① 罗荣渠：《现代化新论——世界与中国的现代化进程》，北京大学出版社1993年版，第287—288页。
② 申乐利：《民国王学研究》，山东师范大学硕士学位论文，2002年。
③ 姚廷杰：《王学阐微》，《国学论衡》1933年第2期。
④ 参见A.柯文、林同奇、王恩重：《在中国发现历史：中国中心观在美国兴起》，《时代与思潮》1990年第2期。

荡。"西洋文化的输入，给了儒家思想一个考验，一个生死存亡的大考验、大关头。"①中国传统文化因各种西洋学说的传入遭到了前所未有的冲击，不少人发出"全盘西化""破坏一切旧文化"的口号。"中国近百年来的危机，根本上是一个文化的危机。"②

中国传统文化遭到外来文化冲击逐渐解体，不少深受传统儒家文化熏染的知识分子对传统文化价值表现出失落情绪，产生文化焦虑。虽然他们对传统儒家文化产生了怀疑，但内心深处仍然表现出眷恋与依赖，尤其是对宋明理学。他们积极地寻找不同于西方思维模式的中国儒家思想特质，为中国儒学的价值作辩护。贺麟说："儒家思想的命运，是与民族的前途命运、盛衰消长同一而不可分的"，"民族复兴的本质应该是民族文化的复兴"，"民族文化复兴的主要潮流、根本的成分就是儒家思想的复兴"。③一些以复兴中国文化为己任的知识分子融会中西之学，他们深信重建宋明理学，恢复儒学主体地位，必然能够解决中华民族危机。清末民初的阳明心学便是在这样一种民族文化危机刺激下复兴的。

### （二）传统心学的浸润

阳明心学又称王学，与陆九渊心学有一定继承关系，所以又统称陆王心学，它们是中国儒家传统心学的重要组成部分，与程朱理学形成分庭抗礼之势。程朱理学自元代起被确立为官方的意识形态后，就一直处于正统之学的地位；而阳明心学在明中后期也兴盛一时，但在清代很快沉寂，始终不是主流之学，还被认为是学界的"异端"。

在中国近代社会危机来临之时，人们发现正统的程朱理学不足以应对危机。以程朱理学为代表的正统哲学服务于封建规范体系，用道德规范的天理来压制主体意愿。这个致命的缺陷成了近代资产阶级启蒙思想家猛烈抨击程朱理学的理论依据。人们试图在正统学说之外寻求其他的思想资源，今文经学、阳明心学、佛学、诸子学在近代悄然复兴。

---

① 贺麟：《文化与人生》，商务印书馆1988年版，第6页。
② 贺麟：《文化与人生》，第5页。
③ 贺麟：《文化与人生》，第4—5页。

　　阳明心学在近代几乎成为一股风潮，杨国荣先生说："除了严复等对王学有所批评之外，从魏源到康有为、谭嗣同、梁启超、章太炎，再到梁漱溟等，几乎无不推崇王学。可以说，王学在近代形成了复兴之势。"[①]心学内部到底有什么因素如此吸引人呢？大致有以下几点原因：

　　第一，心学强调意志，甚至有无限扩大意志的特性。心力，通常来说就是人的心思与能力。[②]在西强中弱的国家处境中，人们很难从外部社会中寻找到打败西方列强的工具，于是转而鼓吹内心具有无限的力量。自近代以来，从龚自珍到康有为、谭嗣同、梁启超、章太炎等皆具有主观唯意志论的倾向，都在不同程度地强调"心力"的作用。龚自珍主张："心无力者，谓之庸人。报大仇，医大病，解大难，谋大事，学大道，皆以心之力。"[③]康有为曾说："凡能办成大事，复大仇，成大业者，皆有热力为之……欲救亡无他法，但激励其心力，增长其心力……"[④]谭嗣同对心力有所提及："人力或做不到，心当无有做不到……"[⑤]梁启超对心力论述："心力是宇宙间最伟大的东西，而且含有不可思议的神秘性。"[⑥]虽然他们对心力的表述略有不同，但都坚信心力具有强大的力量。"思想可以解决问题"的意识能激发个人的积极性与战斗意识，将无形的心力转化为强大的精神力量，以冲破外在的障碍。这种坚韧不拔、百折不挠的意志精神足以激扬蹈厉、振奋人心，让人抛却生死。

　　第二，相比于程朱理学的墨守成规、压抑人性，阳明心学在一定程度上被认为具有道德自主性，在运用上更加灵活便捷。王阳明在谈及良知时，让人们遵从良知："一点良知，是尔自家底准则……尔只要不欺他，实实落落依着他做去，善便存，恶便去。"[⑦]杨国荣解释认为，阳明先生将本然的良知转变为实践德性。德性既要通过具体的德行而获得现实的确证，同时又作为恒定的人格结构而统摄

①杨国荣：《王学与中国近代哲学》，《南京社会科学》1990年第2期。
②朱义禄：《"心力"论——阳明心学在近代中国的重振与发展》，《思想与文化》2016年第1期。
③龚自珍：《龚自珍全集》，上海人民出版社1975年版，第15—16页。
④汤志钧编：《康有为政论集》，中华书局1981年版，第241页。
⑤蔡尚思、方行编：《上欧阳中鹄·十》，《谭嗣同全集》，第460页。
⑥梁启超：《梁启超全集》（第12集），汤志钧、汤仁泽编，中国人民大学出版社2018年版，第298页。
⑦王守仁：《传习录下》，《王阳明全集》，吴光等编校，第105页。

主体的行为。[①]依靠内心取向的人格，较少受传统社会的约束，表现出独立自主性。只要遵从本心、良知，不用借助外物就可以指导实践活动的学问，多多少少带有主体自律性。"中国社会进入近代以后，随着思想启蒙运动的深入，个性解放逐渐成为一种时代的要求。"[②]王学中的个体性原则或道德自主性，渐渐地被启蒙思想家引申为个体上的独立自由、政治自由等近代思想形态。

第三，心学具有强调"心"的文化基础。西方哲学是以"知识"为中心而展开的，它有很好的逻辑，有反省的知识论，有客观、分解的本体论与宇宙论，但是没有好的人生哲学。[③]梁启超对此深有感触："儒家道术根本精神，与西洋哲学之以'爱智'为出发点者截然不同，虽有时讨论之问题若极玄妙，而其归宿不外以实践道德之前提，而非如西方哲人借此为理智的娱乐工具。"[④]

中国传统哲学重视内在德性、德行，从内心世界、精神层次对人性、道德、生命话题进行探讨。中国思想研究下的生命并不是自然形态下的短暂生命，而是以生命为中心的学问，讲求心灵秩序。正如张君劢所说："自孔孟以至宋元明之理学家，侧重内心生活之修养，其结果为精神文明。"[⑤]中国传统儒家哲学在人格培养上，具有对生命、生活的强烈人文关怀以及情感诉求。当哲学、心理学等近代学科知识体系建立后，中国传统哲学重视情感、认识生命等因素再次得到了延续以及新的挖掘。例如，梁启超评价孔子，"智、仁、勇并讲"[⑥]。基于对儒学的理解，他从心理学的角度将孔子所说的"知者不惑，仁者不忧，勇者不惧"阐释为理智、情感、意志。

## 二、近代阳明学复兴运动的表现

近代阳明学的复兴运动经历了晚清和民国两个阶段，前者是阳明学的复苏时期，后者是阳明学的兴盛时期。

---

①参见杨国荣：《心学之思：王阳明哲学的阐释》，生活·读书·新知三联书店1997年版，第8页。
②陈雅琴：《近代心学复兴之路——以维新前后的康有为、梁启超为例》，《中州学刊》2001年第3期。
③参见牟宗三：《中国哲学的特质》，上海古籍出版社1997年版，第5页。
④梁启超：《梁启超全集》（第14集），汤志钧、汤仁泽编，第216页。
⑤张君劢等：《科学与人生观》，黄山书社2008年版，第36页。
⑥梁启超：《梁启超全集》（第16集），汤志钧、汤仁泽编，第445页。

## （一）晚清时期阳明学的苏醒

近代以来的社会危机打破了传统思想的禁锢，促进了经世意识的觉醒。鸦片战争前后，盛极一时的汉学已趋衰落，道光年间的龚自珍、魏源成为今文经学的先锋，阳明学正随着今文经学的复兴而逐渐复苏。梁启超曾说："嘉道以还，积威日驰，人心已渐获解放。"[1]钱穆也有类似说法："嘉、道以还，清势日陵替，坚冰乍解，根孽重萌，士大夫乃稍稍发舒为政论焉。"[2]严峻的社会危机激发了学者的社会政治意识，越来越多人开始猛烈地批判考据学烦琐、不通世务。汉宋调和的趋势出现，反映着汉学学术内部的自我调整。思想界对汉学支配地位的反对，已导致晚清思想的重大变动。[3]

晚清时期进步知识分子呼吁将学问研究与社会实际问题相结合，他们切于时务、针砭时弊、倡导经世致用，逐渐形成了经世思潮，阳明学的变革意识和担当精神也呼之而出了。经世思潮的代表人物大体上可以分为两类：一类是官声政声卓著或以重要论著启迪后人的督抚大吏；另一类则是以龚自珍、魏源、姚莹等为代表的切于时务的下层官吏与文人学者，其中龚自珍和魏源是经世致用思潮的主要思想代表，世称"龚魏"。

龚自珍认为历史是自我创造的，社会内部需要进行自我批判。他将"我"发挥到极致，类似于陆九渊的"吾心即是宇宙"。龚自珍强调，天地万物皆为"我"造，心力可以决定一切，"报大仇，医大病，解大难，谋大事，学大道，皆以心之力"[4]。龚自珍所讲的心力是一种主体的精神力量，是一种情感意志力量，鼓励人们鼓起勇气，敢于挑战传统，进行自我变革。龚自珍推崇心力、崇尚自我变革之举，对维新派人士形成的心力观具有重要的影响。魏源曾作《和阳明诗》《王阳明先生赞》《王文成公书》《王文成公赞》等诗；白寿彝在《中国通史》中写道："魏源早年曾究心于王学"[5]；姚

①梁启超：《梁启超全集》（第10集），汤志钧、汤仁泽编，第266页。
②钱穆：《中国近三百年学术史》，商务印书馆1997年版，第592页。
③参见张灏：《梁启超与中国思想的过渡：1890—1907》，崔志梅、葛夫平译，中央编译出版社2016年版，第16页。
④龚自珍：《龚自珍全集》，第15—16页。
⑤白寿彝：《近代前编（1840—1919）》，《中国通史》（第11卷），上海人民出版社2015年版，第1149页。

莹也"仰慕王守仁的为人"；曾国藩也曾感叹"王阳明矫正旧风气，开出新风气，功不在禹下"。晚清经世思想推动了近代阳明学的复苏。

甲午战争失败之后，资产阶级维新派走上了历史舞台，他们中大多数人也都有学习王学的经历。比如，康有为早年热衷于王学与佛学，梁启超证实"先生独好陆王"。康氏在1901年《孟子微》里写道：

> 不忍人之心，仁也，电也，以太也，人人皆有之，故谓人性皆善。既有此不忍人之心，发之于外即为不忍人之政……人道之仁爱，人道之文明，人道之进化，至于太平大同，皆从此出。[1]

梁启超认为，康有为早年的哲学思想"仁"以及仁政学说出自"不忍之心"。[2]"不忍人之心"融合了传统的孟子学说、阳明心学，以及西方的自然科学理论。仁心作为宇宙万物的本原，是仁爱、文明、进化的源泉，甚至可以通过扩充"不忍人之心"达到"万物一体"的最高理想境界。将"心"的主观精神作为本原，并且无限扩大心的力量，这明显带有心学的特质。

谭嗣同也注意到人的主观能动精神。他论述："以太也，电也，心力也。"[3]以太是17世纪物理学家所提出的一种假设的物质观念。谭嗣同将以太、电、心力等词语通用，他把以太看作宇宙万物的本原，心力成了统摄万物的本质。他认为发挥主体精神，能够改造社会，"人力或做不到，心当无有做不到者……心之力量虽天地不能比拟，虽天地之大可以由以成之、毁之、改造之，无不如意"[4]。谭嗣同的"心力无不可为"，具有冲破网罗，挽救中国劫运的力量。

20世纪初，资产阶级革命派的重要人物也受过阳明心学的影响，如章太炎、宋教仁、陈天华、刘师培、汪精卫等。他们发扬心学"激扬蹈厉"的气节，号召人们不畏生死，为革命献身。章太炎

---

① 康有为：《孟子微》，楼宇烈整理，中华书局1987年版，第9页。
② 中国史学会主编：《中国近代史资料丛刊·戊戌变法（四）》，上海人民出版社1957年版，第19页。
③ 谭嗣同：《谭嗣同文选注》，周振甫选注中华书局1981年版，第96页。
④ 谭嗣同：《上欧阳中鹄·十》，《谭嗣同全集》，第460页。

对王学的态度较为反复，时褒时贬，耐人寻味。朱维铮先生阐明，章太炎出于政治论战的需要对王学有所贬抑，实际上他在哲学上已经一步一步转向主观唯心论，就是说已经逐渐同王阳明站在同一条阵线上。①章太炎相信王学"勇猛无畏""悍然独往"，他称赞明末阳明学信徒重气节、忠义，勇于反抗清军。晚明志士于"明之末世，与满洲相抗，百折不回"，不是佛教信徒，"即姚江学派之徒"。维新志士具有王学中的"自尊无畏"精神，"日本维新亦由王学为其先导"。②

1906年，宋教仁在日本留学期间，细致地研读王阳明的著作。有一段时间，宋教仁差不多每天晚上都在读《王阳明集》和《王阳明年谱》，并将心得体会记录在日记中。他对王阳明十分钦佩，他在日记里写道："阳明先生之说，正吾人当服膺之不暇矣。"③他主张"于起居动静之间致吾良知"④，这"致良知"是指推翻清朝专制统治，为资产阶级革命奋勇献身的精神。

汪精卫曾宣称："余小子不敏，当服膺于王阳明之言。"⑤号召人们能以救亡图存为己任，发扬杀身成仁、舍生取义的精神，投身于资产阶级革命运动。陈天华自沉后，人们在祭文中写道，"君师阳明，徒宗言以垂世"⑥。

刘师培赞扬陆子的学问中具有"自得""变法"精神，与卢梭指斥君主顽守旧法相似。⑦"良知之说出于孟子之性善……今欲振中国之学风，其惟发明良知之说乎！"⑧刘师培认为阳明的良知之说是对孟子性善论的继承，他将王学提高到"亚圣"的高度。胡汉民对王学十分钦慕，他相信日本维新志士成功的奥秘便是信奉源自中国的阳明心学，利用王学鼓动人心。

资产阶级革命领袖孙中山也曾经研究过王学。孙中山曾说到，

①朱维铮：《章太炎与王阳明》，章念驰编：《章太炎生平与思想研究文选》，浙江人民出版社1986年版，第264页；朱维铮：《走出中世纪》，复旦大学出版社2007年版，第313页。
②章太炎：《答铁铮》，《章太炎全集》（第4卷），上海人民出版社1985年版，第369页。
③陈旭麓主编：《宋教仁集》（下册），中华书局1981年版，第575页。
④陈旭麓主编：《宋教仁集》（下册），第578页。
⑤汪精卫：《汪精卫集》（第1卷），光明书局1929年版，第94页。
⑥黄季陆：《民报》（第1册），中国国民党中央委员会党史史料编纂委员会1983年版，第318页。
⑦刘师培：《中国民约精义》，《刘申叔先生遗书》（第16册），宁武南氏校印1934年版，第88—89页。
⑧刘师培：《中国民约精义》，《刘申叔先生遗书》（第16册），第96页。

自己"一度以阳明'知行合一'之说，以励同人。唯久而久之，终觉奋勉之气，不胜畏难之心……于是以予构思所得之十事，以证明行之非艰，而知之维艰"①。孙中山的"知难行易"是对王学"知行合一"以及程朱的"知先行后"的典型批判。他主张要打破"知易行难"的偏见，效法欧洲、日本变法，掌握系统的科学理论知识来指导革命实践活动。

### （二）民国时期阳明学的兴盛

民国建立初期，阳明学代表性的著述逐渐增多，阳明学复兴运动逐渐进入兴盛时期。具体而言，倪羲抱在1915年《国学杂志》发表《良知说》一文；1916年谢无量著《中国哲学史》一书，从"心即理说""良知说""知行合一说"三个方面介绍王阳明的思想；1917年，李其荃在《丁巳》报刊发表《答友人论王学书》一文。因此，郭湛波总结道，新陆王派哲学"最风行于民国十年左右"。

20世纪20年代以后，民国阳明学复兴运动进一步发展。梁漱溟、张君劢等陆续倡导阳明心学。梁漱溟发表《东西文化及其哲学》一书被认为是新阳明心学的精神寄托。三四十年代，熊十力、贺麟等加入现代新儒家阵营，比如梁漱溟、熊十力、张君劢、贺麟、嵇文甫、欧阳竟无、郭沫若、陶行知、胡秋原以及蒋介石等都曾不同程度地倾心、发扬阳明心学。虽然这些人的政治立场、学术思想各有不同，但在对王学的认同上，不约而同地取得了一致，由此建立了"新心学"的思想体系，阳明心学到达近代最兴盛的时期。

## 三、当前对近代阳明学复兴运动的研究

学界对近代阳明学复兴运动已经引起重视，逐渐形成了一股研究潮流，同时提出"新陆王派"这一专有名词来概括近代研究阳明心学的学者。

"新陆王派"这一说法开始零星散现，可以追溯到民国学者对近代阳明学的整体研究及个案研究中。比如孙道升《现代中国哲学

---

①孙中山：《孙中山选集》，人民出版社1956年版，第106—107页。

界之解剖》①一文，明确指出梁漱溟是"新陆王派"的开创者。该文对民国时期的哲学派别进行了划分，认为"新陆王派"属兼综中西哲学派别，风行于民国十年左右，是当时与胡适分庭抗礼的哲学派别。郭湛波在《近三十年中国思想史》②一书中亦指出，"新陆王派，最风行于民国十年左右"。贺麟在《五十年来的中国哲学》③一书中以"陆王学"的复兴作为发展主轴，清理出了从康有为、谭嗣同、梁启超、章太炎、梁漱溟、熊十力，再到马一浮的一条现代"陆王学"思想谱系。作者认为，梁漱溟为"新陆王派"的开山人物，是新文化运动以来，倡导陆王心学最有力量的人，而熊十力则将陆王之学精微化、系统化。陈铁健、黄道炫的《王学及其现代命运》④一文对近代"新陆王派"发展的脉络体系进行论述道："自20年代始，梁漱溟、张君劢等即开始倡导陆王心学。三四十年代，熊十力、贺麟等加入现代新儒家阵营，陆王心学进一步得到发扬。此后，牟宗三等竭力鼓吹，构成了现代新儒学中薪火相传的新陆王一派。"由此，"新陆王派"学术脉络体系大抵以梁漱溟、熊十力、贺麟等人物为主要代表，历经首次开创、精细发展、全面总结的发展过程。

冯友兰《批判梁漱溟所谓"周孔教化"》⑤一文对"新陆王派"思想内容有所涉及。作者以梁漱溟为个案进行研究，指出"新陆王派"就是陆王心学与西方哲学相联系的思想，梁漱溟的思想就属于这一派。同时，作者认为新儒家体系中，无论是"新陆王派"还是"新程朱派"，本质上并未跳脱"中体西用"旧说，因此对"新陆王派"思想持批判态度。杨国荣《王学通论——从王阳明到熊十力》⑥一书以王学为研究对象，对整个王学内容发展历程进行考察，目的在于揭示王学与中国近代哲学发展的关系。该书第七章论述了"新陆王派"思想的内容，认为梁漱溟对良知说的体悟是以直觉释良知，贺麟对知行合一的新论则是知行说和生理学、心理学的结合，

---

①孙道升：《现代中国哲学界之解剖》，《国闻周报》1935年第45期。
②郭湛波：《近三十年中国思想史》，大北书局1935年版。
③贺麟：《五十年来的中国哲学》，辽宁教育出版社1989年版。
④陈铁健、黄道炫：《王学及其现代命运》，《历史研究》1994年第4期。
⑤冯友兰：《批判梁漱溟所谓"周孔教化"》，《北京大学学报（人文科学）》1956年第1期。
⑥杨国荣：《王学通论——从王阳明到熊十力》，生活·读书·新知三联书店1990年版。

带有明显的近代性特点。杨国荣在《王学与中国近代哲学》①一文中继续深入论述，以近代王学研究的主要人物如"新陆王派"为线索，阐明了王学在中国近代哲学发展中的制约作用，并分析了"新陆王派"传统与非传统的二重性特质和中西融合的时代特征，揭示了"新陆王派"在近代获得了正统理学不可获得的地位。

柏友进《生命之学的抉发与心学及其近代衍化》②一文从心学的哲学阐释——心本论出发，分析了传统心学本体论的特征以及近代心学的意志论、心本论、"道德的形而上学"、宗教化以及"形而中学"的发展历程。作者阐释了"新陆王派"的开山人物梁漱溟，以及熊十力、牟宗三的心学思想特征：梁漱溟表现出强烈的唯意志论倾向，而熊十力的心学思想体现为"心本论"，牟宗三则是"道德的形而上学"。现代新儒家包含"新程朱派"与"新陆王派"，前者以冯友兰、钱穆等为代表，后者以梁漱溟、熊十力等为代表。因此，许多论述新儒家的著作亦涉及"新陆王派"的思想内容，较为重要的有赵德志《现代新儒家与西方哲学》、杜维明《儒家思想新论——创造性转换的自我》、启良《新儒学批判》、李翔海《现代新儒学论要》、郭齐勇《现当代新儒学思潮研究》、蔡德贵《阳明学与当代新儒学》等。其中，蔡德贵《阳明学与当代新儒学》一书立足于思想史与哲学相结合的层面，对阳明心学在近代的发展历程进行了梳理和探讨。该书以阳明心学的近代诠释为中心，分析了梁漱溟儒佛会通的"新孔学"、熊十力的"新唯识论"、贺麟的"新心学"等内容，揭示了近现代阳明心学的丰富内涵。

目前，学界还有一些学位论文对"新陆王派"问题有所涉及，并取得一定成果：申乐利的硕士学位论文《民国王学研究》③以人物为主要线索，对民国时期王学研究进行了综合考察，这是对民国时期王学研究比较全面的成果。其中第三章第二小节涉及"新陆王派"王学研究的特点：受西方学术研究方法的影响，研究的目的、态度呈现多样化趋势，研究视野更加开阔。第四章第二节从文化保守主义者的角度出发对梁漱溟、熊十力、贺麟等"新陆王派"思想

①杨国荣：《王学与中国近代哲学》，《南京社会科学》1990年第2期。
②柏友进：《生命之学的抉发与心学及其近代衍化》，《重庆大学学报（社会科学版）》2011年第3期。
③申乐利：《民国王学研究》，山东师范大学硕士学位论文，2002年。

家的思想内容进行了阐述，对本课题的研究具有重要的参考价值。

高馨的博士学位论文《民国时期明代学术思想史研究》[1]在前文的基础上有了更进一步的拓展，对民国时期王学研究内容展开更为细致的探讨，该文第三章从学术思想史的角度出发，以民国时期的王学论著为文本，分析了谢无量《阳明学派》、梁漱溟《评谢著〈阳明学派〉》、钱穆《王守仁》等阳明学研究专著，亦对民国时期王学论文的重要观点进行分析归纳，指出其异同，具有重要的学术价值。

总的来看，民国时期是阳明心学复兴的重要时期，许多学者对阳明心学进行了专门研究，他们顺应时代的需求，将救亡运动与阳明心学研究结合起来，主张"内圣开出新外王"，组建了一个"新陆王派"，形成"新心学"思想体系，对中国近代哲学和社会发展产生重要影响。

---

[1] 高馨：《民国时期明代学术思想史研究》，华东师范大学博士学位论文，2015年。

## 第四节　晚清维新派对王学的改造和利用

长期以来，王学思想被大众所熟知的主要是其哲学价值意义，其中蕴含的实践意义和"实学"思想却被严重忽视。王阳明指出"人人皆可为圣人"，一定程度上解放了人的主体意识，影响了反传统的晚明思潮。从王阳明的"凡圣一体观"到梁启超的"新民说"，再到孙中山的"民权学说"[①]，历经五百多年，人们对人价值意义的思考从哲学、伦理层面最终发展到政治层面，完成了"人的发现"的历程。促成这一转变的因素固然有西学涌入的影响和日本明治维新的刺激，但亦不可忽视传统王学思想的启迪。王学"心即理"的心性之学和"知行合一""致良知"的实学思想，强调"是非求于心"的主张，为人们对封建正统思想进行猛烈冲击提供了积极力量。近代不少知识分子敢于"冲决罗网"，言人之不敢言，为人之所不敢为，批判泥古拘方的儒学道统、抨击清廷，这其中便以康、梁为先。康有为、梁启超、谭嗣同等维新派思想家以反抗经典权威思想，提倡经世致用，推及政治变革，在近代掀起了一场变法运动。

## 一、王学中"人"的近代化意蕴

明正德三年（1508），王阳明在贵州龙场悟道，提出"心即理"学说，初步创立心学思想体系。正德十六年（1521）提出"致良知"之说，标志着心学思想体系的正式形成。王学以"心"为本体，由"心即理""知行合一""致良知"等理论构成，经过推演发展，成为程朱理学之后又一大儒学学派——阳明学派。《明史》称："门徒遍天下，流传逾百年。"[②]五百年来，对中国乃至东亚地区都产生不容忽视的影响。就中国近代而言，无论维新派还是革命派，抑或是共产党，均不同程度地受到陆王心学的影响。

王学"凡圣一体观"契合近代化思潮，具有支撑近代化变革运动的精神力量，具体而言，主要有以下几点内涵：

---

①参见吴雁南：《阳明学与近世中国》，贵州教育出版社1996年版，第9页。
②张廷玉等：《明史》卷二百八十二，中华书局1974年版，第7222页。

第一，王学称颂人的自主意识与尊严价值。王阳明说"人者，天地之心也"①，人心为仁，仁者感通天地万物。王学打破了传统理学对人的束缚，推动了对人道的追寻，促成人的思想的解放。王阳明认为，人的良知是宇宙万物的本原和主宰，强调不以圣人的是非为是非，而应以吾心良知之是非为是非，"振作精神，自作主宰"。"仁者以万物为体，……全得仁体，则天下皆归于吾"②这就形成了"我—克私为公—我"的人生哲学逻辑，按其理论的发展逻辑，一切思想主张、理论、教条都要受到良知的审判，即要受到"我"的审判③，"我"的自我价值得到肯定。

第二，王阳明的思想具有一种平等意识。王阳明说："圣人气象不在圣人而在我矣。"④主张在良知面前，人人生而平等，这种思想在近代可以发展成为批判专制的民主思想。"良知之在人心，无间于圣愚，天下古今之所同也。"⑤指出无论什么人，只要讲求身心之学，虔心圣道，即可纯乎天理，成圣成贤。王阳明说：人胸中各有个圣人，只自信不及，都自埋倒了。凡人的是非之心、良心、圣贤气象、乐趣，都是与圣人相同的，人又有什么高低之分，只要致其良知，亦可入圣道，成圣人。古圣先贤、村夫野老、鸿儒与白丁在"道"上没有区别。这对几千年深受封建压迫的底层人民群众来说，意义非凡。人非生来就有三六九等，只要撇清良知上的淤泥，常人亦可成为圣人，这不正是现代意义上的平等吗？这与维新思想家们追求平等的思想异曲同工，梁启超在为谭嗣同《仁学》作的序中写道："仁者，平等也，无差别相也。"⑥

第三，王学能够与时俱进。王学是在明朝社会面临大变革情况下适应时代需要而产生，在儒学内部具有革新性。王阳明倡导"学贵乎自得"⑦，以良知判断是非，使人得以解放，突破传统思想的重围。他说："日用间何莫非天理流行，但此心常存而不放，则义

①王守仁：《亲民堂记》，《王阳明全集》，吴光等编校，第280页。
②王守仁：《传习录下》，《王阳明全集》，吴光等编校，第125页。
③参见吴雁南：《阳明学与近世中国》，第4页。
④王守仁：《传习录中》，《王阳明全集》，吴光等编校，第66页。
⑤王守仁：《传习录中》，《王阳明全集》，吴光等编校，第90页。
⑥汤仁泽编：《中国近代思想家文库·谭嗣同卷》，中国人民大学出版社2014年版，第66页。
⑦王守仁：《与杨仕鸣三》，《王阳明全集》，吴光等编校，第208页。

理自熟。"①提出应该从日常生活实践中体验义理，在事上磨炼，求得真知，这就突破了传统思想的藩篱，强调必须独立自由地思考问题。王阳明既"发明孔门致知之教"，倡明圣学，又对儒学多有批评，不拘束于圣人之学。"天下事虽万变，吾所以应之。"②将理存心间，则万事万物如同一事物，体会世间万事，局势时态，变幻万千。

第四，王学能够净化心灵，且注重对理想人格的追求，注重实学，追求"大同"社会。王阳明言："天将降大任于是人，必先违其所乐而投之于其所不欲，所以衡心拂虑而增其所不能。"③他在诗中写道："圣贤可期先立志，尘凡未脱谩言心"④，"道逢同心人，秉节倡予敢；力争毫厘间，万里或可勉"⑤，"毫厘何所辨？惟在公与私。公私何所辨？天动与人为。遗体岂不贵？践行乃无亏"⑥。他又说："圣人之道若大路，虽有跛蹩，行而不已，未有不至。"⑦士人要有志于圣贤之学，并在《教条示龙场诸生》对学子提出"立志、勤学、改过、责善"的要求。"朝廷之所以养士者不专于举业，而实望之以圣贤之学。"⑧"圣人之求尽其心也，以天地万物为一体也。……心尽而家以齐，国以治，天下以平。故圣人之学不出乎尽心。"⑨"今诚得豪杰同志之士扶持匡翼，共明良知之学于天下，使天下之人皆知自致其良知，以相安相养，去其自私自利之弊，一洗谗妒胜忿之习，以济大同。"⑩王阳明认为，社会由人组成，只要人人都成为圣人，理想社会自然会降临人间，个人也会实现自己的理想。

第五，王学强调担当精神。少年时代的豪情壮志，可开拓千古，但久年之后，志气就会衰退。"凡有过人之才者，必有过人之欲；有

①王守仁：《答徐成之》，《王阳明全集》，吴光等编校，第163页。

②王守仁：《与王纯甫》，《王阳明全集》，吴光等编校，第174页。

③王守仁：《别三子序》，《王阳明全集》，吴光等编校，第253页。

④王守仁：《忆别》，《王阳明全集》，吴光等编校，第757页。

⑤王守仁：《阳明子之南也其友湛元明歌九章以赠崔子钟和之以五诗于是阳明子作八咏以答之》，《王阳明全集》，吴光等编校，第750页。

⑥王守仁：《忆昔答乔白岩因寄储柴墟三首》，《王阳明全集》，吴光等编校，第753页。

⑦王守仁：《别梁日孚序》，《王阳明全集》，吴光等编校，第269页。

⑧王守仁：《重修山阴县学记》，《王阳明全集》，吴光等编校，第285页。

⑨王守仁：《重修山阴县学记》，《王阳明全集》，吴光等编校，第286—287页。

⑩王守仁：《传习录中》，《王阳明全集》，吴光等编校，第92页。

过人之才，有过人之欲，而无过人之道德心以自主之，则其才正为欲之奴隶。"①王阳明强调"正本""养心"，主张致良知可驱浊壳之所困，制情欲，使强固吾心，从而培养独立自主的担当精神。王阳明面对朝纲不正、政治腐败，即使是屡遭险恶，仍旧满怀信心，尽心为国，以天下国家为己任。梁启超写道："今夫世界乃至恒河沙数之星界，如此其广大；我之一身，如此其藐小。……然则我之一身，何可私之有，何可爱之有。既无可私，既无可爱，则毋宁舍其身以为众生之牺牲，以行吾心之所安。"②王阳明的良知从"百死千难"中而来，历经五溺三变，仍坚持"成圣"志向，因此具有强烈的使命感与责任感，知行合一，医国救世。王阳明的传人，也多以天下国家为己任，设想建立"扩大公无私之仁"的大同社会。

　　中日甲午战争以后民族危机严重加剧，西方的冲击打乱了中国本土思想建构与道德价值判断，有两批变革者应运而生，一是封建保守主义的洋务派，要求挽救朝廷与腐朽的传统；二是新兴的资产阶级维新派，主张变法维新，救亡图存，振兴国家。维新派早期以郑观应、王韬为代表，后期以康有为、严复、梁启超、谭嗣同等为主要代表。洋务运动失败，维新派崛起，他们发现王学的精神内核对增强民族自尊心、自信心起着非常积极的作用，对阳明学派追求纯真儒学表示称赞。康梁同阳明学派学者一致追求孔学之本真，把心性之学从本心以及本心善性的扩充同《春秋》所讲微言大义结合起来，批判传统儒学束身寡过，谨小慎微，儒弱无气，要求人民遵循原始孔孟之道，因时变革，顺应时势。变法维新，先解放思想，去"奴隶根性"，培育新民。康有为、梁启超、谭嗣同倡言大同社会，积极探索王学的价值内核。他们呼吁人们作为独立个体，强调解放个性，发展自身的能力，实现人生的价值；作为社会群体的一员，强调对群体、国家、民族以及人类的使命感和责任感，修身，齐家，治国，寻求"三代王道之治"，进入大同社会。同时他们还注重经邦济世，提倡实学，把握现实。维新派的变法运动开启了近代中国第一次思想启蒙运动，加深了中国的近代化进程，为较完全意义上的民主革命的到来做了政治、思想上的准备。

---

① 梁启超：《新民说》，《梁启超全集》（第2集），汤志钧、汤仁泽编，第571页。
② 汤仁泽编：《中国近代思想家文库·谭嗣同卷》，第66页。

## 二、康有为利用王学塑造维新理论

　　康有为（1858—1927），原名祖诒，字广夏，号明夷先生。他出生于理学传统世家，自幼好学聪颖，博览典籍，少年时拜广东名儒朱次琦为师，接受儒家文化和阳明学熏陶。梁启超在《南海康先生传》中讲述了康有为的受学与好学经历。青年时受学于朱次琦，学问根植于宋明经世致用之学，对中国历代政治沿革得失最有心得。之后醉心史学，考辨历代掌故变迁及考据、词章之学。他的理学思想来自朱次琦，以程朱为主，间采陆王。"先生则独好陆王，以为直捷明诚，活泼有用。故其所以自修及教育后进者，皆以此为鹄焉。"[1]

　　康有为言："言心学者必能任事，阳明辈是也。大儒能用兵者，惟阳明一人而已。"[2]王阳明讲心学实有得，[3]并且认为"王学养魂修摄，保任养魄"。[4]在中国近代民族危机日益加深背景之下，在西学传播的刺激之下，康有为认识到当时程朱理学对学人思想束缚的弊端，开始思考借助传统文化与西学之力，以求变革图存。甲午中日战争失败加剧了民族危机，"中学为体，西学为用"的洋务运动失败，使他进一步认识到仅仅是经济层面上的变革无法挽救国运，康有为的政治思想和学术思想开始转变，决心从思想上着手挽救国家命运。1888年，康有为上书光绪帝，提出变法图强主张，而后他在广州讲学，培育维新力量，致力于变法理论的研究，撰写《孔子改制考》，提供了旗帜引领。1897年，他第五次上书光绪帝，敦促光绪帝正式宣布变法为国家根本方针，1898年颁布《诏定国是》，开始了"百日维新"，戊戌政变失败后，康有为流亡日本，仍不忘变法图强，写下了《大同书》《物质救国论》等书，仍致力于为救亡图存找到更完善的理论旗帜。

　　到了晚清时期，帝制与儒学的结合已逾两千年，走到了山穷水尽的地步。伴随着西方蛮横入侵与日本的兴起，迫使中国接受近代

①梁启超：《南海康先生传》，《梁启超全集》（第2集），汤志钧、汤仁泽编，第361—362页。
②康有为：《南海师承记》，《康有为全集》（第2集），姜义华、张荣华编校，中国人民大学出版社2019年版，第248页。
③康有为：《南海师承记》，《康有为全集》（第2集），姜义华、张荣华编校，第233页。
④康有为：《南海师承记》，《康有为全集》（第2集），姜义华、张荣华编校，第257页。

变法的外因已然成立，但康有为认识到不仅要在科技上学习西法，更重要的是要从制度和思想上进行变革。康有为试图将泥古的儒学与专制体制分离，找寻新义，以求儒学的复苏。为了更好地推行政治改革，康有为借今文经学非常之义，推衍政事，重今文，诋古文，并青睐"心学"。从儒家经籍中寻求变法维新的依据，心学因此被他用来宣传改革与维新。在康有为看来，"心学"与微言大义、托古改制是息息相通的①，孟子传孔门"心学"，把孔子学说的主观方面加以发挥，又传《公羊传》之学，讲微言大义，今文经学的创始人董仲舒的微言大义更超孟子。二人皆传孔子口说，心学与微言大义即出自一源。康有为极度看重王阳明的心学，言"王阳明之言心学，过于大程"②，主张发挥"心"的主观性去阐发孔子的微言大义，便于在中国传统中追溯西方的种种事物、言论、制度，使维新运动带有"复古"色彩，减少改革阻力。

王阳明认为孔子之学就是实学，康有为也借孔子来稳固他的变法，他在1894年上奏尊孔子为大圣人，称孔子的学说是人们社会和道德生活的最佳指针。1895年，康有为上书清政府予治经者以鼓励，遍设孔庙，扬孔子学说，并请求派遣孔教牧师到海外向华侨传教，以救道德沦亡。康有为作为维新改革者，想重建儒学作为近代中国的宗教，提出"儒教"概念。1898年他议"儒教"为"国教"并建立"孔教会"，1913年建议"国会"将儒教认作"国教"，在全国孔庙作每周性的宗教仪式。推行"儒教"事业是他的变法运动最重要的一步，是"保国保种"的做法。康有为具有极高的道德感，他的道德给予他一种超乎常人的信念感、责任感，救国救民仿佛是上天给他的一种历史性的使命。"内感而外必应，上感而下必应。……是则内外上下本同一体，而此感彼应，自同一机"③"大抵天下之不治，皆由有司之失职"④。作为臣子不以天下国家为重，若国家将失，臣子何存？"本之至诚以立其德；植之善类以多其辅。"⑤君

①萧公权：《近代中国与新世界：康有为变法与大同思想研究》，汪荣祖译，江苏人民出版社2018年版，第209页。
②康有为：《南海师承记》，《康有为全集》（第2集），姜义华等编校，第253页。
③王守仁：《山东乡试录》，《王阳明全集》，吴光等编校，第940—941页。
④王守仁：《禁革轻委职官》，《王阳明全集》，吴光等编校，第698页。
⑤王守仁：《寄杨邃庵阁老》，《王阳明全集》，吴光等编校，第904页。

臣关系历来是中国政治中重要的命题，是中国传统社会关系"五伦"之一，政治之基石。康有为与王阳明对于君臣关系的看法颇为一致，两位政治家也确实依此在践行着他们身为臣子的职责。

梁启超评价康有为是中国最不可缺的自信家、冒险家、理想家。"万事纯任主观，自信力极强，而持之极毅；其对于客观的事实，或竟蔑视，或必欲强之以从我。"① "不肯迁就主义以徇事物，而每熔取事物以佐其主义，常有六经皆我注脚，群山皆其仆从之概。"② 这份自信和信仰是支撑他领导变法的精神力量。

王阳明叛离儒学道统——程朱理学，康有为以六经为基点阐发新义，两人在"反叛传统"这一点异曲同工。1886年康有为在《教学通议》提出"不泥乎古，可以行于今者为用"③ 的主张。1896年，康有为在广州讲学，以孔学、佛学、心学为体，他的《口说》提及心学重要人物，孟子100多次，陆象山32次，王阳明17次。《教学通议》是康有为第一次上书清政府之前所作，《口说》是第一次上书8年后所作，足以说明他的变法借鉴运用了王学思想。1913年，康有为流亡回国，然国内军阀混战，百姓流离失所，因此创立杂志《不忍》，其源同于良知之心。④ 萧公权在《近代中国与新世界：康有为变法与大同思想研究》一书中写道："陆王哲学事实上提供他反对程朱的灵感，并引导他恢复所谓'纯'儒学。"⑤ 今当升平之时，应发自主自立之义，公议立宪之事，若不改法，则大乱生。⑥ 纵观康有为的学术生涯，年轻时代是受正统儒学影响颇深的，后期又吸收佛教思想与西学。萧公权认为康有为"既是改革家又是乌托邦建造者"，他认为追寻国家富强与大同理想是一致的，既尊崇已有的社会伦理与道德价值，又超越经典的范畴，以打造制度改革的理论基础。

《孔子改制考》面世后，世人斥责康有为藐视儒学正统，认为《孔子改制考》尊其人，不尊重其人之说。梁启超认为，康氏对儒

①梁启超：《清代学术概论》，朱维铮校订，中华书局2016年版，第57页。
②梁启超：《南海康先生传》，《梁启超全集》（第2集），汤志钧、汤仁泽编，第382页。
③康有为：《教学通义》，《康有为全集》（第1集），姜义华、张荣华编校，第13页。
④萧公权：《近代中国与新世界：康有为变法与大同思想研究》，汪荣祖译，第207页。
⑤萧公权：《近代中国与新世界：康有为变法与大同思想研究》，汪荣祖译，第47页。
⑥萧公权：《近代中国与新世界：康有为变法与大同思想研究》，汪荣祖译，第71页。

家经典异常的解释并不是要假冒儒家招牌，设计自己的思想，而是要重现真正的儒学。康有为重建或重新诠释儒学，事实上带动了影响深远的维新思想。萧公权认为康有为是修正者而非泥古者，孟子、荀子、董仲舒、朱熹、陆九渊、王守仁都是修正派，他们都予以儒家传统新内容，宋明理学也圆融了佛学奥义。康有为把外来思想注入儒学，是旧学新用。借用儒学传统经籍赋予新的奥义是历来变法者最常用的法子。当人们提出自己的新观点时，总是要将其纳入已确定的知识权威当中，这有助于新观点被更广泛的认可。从义和团的悲剧、洋务运动的失败来看，专制帝制已经不适合近代社会。康有为予以儒学非传统的解释，以经典经义将君主立宪等注入传统文化中，政治上提出君主立宪制，这便是旧瓶装新酒。当古典学问的旧瓶尚未破裂时，任何人表达他的新见解，仍然有义务在古典学问的范围内表达，这是追寻真理最为正当的手段，不应以"客观"为标准来衡量它，而应从历史环境的逻辑来衡量。这样的做法并不是说中国传统的学术思想和伦理道德不如西方国家的，而是要剔其腐朽糟粕，取其精髓，西式的制度思想仅仅只是用以借鉴，构建新世界乃至大同世界还得以儒学为基。其实康有为的理想更宏大，他指出，中国同明治维新时期的日本一样强大之时，再追求全人类的平等与自由及永久和平。所以中国改革不止于君主立宪，中国人民的幸福也不止于中国近代化的完成。

## 三、梁启超对王学的评价与借鉴

梁启超（1873—1929），号任公，广东新会人。自幼熟读传统经史，17岁中举。后师从康有为，成为资产阶级改良运动的宣传家。1895年，与康有为一起联合各省举人发动"公车上书"运动，此后先后领导北京和上海的强学会，与黄遵宪一起办《时务报》，任长沙时务学堂的主讲，并著《变法通议》为维新变法做宣传。

梁启超对阳明思想的学习与接受得益于其师康有为，早在万木草堂期间，梁启超就接受了康有为的大部分学术思想，其中就有王学。梁启超在《三十自述》中写道：

先生乃以大海潮音，作狮子吼，取其所挟持之数百年无用旧学，更端驳诘，悉举而摧陷廓清之。自辰入见，及戌始退，冷水浇背，当头一棒，一旦尽失其故垒，惘惘然不知所从事，且惊且喜，且怨且艾，且疑且惧，与通甫联床，竟夕不能寐。明日再谒，请为学方针，先生乃教以陆王心学，而并及史学、西学之梗概。①

至于对阳明及其心学的评价，梁启超在《中国近三百年学术史》中讲："阳明是一位豪杰之士，他的学术像打药针一般，令人兴奋，所以能做五百年道学总结，吐狠大光芒。"②他认为王学"高尚纯美，优入圣域"③。对于王阳明的"致良知"的解释是："阳明说'致良知于事事物物'，致字即是行字，以救空空穷理在'知'上讨个分晓之非。"④认为这很有近世实验哲学的学风。梁启超认为，王阳明在哲学上有极高而且一贯的理解，他的发明力和组织力，比朱陆都强。在其《王阳明知行合一之教》一文中有着系统阐述："简单说，他是一位极端的唯心论者，同时又是一位极端的实验主义者。从中国哲学史上看，他一面像禅宗，一面又像颜习斋。从西洋哲学史上看，他一面像英国的巴克黎，一面又像美国的詹姆士。表面上像距离很远的两派学说，他能冶为一炉，建设他自己一派极圆融深切的哲学。"⑤

1898年戊戌变法失败后，梁启超流亡日本，认识到阳明学在日本明治维新所起的积极作用。阳明学也成为梁启超思想变革内容的重要支撑，从《王阳明知行合一之教》《新民说》《德育鉴》可看出他采用了王阳明的大量经典内容。他将阳明学作为"新民说"的支撑，"从内出""自尊自信""以天下为己任""学贵自得""不以圣贤之是非为是非"等，再结合西学观点，引申发挥，思考救亡图存的新法。

王阳明说："夫君之于民，犹心之于身也；虽其内外上下之不同，而感应之理何尝有异乎？昔圣人之意，谓夫民以君为心也，君以民

①梁启超：《三十自述》，《梁启超全集》（第4集），汤志钧、汤仁泽编，第108页。
②梁启超：《中国近三百年学术史》，俞国林校，第5页。
③梁启超：《新民说》，《梁启超全集》（第2集），汤志钧、汤仁泽编，第650页。
④梁启超：《中国近三百年学术史》，俞国林校，第95页。
⑤梁启超：《王阳明知行合一之教》，《梁启超全集》（第14集），汤志钧、汤仁泽编，第211页。

为体也，体而必从与夫心，则民必从夫与君矣。"①，"君者民之主，君好于上，而民从于下，固亦理之必然欤"②。"抑论之，身固必从乎心矣；民固必从乎君矣；抑孰知心之存亡，有系于身，而君之存亡有系于民乎？"梁启超认为这类话很有民主主义的精神，他在《德育鉴》提出"国民道德"概念，认为国民精神的一个重要特质是使每一个人具有知识分子以天下为己任的使命感，明公私义利之辨。"圣门教人，无甚高远，只是要人不坏心术。"③由此可见，梁启超思想与王学有内在的一致性。

梁启超认为王学的自信是王学者最受用处，"真有得于王学者，其自信力必甚大且坚"。④梁启超期望国人有更多的冒险精神，敢于质疑已知或者已确定的权威，破心中贼，不要做古人、世俗、境遇、情欲的奴隶。要求人们发挥自信，敢于反抗禁锢与欺压。吾辈之人读书皆宣照旧案，皆以"孔子之是非为是非"，那么文化必将枯竭。一个国家如果安于现状，企图一劳永逸，大厦将倾是迟早的。又或者长期做虎狼之国的附庸，覆巢之下，安有完卵。梁启超曾感叹："吾国人无进取冒险之特质……曰知足不辱，知之不殆；曰知白守黑，知雄守雌……于是，进取冒险之精神，澌灭已尽。"⑤梁启超还曾痛斥俯仰随人、随波逐流的积习，"人苟不自居君子而自居细人，不自命豪杰而自命凡民，不自为丈夫而甘为妾妇，则亦已矣。苟其不然，则当自养独立之性始"⑥。国难临头，若国民也都放任不管世事，国不复存在，还能有国民吗？他要求人人具有利国利群之心，指斥千年来中国社会的"束身寡过主义"⑦和冷眼旁观者。1897年以后，他把心学同西学结合起来，宣传维新，改造中国。他用阳明学的"扩大公无私之仁"、以天下为己任精神，树立为天下国家献身之志。

梁启超还非常重视王阳明养心之论，把养心视作人才成长的中心环节。养心有二：一静坐，二阅历。养心的主旨在于"率吾不忍

---

①王守仁：《山东乡试录》，《王阳明全集》，吴光等编校，第940页。
②王守仁：《山东乡试录》，《王阳明全集》，吴光等编校，第941页。
③梁启超：《德育鉴》，《梁启超全集》（第5集），汤志钧、汤仁泽编，第211页。
④梁启超：《德育鉴》，《梁启超全集》（第5集），汤志钧、汤仁泽编，第235页。
⑤梁启超：《新民说》，《梁启超全集》（第2集），汤志钧、汤仁泽编，第553—554页。
⑥梁启超：《国民十大元气论》，《梁启超全集》（第2集），汤志钧、汤仁泽编，第218页。
⑦吴雁南：《阳明学与近世中国》，216页。

人之心，以忧天下，救众生，悍然独往，浩然独来，先破苦乐，次破生死，次破毁誉"[1]。富贵不淫，贫贱不移，威武不屈。凡豪杰之士，往往反抗时代潮流，终身挫折而不悔，若一味揣摩风气，随人毁誉，还有什么学问的独立？[2]梁启超认为西方近代文化能得到迅速发展，是因为马丁·路德、康德、培根、笛卡尔等人敢于冲破束缚，冲破传统。中国近世积弱是因为"于古人之言论行事，非惟难辩之辞不敢于出口，抑且怀疑之念不敢萌于心"[3]。王阳明说"完人""超人""不以古圣先贤之是非为是非"，便是这个意思。梁启超进一步生/衍阳明学"学贵自得"的观点，"夫心固我有也，听一言，受一义，而曰我思之，我思之，若者我信之，若者我疑之，夫岂有刑戮之在其后也。然而举世之人，莫敢出此。……要之，四书、六经之义理，其非一一可以适于今日之用"[4]，"其于古人也，吾时而师之，时而友之，时而敌之，无容心焉，以公理为衡而已"[5]。梁启超还把养心同"实事"结合起来，"敛其心，收视返听，万念不起，使清明在躬，志气如神；一、纵其心，遍观天地之大，万物之理，或虚构一他日办事艰难险阻、万死一生之境，日日思之，操之极熟，亦可助阅历之事"。[6]

梁启超强调："学者当思国之何以弱？教之何以衰？种之何以微？众生之何以苦？"[7]把天下国家为己任作为大志，"学者无大志，则凡百学问，皆无着处。先立乎大者，则其小者不能夺。此志既定，颠扑不破，读一切书，行一切事，皆依此宗旨"[8]。立志是生命的内在自我要求，志的最高境界是与"道""仁"的合一，亦是本体存在的最高境界。[9]他还以王阳明的"拔本塞源论"相标尚，主张于"苟不以心髓入微处自为课程，则束身寡过之虚伪与爱国忘身之虚伪，循规蹈矩之虚伪与龙拿虎掷之虚伪，正相等耳"[10]。阳明学

---

[1] 梁启超：《湖南时务学堂学约十章》《梁启超全集》（第1集），汤志钧、汤仁泽编，第295页。
[2] 梁启超：《中国近三百年学术史》，俞国林校订，第62页。
[3] 梁启超：《新民说》，《梁启超全集》（第2集），汤志钧、汤仁泽编，第569页。
[4] 梁启超：《新民说》，《梁启超全集》（第2集），汤志钧、汤仁泽编，第569页。
[5] 梁启超：《新民说》，《梁启超全集》（第2集），汤志钧、汤仁泽编，第570页。
[6] 梁启超：《湖南时务学堂学约十章》，《梁启超全集》（第1集），汤志钧、汤仁泽编，第295页。
[7] 梁启超：《万木草堂小学学记》，《梁启超全集》（第1集），汤志钧、汤仁泽编，第277页。
[8] 张新民：《生命成长与境界自由——〈论语〉释读之一》，《孔子研究》1998年第4期。
[9] 张新民：《生命成长与境界自由——〈论语〉释读之一》，《孔子研究》1998年第4期。
[10] 吴雁南：《阳明学与近世中国》，第217页。

所谓的从心髓入微处下功夫，即所谓正心正本。梁启超旁征博引王阳明的言论，把立大志同个人修养结合起来，其"去心中贼"之论是要求人民以天下国家为己任，无私奉献。他还宣传阳明学无所畏惧的圣人、超人精神，要人们解放思想，不做"心中的奴隶"。以身为奴，尚可奋起挣脱奴隶地位；做心中奴隶，解脱甚难。虽然是客观存在决定人的主观意识，但主观能动性的力量不可忽略，梁启超的言论激起了人们的反抗意识，他的演讲与论著吸引了大批青年学子的加入，为维新变法注入新鲜的热血力量。

在国民"私德"培育中，梁启超引用王阳明的观点："正本""慎独""谨小"。"正本"要破除外心，回归被蒙蔽的本心；"慎独"即致良知，在本体上下功夫，严于自律，注重道德修养；"谨小"是"慎独"的补充，在致良知的过程中注意自己的言行，即谨小慎微，防微杜渐。[1]以王阳明的真知真行谈爱国之心，告诫青年，辨别真爱国者和伪爱国者，现实的中国社会中充斥着或提倡破坏"自由平等"，或"激昂慷慨"言"爱国"而不付诸行动的"伪爱国者"。针对这类"伪爱国者"，梁启超采用王阳明的"立志辨义利""拔本塞源论"等学说，呼吁爱国志士们反省自身的功利之心，若有一毫不自信，则"吾之堕落"计日可待。要做一名"真爱国者"并不难。因为"爱国"是一种"良知"，在阳明学的语境中，"良知"是一种人人皆有的先验的、内在的、普遍性的道德意识和道德情感。爱父母妻子的良知、爱他人的良知即是爱国的良知。

人生在世，不得如草虫般惶惶度日，也不可终日陷于苦顿之中。在时局危难之际，无论是公还是私，都要有献身为社会做事的必要。国家危难之日，需要青年人开拓出一个新局面出来。这不但需要书本知识，更需要健强心力，形成崇高人格，不为困苦动摇。阳明学派的修养功夫如今可还具有时代性？梁启超认为王阳明"致良知"之法比宗教、玄学、礼法达到的修养更胜一筹，"只靠这点觉性，训练纯熟，平时言行，固从容中道……遇难则随便提一提，也可因物付物，动定咸宜"[2]。且这种方法无论圣人还是妇孺，都可

---

[1]参见邱丹丹：《梁启超思想的"变"与"常"：1898—1906》，吉林人民出版社2015年版，第80页。
[2]梁启超：《陆王学派与青年修养》，《梁启超全集》（第16集），汤志钧、汤仁泽编，第273页。

适用。"子王子提出致良知为唯一之头脑，是千古学脉，超凡入圣不二法门。……良知之工夫也。人谁不有良知，良知谁不自知，只要不欺良知一语，便终身受用不尽，何等简易直捷。"①且梁启超认为，"致良知"不算纯主观的方法，"致良知"就是推致良知于事事物物，"在事上磨炼"，"知是行之始，行是知之终"，"知而不行，知如未知"，这便是要把"良心"付诸实际行动中，这完全是纯属客观的。纵观王阳明的一生，平定南赣、两广盗乱、朱宸濠之乱，用兵如神，且善待百姓。梁启超认为他的学问是非功利、求自由的。王学在清代二百年间被埋没，反观日本却盛行王学，明治维新有赖于王学学者，王学功力可见一斑。我国本嗣裔，反未沫其膏泽，未免可惜。②

　　"学圣之道，'致良知'三字，具足无遗矣。然子王子以其辞旨太简单，恐学者或生误会，故又提知行合一之旨以补之，惟知行合一，故仅'致良知'三字，即当下具足也。今述知行合一之说。"③以经世之理，图强之道。梁启超认为现代学校的教育只是知识的贩卖。青年人如果只读书，不知社会实际情形，书本无法见诸实用，学生缺乏身心修养，人格磨炼，如此学生就成了高等无业游民。学问不对应社会实际情形，这与"井田封建"无异。他找到一种改变这种情形的方法，即王阳明知行合一之教。知行不是两件事，知行是一个事。世间的人，懵懵懂懂任意去做，不思惟省察，只冥想妄做，又或者茫茫然然凭空去思索，不肯躬行，也只是揣摩。梁启超理解此学为：人有某种感觉，同时便起某种反应，反应便是行为。感觉与反应，同时而生，不分先后。"知行合一"是明代第一位大师王阳明先生给梁启超学术史上留下最有名而且最有价值的一个口号。④梁启超说，今天青年们自诩爱国，其所行所为却与之相反。常人以为他是知而不行，阳明以为他见之谓之罢了。且知行是相依的，如车的两轮，鸟的双翼，缺一而不能作用。人做一件事，先打算去做然后着手去做，打算便是知，是行的第一步骤。行也是贯彻

①梁启超：《德育鉴》，《梁启超全集》（第5集），汤志钧、汤仁泽编，第230页。
②梁启超：《陆王学派与青年修养》，《梁启超全集》（第16集），汤志钧、汤仁泽编，第276页。
③梁启超：《德育鉴》，《梁启超全集》（第5集），汤志钧、汤仁泽编，第238页。
④参见梁启超：《王阳明知行合一之教》，《梁启超全集》（第14集），汤志钧、汤仁泽编，第200页。

知的一种步骤。若把王阳明的话当作口头禅，虽理论上辨析得很详尽，却又堕于"知而不行，只是不知"的痼疾，非复阳明本意了。"知之真切笃实处，即是行；行之明觉精察处，即是知：知行工夫本不可离。"①

如今，正是王学复兴之际，要负担挽救国危这种责任谈何容易，必要大家同心协力，抖擞精神，做实事。然做事的能力，除了书本上的学问，还要有精神修养，修养精神的方法，只有王学最简捷、最美满、最有效用。②爱国志士当如何？"以阳明先生大贤，犹曰十余年痛自洗剔创艾，而病根深痼，萌蘖时生，而吾侪谓一时受刺激闻警导所发之热诚，遂足以自信，多见其不知量也。诚如是也，则我今日所指名唾骂之夫己氏，安保其不为数年后我躬之化身也？今欲免之，其道何由？亦曰于陆子所谓打叠田地洁净，王子所谓援之登岸者，痛加工夫而已。以孔子之言言之，则为己也，喻义也；此关不勘得真，不操得熟，则终是包藏祸机，终是神奸攸伏，他日必有夺其宫而坠诸渊者，安得不惧？安得不勉？"③梁启超的积极乐观心态，使得在面对变法革命的一再失败时，他仍对中国前途始终充满希冀。

## 四、谭嗣同与王学

谭嗣同（1865—1898），字复生，湖南浏阳人，他出生于传统的官宦世家，自幼受儒学传统熏陶，良好的家庭给他树立了一种极高的个体道德责任感和家国天下的担当情怀。谭嗣同幼时染病艰难而愈，后随父游历山川，这样的少时经历也养成了他极刚毅不折的性格。1894年甲午中日战争爆发，正是他刚毅气质最盛之时，面对清政府的腐朽，他叹："世间无物抵春愁，合向沧溟一哭休。四万万人齐下泪，天涯何处是神州？"④之后逢康有为"公车上书"，在时局的变动与刺激之下，他毅然决然加入康有为、梁启超的变法强

①王守仁：《传习录中》，《王阳明全集》，吴光等编校，第47页。
②参见梁启超：《陆王学派与青年修养》，《梁启超全集》（第16集），汤志钧、汤仁泽编，第276页。
③梁启超：《德育鉴》，《梁启超全集》（第5集），汤志钧、汤仁泽编，第213页。
④谭嗣同：《秋雨年华之馆丛脞书卷一》，汤仁泽编：《中国近代思想家文库·谭嗣同卷》，第261页。

国运动中。政治救世的曲折让他体悟到"所学皆虚，了无实际，惟一心是实"。既然从前的救亡思路与方法是错误的，那么便要寻找新法。1896年他开始了"北游访学"，寻找新法。此间，亲身见识到了在内忧外患下中国人民水深火热的生活。使他的责任感愈发强烈，终于"遂复发大心：誓振同类，极于力所可至。"①这种先天的熏陶和后天自身的经历，使得他开始转变了他的思想，推崇人的主观精神，力图以"心力"救中国。

《仁学》写于1896年，是谭嗣同游学北方之后，心学思想转变的产物。该著杂糅中西，涵盖科学、哲学、宗教为一体，成为救世之论。以儒学为基，吸收佛学与自然科学知识，建立新的理论体系。理论的一部分来源王阳明，"凡仁学者，于中国书当通《易》……王阳明、王船山、黄梨洲之书"②。人的生命情感的存在即为仁，谭嗣同认为仁是天地万物的本原，仁不是客观存在而是一种人的主观精神——心。仁的属性和本质就是心，推崇仁就是推崇心的力量。其思想与王学思想虽有不同，但也能寻到相似之处。需要强调的是，心不是单指人心，而指的是人的慈悲之心。仁是属于人的精神力量中的积极力量，凭借此心可挽救中国危机。

谭嗣同的"心学"虽不同于王阳明的"心学"，但两者也有一些共同之处，都很注重人的主观能动性，都强调"心"的作用，推崇心之力量。谭嗣同认为每个人的心也是不同的，心之所见，各有不同，故仁者见仁，智者见智，但结合起来却有无穷力量。如同王阳明所言圣人之心有大有小，但其本质是一致的，只要诚心修身，良知就可与圣人一样发挥出重大作用。"心"是主宰世界的真正力量，国家的前途命运是"心"造就的，所以要锻造国民的慈悲之心，以济世运。王阳明也说过"公民良知之学于天下，使天下之人皆知自致其良知"③，开发每个人的良知以济大同。"人者，天地万物之心也；心者，天地万物之主也。心即天，言心则天地万物皆举之矣，而又亲切简易。"④谭嗣同认为，心是解决一切问题的力量源泉，万事可通过"心力解决"，"夫心力最大者，无不可

---

①谭嗣同：《书简·上欧阳中鹄书》，汤仁泽编：《中国近代思想家文库·谭嗣同卷》，第371页。
②谭嗣同：《仁学》，汤仁泽编：《中国近代思想家文库·谭嗣同卷》，第6页。
③王守仁：《传习录中》，《王阳明全集》，吴光等编校，第92页。
④王守仁：《答季明德》，《王阳明全集》，吴光等编校，第238页。

为"[1]，"因自省悟，所愿皆虚者，实所学皆虚也"[2]，"惟一心是实"。[3]"心"是救亡的根源，"心之力量虽天地不能比拟，虽天地之大可以由心成之，毁之，改造之，无不如意"[4]。

"人为至灵，岂有人所做不到之事？何况其为圣人？因念人所以灵者，以心也。人力或做不到，心当无有做不到者……"[5]谭嗣同期望通过心力论找到救国之路，他认为心是宇宙最高力量。"夫人者，天地之心，天地万物，本吾一体者也，生民之困苦荼毒。孰非疾痛之切于吾身者乎？"[6]"夫学贵得之心，求之于心而非也，虽其言出于孔子，不敢以为是也，而况其未及孔子者乎？"[7]王学强调人的自我意识，强调自尊独立，发展个性，不盲目崇拜，"不以孔子之所非为是非"，普遍看到了人的主观意志的重要性。谭嗣同认为三纲五常，尤其是"君为臣纲"，是君权、父权为了维护自己的特权，用来压制臣与子的锁链。"夫为妻纲"是对妇女的压迫，"夫为妻纲""男尊女卑""饿死事小失节事大"是压在妇女身上的三座大山，"天下唯女子与小人难养"低估了女子的智慧和道德，"三从四德"把对妇女的歧视与压迫合法化。他的批判和抨击揭示了封建礼教的残暴，指出封建礼教遏制人欲，压制人的主观能动力。

王阳明认为得道在于心的体受，人人皆可成为圣人，百姓在日用琐事中也能悟出真理，这无疑打破了阶级局限，产生了具有现代意义上的平等思想。而谭嗣同认为"仁为天地万物，故唯心，故唯识"[8]。心的实体是慈悲，谭嗣同认为慈悲即平等也。谭嗣同所说的"上下通""中外通""男女内外通""人我通"之"通"即平等。谭嗣同认为，中国想要摆脱现世之乱，必须称天而治，以天纲人，世法平等。

谭嗣同曾提出专门开讲"心力之学派"，以心学精神塑造舆论。他敢于怀疑，否定权威，变法之路上他坚持自己的主张，绝不盲

①谭嗣同：《仁学》，汤仁泽编：《中国近代思想家文库·谭嗣同卷》，第13页。
②谭嗣同：《书简·上欧阳中鹄书》，汤仁泽编：《中国近代思想家文库·谭嗣同卷》，第371页。
③谭嗣同：《书简·上欧阳中鹄书》，汤仁泽编：《中国近代思想家文库·谭嗣同卷》，第372页。
④谭嗣同：《书简·上欧阳中鹄书》，汤仁泽编：《中国近代思想家文库·谭嗣同卷》，第372页。
⑤谭嗣同：《书简·上欧阳中鹄书》，汤仁泽编：《中国近代思想家文库·谭嗣同卷》，第371页。
⑥王守仁：《传习录中》，《王阳明全集》，吴光等编校，第89—90页。
⑦王守仁：《传习录中》，《王阳明全集》，吴光等编校，第85页。
⑧谭嗣同：《仁学》，汤仁泽编：《中国近代思想家文库·谭嗣同卷》，第64页。

从。他对于流血变法抱持坚定信念，慷慨赴死，敢于践行自己的构想，如果没有心力支持难以践行。这种生亦何欢，死亦何惧的大无畏精神同王阳明精神一脉相承。谭嗣同说："不有行者，无以图将来；不有死者，无以酬圣主。"[1] 其词《狱中题壁》："望门投止思张俭，忍死须臾待杜根。我自横刀向天笑，去留肝胆两昆仑。"[2] 他还致康有为书说"魂当为厉，以助杀贼"[3]。他自认为他的流血牺牲是死得其所，甚感快哉[4]。古今中外的变法运动，没有不流血牺牲的，他甘愿为此做出牺牲。他的流血牺牲是出于自身的觉悟，流血是变法的结果。中国能有人愿为国家流血牺牲，才能有民族复兴之希望，唯有精神力量的支撑才能使他不惧死亡。

## 五、结语

鸦片战争之后国门洞开，到中法战争，再到甲午中日战争，中国人民无不感到民族危机的严峻。"师夷长技以制夷"的失败，使进步人士意识到，还是需要从思想解放上下功夫。康有为利用心性之学的力量，梁启超把"心"释为意志，谭嗣同从"心"出发强调人的平等，他们都寄希望于"良知"，去激发人民反抗的意志力，从而救亡图存。其结果虽然失败，但维新变法道德思想启蒙对中国近代社会的进步作用却是不可磨灭的。

---

① 谭嗣同：《谭嗣同传》，汤仁泽编：《中国近代思想家文库・谭嗣同卷》，第442页。
② 谭嗣同：《谭嗣同年谱简编》，汤仁泽编：《中国近代思想家文库・谭嗣同卷》，第462页。
③ 谭嗣同：《书简・致康有为书》，汤仁泽编：《中国近代思想家文库・谭嗣同卷》，第436页。
④ 谭嗣同：《秋雨年华之馆丛脞书卷二》，汤仁泽编：《中国近代思想家文库・谭嗣同卷》，第266页。

# 第三章

# 实证调查

　　改革开放以来，在中国共产党的领导下，我国发展日新月异，人民实现温饱、摆脱贫困、迈入小康。与此同时，西方文化乘着全球化进程的东风，借着信息化技术快速发展的势头，以一种强势力量冲击着中华传统文化。在高度西方化的情况下，如何走好中国特色社会主义道路？中国文化何在？中国人的骨气和底气何在？中华优秀传统文化还有何作用？是值得我们深入探讨的问题。

　　党的十八大以来，党中央高度重视文化建设，强调"没有高度的文化自信，没有文化的繁荣兴盛，就没有中华民族伟大复兴"。阳明心学作为中国哲学史上的一大高峰，继承和发扬了中国文化特有的人文精神，"正是中国传统文化中的精华，也是增强中国人文化自信的切入点之一"，对重塑道德、规范秩序，增强中国人的骨气和底气有重要作用。因此，在建设具有强大凝聚力和引领力的社会主义意识形态的当下，王阳明及其核心思想再次进入大众的视野，逐渐与主流意识形态相融。那么以王阳明心学为核心的中华优秀传统文化在当代有何影响？ 21 世纪为什么需要王阳明？带着这样的疑问，2019 年，在贵州省人大常委会原副主任、贵州省文联原主席、贵州省文史研究馆原馆长顾久的组织下，贵州大学历史与民族文化学院、修文县阳明文化研究学者、阳明文化（贵阳）国际文献研究中心共同组成了本书课题组，就"王阳明心学的当代价值"这一课题开展研究。2021 年 8 月至 9 月，课题组先后赴修文县新生村和从江县新生村调研，深入了解当前农村的现实情况，希望通过对王阳明心学在其诞生地与边远少数民族地区的传播情况及影响力的分析，从中探究王阳明心学在当代农村发挥着什么样的作用，王阳明心学能带领我们走向什么样的未来，基于调研情况，结合历史文献资料，形成以下三篇调研报告。

　　需要说明的是，本课题研究的王阳明心学与以往学术研究中的王阳明心学有所不同，学术研究中的王阳明心学是指王阳明创立的"心即理""知行合一""致良知"的心学体系，更加聚焦和具象，姑且将之称为"狭义的王阳明心学"；而本课题研究的"王阳明心学"是悠悠五千余载传统文化的代名词，是以王阳明心学为核心的中华优秀传统文化，是"广义的王阳明心学"，囊括了以"天人合一""修齐治平""厚德载物""自强不息""礼义廉耻""仁者爱人""孝悌忠信"等为主要特征的传统道德规范。

## 第一节　阳明心学在王学圣地的发展与影响
## ——基于修文县新生村的调研分析

500多年前，王阳明被贬至贵州龙场驿任驿丞。在这个远离政治中心、文化中心，蛇虺魍魉、虫毒瘴疬的西南边陲，王阳明向内求索，回归本真，发出了"圣人之道，吾性自足"的声音，史称"龙场悟道"。自此，随着阳明心学的发展与弘扬，修文县也成了名副其实的"王学圣地"。500多年后，尽管随着社会的发展与变革，人们的谋生方式、组织秩序、风俗习惯发生了变化，但阳明心学在当地仍广为流传，影响着人们生活生产的方方面面，成为当地老百姓日用而不觉的道德准则和精神力量。

### 一、修文县情及阳明文化品牌建设情况

修文古名龙场，位于贵州中部。康熙二十六年（1687）建县，取"偃息武备，修明文教"之意，今隶属于贵州省贵阳市。正德三年（1508），明代大儒王阳明在龙场悟道，构建了"心即理""知行合一"心学体系基础，开启贵州文化教育的先河，修文因此被誉为"良知之源""王学圣地"。[①]

近年来，修文始终将弘扬阳明文化作为重要历史使命，通过加强中国共产党人的党性教育，组织社会各界开展一系列阳明文化活动，全方位打造"阳明文化"城市名片，在阳明文化品牌建设方面作出了诸多有益的探索与尝试。一是加强理论创新，回答好共产党人的"心学"的重大实践命题。修文通过组织中共修文县委党校专家学者共同研究、深入探讨，编写《阳明文化的当代价值》一书，该书首次将中华优秀传统文化和党中央对领导干部的要求合二为一，为共产党人修好"心学"提供了重要思想理论指导。二是全力建设中国阳明文化园。2014年以来，修文县按照"国际领先，国内一流"和"做足文化，做成精品"的目标定位，不断完善以阳明洞为核心的中国阳明文化园项目建设，现已将其建设成为国内以王阳

---

[①]《修文县情概况》，见修文县政府网址：http://www.xiuwen.gov.cn/zjxw_5667412/xwxq_5667425/。

明命名的最大文化园区。三是搭建阳明文化国际交流平台。1999年至2021年间，修文县先后成功举办6届"国际阳明文化节"，并举办了"中国贵州王阳明国际学术讨论会""良知与和谐社会高端论坛"等学术研讨活动，为海内外专家学者研究、传播阳明文化搭建了重要的高端平台。四是大力弘扬和推广心学思想，加强和促进社会发展的文化力量。例如，通过创办"重德修文"大讲堂、实施阳明文化"九进"工程，促进传统儒学思想在民间重新焕发活力，实现以文化人、以文育人，将阳明文化全方位、立体式渗透进全社会。五是加强阳明文化品牌构建，提升对外影响力。修文县围绕阳明文化城市新形象、阳明遗迹的修缮和保护、阳明文化的旅游开发等重大项目开展了一系列工作，对阳明文化传承、弘扬和品牌塑造起到了重要作用。

本次课题选择位于修文县城东面的新生村作为实际调研地，原因在于以下三点，一是新生村地理位置优越，距离修文县城仅2公里，县城迎宾大道和修扎公路从中穿过，交通便利。村庄四面分别与大青、阳明、放马坪、幸福村接壤，村组资源丰富。二是行政管理与修文县城紧密相连，新生村在行政区域上曾属龙场镇辖区，现属阳明洞街道管辖行政村，[①]而龙场镇是修文县城的中心区，新生村作为其中一环与修文县城的发展变化紧密相依。三是阳明文化根植深厚，修文县以阳明文化闻名，新生村作为县城临近村组，受到阳明文化的影响熏陶较为深厚，以其作为切入口，展现以阳明文化为代表的中华优秀传统文化的当代价值，不仅兼具可行性和创新性，同时也具有重要的现实意义。

## 二、调研情况及调查问卷分析

为全面了解修文县新生村居民对于阳明文化、社会伦理道德的认知与态度，调研组制定了《〈王阳明心学的当代价值〉课题调查问卷》，共印刷、分发问卷100份，对新生村居住村民和阳明文化园周边居民进行了随机调查。问卷内容由三个部分构成：一是受访者

---

① 参见《省人民政府关于同意贵阳市调整开阳县息烽县修文县清镇市部分行政区划设立街道的批复》，《贵州省人民政府公报》2020年第6期。

基本信息，包括性别、年龄、受教育程度、职业、是否本地居民；二是阳明文化认知维度，包括对王阳明及其思想的了解程度、了解途径，以及对政府宣传力度的感知；三是对社会道德伦理的看法与态度，包括社会公德、代际伦理、婚姻家庭、职业道德、个人价值观等。其中，除个人基本信息、阳明文化了解程度等仅具有唯一性选项的提问外，大部分问题都设置为主观开放性较强的提问，选项单、多选并用，便于村民实际理解，综合进行认知维度的判断评估。

修文作为阳明心学发源地，阳明文化在当地的普及率如何、王阳明是否还活跃在人们的日常生活中等情况，都是本次调研重点关注的问题。为更好地了解这些现状，调研组共设置了4道题，了解人们对阳明文化的认识、关注程度，问卷结果数据详见表1：

**表1　受访人员对阳明文化的了解程度**

| 项目 | 选项 | 有效回答人数 | 比例（％） |
|---|---|---|---|
| 对王阳明及其心学思想了解程度 | 非常了解，有些研究 | 9 | 9.375% |
| | 了解，知道皮毛 | 45 | 46.875% |
| | 听说过，不太了解 | 37 | 38.54% |
| | 不知道，没听过 | 5 | 5.21% |
| 了解王阳明的途径 | 口口相传 | 39 | 44.32% |
| | 报纸、期刊、杂志、电视、广播、网络等媒介 | 23 | 26.14% |
| | 政府组织的大型会议及活动 | 12 | 13.63% |
| | 其他，请说明 | 14 | 15.91% |
| 对贵州"天行合一，知行合一"人文精神的了解程度 | 非常了解，有些研究 | 14 | 14.14% |
| | 了解，知道皮毛 | 36 | 36.37% |
| | 听说过，不太了解 | 31 | 31.31% |
| | 不知道，没听过 | 18 | 18.18% |
| 对贵阳"知行合一，协力争先"城市精神的了解程度 | 非常了解，有些研究 | 11 | 11.45% |
| | 了解，知道皮毛 | 37 | 38.54% |
| | 听说过，不太了解 | 26 | 27.08% |
| | 不知道，没听过 | 22 | 22.92% |

通过对数据的梳理，可以看到阳明文化在新生村的传播与普及率非常高，总体知晓率高达94.79%。在年龄分布上，以18—40岁年龄段人群知晓率最高，占总比54.7%，整体呈现低龄化、年轻化趋势。在传播途径上，人们相互之间的口口相传，包括游览阳明文化园知晓、学校学习知晓、跳广场舞知晓等，为阳明文化在当地传播的主要方式。由此可见，阳明文化在当地民众间的传播范围越来越广泛、渠道越来越多元、情景越来越丰富，不同群体间的需求界限也越来越明显。同时，在以政府为主导力量的文化宣传中，实际传播效果良好，对于贵州省的人文精神"天人合一，知行合一"、贵阳市的城市文化精神"知行合一，协力争先"，大部分民众均耳熟能详。

总体来看，通过修文县新生村进行阳明文化认知度的调查发现，其普及效果非常喜人。新生村因为临近阳明文化园，与阳明洞、龙冈书院等遗迹为邻，长期以来受到良好的文化熏陶。在实际调研走访过程中，每当向民众问起王阳明，他们总是能爽快干脆地回答"很熟悉""非常熟悉"，或是随口答出"致良知""知行合一"等阳明文化代表思想。诸如此类的调查现象及结果，都突出反映了阳明文化在修文当地根植深厚、传播普及率高、人群影响范围广，民众主动了解学习的意愿积极、强烈。

## 三、五百年来修文县人文生态的变迁

贵州在地理位置上远离中原，山地、丘陵面积多，是一个没有平原支撑的省份。山川阻隔的自然地理环境，加上从湖广、滇越、巴蜀各地迁徙而来的不同人口，造就了贵州独特的人文生态，无论是谋生方式、组织秩序还是习俗秩序，都与中原地区存在较大差异。

### （一）谋生方式的变化

明永乐十一年（1413），贵州正式建省，这是贵州发展历史上里程碑式的重要事件，结束了贵州长久以来政区归属多变、分离不定的状态，开启了贵州经济文化发展的新篇章。在屯田制、卫所制的共同影响下，大量中原地区的汉族人口迁入贵州，官吏、文人、商人、军人等不同移民将其所属地区的强势文化带入贵州，与贵州文化互相碰撞、融合，使得贵州面貌一新。明朝前期，由于贵州地广人稀，除地形相对平坦的地区被开垦为农田外，广大山区基本仍处于"刀耕火种"的状态，直至大量汉族移民迁入后，中原地区的牛耕技术才得以引入。据王阳明《谪居粮绝请学于农将田南山咏言寄怀》记载："山荒聊可田，钱镈还易办。夷俗多火耕，仿习亦颇便。"虽然这一时期牛耕技术在中原地区已十分普遍，但是在龙场却还属于新兴技术，仍待推广。[1] 在饮食方面，明初以前贵州当地主要以食杂粮为主，以野菜为佐食。嘉靖年后，贵州逐渐开始种植小麦、稻米等基础农作物，农家栽培蔬菜、水果等充饥食物的技术不断提高。至明末时，还有玉米、土豆等粮食作物，以及甘蔗、棉花、烟叶等经济作物随移民共同传入贵州，农作物品种日益丰富。[2] 为便于物品交换，贵州各地还形成了市集制度，谓之"场"。每到约定的"赶场"日，分散居住于山区的村民便会前往附近较大村寨"赶场"，交换米、粮等生活必需品，这种习俗也一直沿袭至今。[3]

五百年时空转换，传统的农耕社会发生巨变。新中国成立以来，中国共产党先后多次实行土地制度改革，包括推行农村土地集体所有、集体经营制度，建立家庭联产承包责任制。2000年后，为进一步减轻农民负担，官方还正式废除延续两千余年的农业税，深刻践行了儒家"轻徭薄赋、藏富于民""以民为本、执政为民"的惠民思想，农民生产积极性进一步提升。尤其是改革开放所带来的巨大社会变革，让农村人口进一步从土地解放，获得了更多流动的可能，也获得了更多改善经济条件的机会。新生村村民们通过进城务工、返乡创业等途径，收入变得更加多元，手里的余钱也变得越来越多，无论是生活还是居住条件都得到了很大改善。据一名新生村老干部介绍："以前家里居住特别紧张，家里四兄弟，即使大家都结婚成家了也要挤着住在一起，如果来个亲戚，连铺张床的位置都没有。"但是现在走入新生村，调研组所看到的是每家每户都建

---

[1] 参见廖荣谦：《明代贵州汉族移民及其对少数民族地区人文生态建构的影响》，《内江师范学院学报》2018年第9期。

[2] 参见吴丹：《明代嘉隆万时期贵州文化变迁研究》，中南民族大学硕士学位论文，2018年。

[3] 参见陈浣：《明代贵州文化述略》，中国历史文献研究会、贵州历史文献研究会合编：《学者笔下的贵州文化——贵州文化国际学术研讨会论文集》，贵州人民出版社1998年版，第50—51页。

有独栋小洋楼，电视、空调、冰箱、洗衣机等早已不再是可望而不可即的家电产品，村民们基本人手一部手机，很多农户还拥有私家轿车、货车、摩托车、电脑等高档消费品。可以说，今天修文县新生村的基本面貌与五百年前相比已经发生了巨大变化，人们的谋生方式不再与土地紧紧捆绑，经济收入水平得到极大提升，物质生活需求得到极大满足，人们所追求的物品也不再局限于食品、日用品等生存必需品，新生村在中国共产党的领导下呈现出了崭新的乡村面貌。

### （二）组织秩序的变化

王阳明到达龙场时，距离明洪武十七年（1384）奢香夫人建立龙场驿已经过去百余年，当地实行的是土司和卫所相互夹杂的管理制度，生活在龙场的少数民族主要受水西安氏土司管辖，世居有苗、彝、布依、仡佬等民族。虽然各个民族有各自的语言，服饰不同、习俗各异，但是内部组织关系紧密而又团结。[①]对于王阳明这个外来官员，当地少数民族乡民非但没有排斥孤立，反而共同组织起来帮助他伐木建房、修筑草亭，还在王阳明受辱时挺身而出，替他赶走好事之人。在婚姻缔结方面，不同于汉族社会以"父母之命，媒妁之言"为主导的方式，龙场少数民族乡民更提倡男女平等和婚姻自由，人们主要通过游方、跳月、坐夜等少数民族特有方式寻找自己的终身伴侣。据明弘治《贵州图经新志》记载，"婚嫁则男女聚饮歌唱，相悦者然后论姿色妍媸，索牛马多寡为聘礼"，"婚娶男女相聚歌舞，名为跳月，情意相悦者为婚"。[②]王阳明在《何陋轩记》中称赞龙场乡民为"未琢之璞，未绳之木"，虽然"渎礼而任情"，但是却无法掩盖他们热情淳朴、崇尚自由平等的优秀品质。

随着时间的推移，传统的儒家文化与少数民族文化在这片土地上水乳交融、相互影响。改革开放前，"以男方家族为核心、女子视婚姻为人生最终归宿"的封建观念一度成为整个社会的主流思想。在此期间，女性对婚姻生活质量抱有极大的宽容度和忍耐度，传统

---

① 参见王路平：《王阳明与贵州少数民族》，《贵州社会科学》1995年第3期。
② 参见吴才茂：《跳月与野合：明清贵州苗族婚姻的香艳刻画及其意涵》，《湖北民族学院学报（哲学社会科学版）》2018年第5期。

中国家庭基本维持着"低质量、高稳定"的局面，离婚率极低。这样的婚姻模式也导致在中国老一辈的婚姻观里，往往是"合适"大于"喜欢"，"生育"大于"爱情"。新生村调查问卷显示，老一辈人更多的是认为"结婚是为了后代，是一种责任"。然而，随着改革开放及市场经济发展的不断深入，相较过去的老一辈，85后、90后这一代青年人受现代男女平等、婚姻自由等思想观念的影响较深，他们的婚姻观念发生了新的转变。较之过去以"门当户对"为基本前提、以"传宗接代"为主要目的的婚姻关系，当代青年更看重的是"眼缘""感情"等因素，婚姻关系大多以自由恋爱为基础，婚姻质量也得到极大提升。调查问卷显示，新生村的年轻一代更多的是认为"婚姻是爱情的升华，是爱情最神圣的象征"。可见，今天的新生村相较过去更加开放、自由、平等，人们的幸福感和获得感也在发展变化中得到进一步提升。

## （三）习俗秩序的变化

俗话说："百里不同风，千里不同俗。"在贵州这种山川隔绝的自然环境下，也形成了与主流中原地区有较大差异的特色习俗秩序。王阳明到达贵州龙场时，贵州总体仍处于相对闭塞的阶段，对外交流较少，因此龙场乡民仍然普遍相信万物有灵，对自然山水充满依赖和敬畏，形成了崇山、敬水、拜树、拜石等习俗，如王阳明在诗文里提到的蜈蚣坡、仙人洞等地名，都是当地人信奉自然山水的现实例证。宗教信仰主要以自然信仰为主，包含巫觋、始祖神、万物有灵、图腾灵物崇拜等丰富内涵，是人们世代相传的精神寄托，其渗透进了龙场乡民日常生活的方方面面。小到婚丧嫁娶、求神问卦，大到生老病死、祈雨求福，都需要与天地神灵相互沟通。因此，当地也存在着巫师、鬼师等特殊职业。[1]王阳明在龙场生病时，当地少数民族出于担忧，建议请巫师为其去病，王阳明还留下《却巫》一诗记叙此事："卧病空山无药石，相传土俗事神巫。"虽然这样的方式在今天看来肯定不符合科学，但也充分反映了在那个时代，龙场当地所建立起的人与人、人与自然、人与神之间相互依

---

[1]参见张晓松：《历史文化视角下的贵州地方性知识考察——以符号和仪式为样本》，东北师范大学博士学位论文，2011年。

存、和谐共生的复杂关系。

今天,当我们再次走进修文县新生村会发现,村民们很多已不再相信求神拜佛的神秘力量,但是每个家庭只要有堂屋,基本上都还保留有神龛,逢年过节对于逝去先祖的祭祀仍然是必不可少的重要内容,对于传统习俗的传承也仍在沿袭。"前几天正好是七月半鬼节,虽然现在规定不允许烧纸,但是大家或多或少还是会烧一点。我们家清明节还会组织'清明会',全家人上完坟后再一起吃饭,像今年就吃了一头300多斤的猪。一方面是纪念先祖,另一方面正好也增进感情。"一名新生村村干部如是说。同时,新生村5个村民小组目前也都保留有村民自发组建的舞蹈队,节庆时各自贡献出数量不等、形式不一的节目,参与坝坝舞、坝坝会等庆祝表演,最多时表演节目甚至超过20个。"像端午节、国庆节这些重大节日,我们村还会组织大家到修文县的阳明洞、阳明文化园举行包饺子活动。"一名新生村村民很自豪地介绍道。诸如此类有别于其他村组的特色习俗,既是新生村得以持续繁荣发展的精神寄托和智慧结晶,也是将新生村村民紧密凝聚起来的重要动因。

## 四、以阳明文化为代表的中华优秀传统文化对于提振中国人文化自信的重要意义

几千年以来,中国传统文化中的宗教性质一直较为淡薄,深深刻印在中国人骨子里的向来都是儒家"仁义礼智信"的准则,是"温良恭俭让"的美德,是"忠孝廉耻勇"的精神。儒家所倡导的伦理道德观念一直在中国文化中发挥着"准宗教"的作用,是中国人内心最根本的信仰,构成了中国文化的血脉和基因。而阳明文化作为中华优秀传统文化中的代表,揭示了个人价值的不可限量性,指明每一个普通人都蕴含着巨大潜力,只要以心为本,通过不断致其良知的方法,便可以成为平凡生活的"圣人",即王阳明所说的"人人皆可成圣"。如此,中华优秀传统哲学思想便从意识层面跨越到了实践层面,成为指导人们现实生活的明灯。可以说,以阳明文化为代表的中华优秀传统文化,无论是对于明朝社会,还是对于当今时代,都具有非常重要的意义,是增强中国人文化自觉和文化自信之本、之根、之基。

### （一）良知思想与个人人格塑造

"良知"一词，最早出自《孟子·尽心上》："人之所不学而能者，其良能也；所不虑而知者，其良知也。"在孟子看来，"良知"是一种人性的本善，是每个人与生俱来的恻隐之心、羞恶之心、辞让之心和是非之心。在明朝政治混乱、贪腐横行、社会风气败坏的时代背景下，王阳明将《大学》中的"致知"与孟子的"良知"说相结合，提出了"致良知"的观点，以期用自身力量改变当时社会的不良风气。在他看来，"良知"不仅是人与生俱来的生理本能，还是每个人判断是非的准则和道德意识，能使人知善知恶，对自己的行为做出正确评价，指导人们的行为选择，促使人们弃恶从善。

王阳明的"良知"思想，不仅对明代的仕人学子树立理想人格、挺立自信大有裨益，在物质文明高度发达的现代社会，其"良知"思想也可启发人们的道德自觉，对于构建个人完整人格具有重大意义。以修文县新生村的致富能手张嫚为例，虽然她受教育程度不高，也很难具体解释清楚王阳明的"良知"思想究竟寓意为何，但是她却在每日的辛勤劳动中坚守着"良知"这一最基本的原则。有着多年外出务工经验才返乡创业的她，目前经营着一家专门面向农民工的小餐馆，门头不大却干净整洁，位置就开在新建小区的工地旁，工人们每天吃饭都非常方便。询问他们愿意到这里吃饭的原因，在于"价格合理、分量还很足""从来不用不新鲜的食材，每天下工地都能吃上热乎的饭菜"。其间字字句句，反映的都是张嫚对"良知"最朴素的坚守。此外，在本次调研过程中，调研组还发现新生村的村民非常重视对个人诚信的坚守。在新生村民的观念里，诚实守信是当代最为缺失的道德品质，却也是最应该坚守的为人之本。"坑人的生意做不长，做得长的生意不坑人""做人最根本的就是要讲诚信，脚踏实地地去做工作，能有多大成功不敢讲，但是绝对不会走弯路""做人就是讲实事求是，就是讲诚信的问题"……诸如此类质朴而又真挚的语言，都体现了新生村民对于诚信、良知的坚守，都是他们运用"良知"思想指导个人生活实践的生动写照。由此可见，"良知"思想对于当代人塑造理想人格，调动全社会成员的道德自觉，形成良好道德调节机制并作为法律调节机制的补充具有重要意义。这种由"良知"延伸而来的、发自内心的道德调节具有更广泛、更稳定的特征，可以更好地规范个人的言行，进而促进全体社会成员形成更加完善的人格。

## （二）亲民思想与和谐社会打造

以德为本的亲民思想在中国有着悠久的历史传统和深厚的文化积淀。《尚书·五子之歌》中提到："民惟邦本，本固邦宁。"民众是国家之根本，只有人民生活富裕安定，国家才能稳定发展。春秋战国时期，孔子、曾子、孟子、荀子等思想家都曾对亲民思想有所阐发。在儒家纲领性著作《大学》中，更是将亲民与明明德、止于至善一道，纳入三纲领之一，提倡为官者要坚持爱民、利民、重民的民本思想，对加强伦理道德教化和推动社会管理产生了深远影响。发展到明代，"亲民"思想已经形成了较为系统和完善的理论体系，王阳明又进一步将其进行完善吸收，形成了自己独有的亲民观。针对朱熹将《大学》首句"在亲民"改为"在新民"一事，王阳明更加赞同保留"亲民"之意。在他看来，"亲民"不是口头禅、官样文章，为官者要诚心实意，有竭诚为民之心，才能真正做到以民为本、以民为先。

虽然王阳明的时代距今已十分遥远，但其以民为本、执政为民、勤勉尽职的"亲民"思想依然没有过时，依然是规范当代干部行为，促进其亲民、爱民、利民的重要思想源泉。今天的修文县新生村，也是干群同心、共促乡村之变的亲民实践典范。调研组了解到，几年前的新生村还存在垃圾乱堆乱放、道路泥泞坑洼等问题，现在通过村群协同、共同奋进，先后落实了村容村貌整治、举行卫生"红黑榜"评选、推进"十星文明户"评比、开展"八乱"整治等行动，新生村的面貌焕然一新。今天走入新生村内，所有主干道的硬化改造均已实施完毕，道路两旁很少看到白色垃圾。每家每户剩余的玻璃瓶、硬纸壳、易拉罐等可回收物品，均被整整齐齐地收纳在房屋一角的专用存放处，村里会定期进行统一处理。整个新生村都呈现出一派自然、和谐的乡村新风貌。如果要探究新生村为什么能够发生如此巨大的变化，村干部们与调研组的座谈会上所谈到的观点或许能够有所佐证。"村'两委'，就应该是人民的公仆。包括年轻干部，无论走到哪里都要保持一个公仆心""我就是小小的我，不是夸夸其谈的我，更不是高高在上的我，只是一个为民办事的我"，正是因为当地基层干部能够在今天继续以"亲民"思想指导个人实践，不断丰富"亲民"干群关系内涵，才能构建起新生村更加和谐、美好的社会面貌。

### （三）知行合一思想与乡村振兴实现

关于知行思想的提出，最早可追溯至先秦时期。《尚书·说命中》提到："非知之艰，行之惟艰。"从此知行问题便在中国学界流传并讨论了近三千年，尤其以儒家学派对知行问题的讨论最为深入。[①]明朝时，王阳明远谪龙场，在人生绝境先后提出"心即理""知行合一"思想，构建了阳明心学思想体系的基础。从幼时立下成圣目标，终生严于律己；坚守正道，平定宁王朱宸濠厉兵秣马十余年的叛乱；到南赣剿匪，实行怀柔之策安定一方；传道授业，坚持讲学直至晚年。王阳明毕生都以所立之志指导个人实践，都在践行"知行合一"的要旨，因此才最终成为一代立功、立德、立言的"真三不朽"圣人。

王阳明的"知行合一"思想提出后，无论是对学界，还是对社会变革都产生了深远影响。这种强调用"良知"指导实践、在事上磨炼的哲学思想，激励诸如李贽、黄宗羲等思想家奋起，对于反对程朱理学以读为学、脱离实际的学风起到了积极作用。近代以来，阳明心学成为日本明治维新运动匡救时弊的良药，并逐渐被中国进步思想家如谭嗣同、孙中山等接受，成为维新变法、救亡图存的思想武器。时至今日，王阳明"知行合一"思想对于激发群众奋斗精神，鼓励干部切实将学习成果运用到基层工作，多方协作助力实现乡村振兴仍具有重大意义。近年来，以新生村为代表的广大农村干部群众也以脚踏实地、坚持不辍的工作劲头，谱写了一首践行"知行合一"理念的新曲。"'知行合一'就是说一不二，说了就要做，做人就是讲实事求是"，"像我们这些干部其实就是公仆，不管在哪个岗位，都是为人民服务的普通人"，谈到对于"知行合一"思想的认识，新生村的干部们如是说。同时，在调研组的调查问卷中，提到对于"国家兴亡，匹夫有责"这句话的理解时，也有高达77%的受访者认为"很有意义，国家兴亡确实关乎我们每个人"，并以

---

① 参见方克立：《中国哲学史上的知行观》，人民出版社1982年版，第2页。

此为据指导着个人在日常生活中的实际行动。正因为上至干部队伍，下至普通群众，都能够坚持以"知行合一"思想为指导，凝心聚力，未来中国才能构建起一个美好的、健康的、有活力的、有情有义的乡村世界，才能够早日实现乡村振兴的美好愿景。

## 五、结语：时代呼唤一个新的"王阳明"

改革开放后，中国经济迅速腾飞，成为全球仅次于美国的第二大经济体，物质文明发展到空前高度，人民生活水平在短短四十年内实现了从贫穷到温饱，再到整体小康的跨越式升级。但物质文明的迅速发展也给传统文化带来了巨大的冲击与挑战，尤其是最具历史感、民族感的乡土文明所受冲击最为严重。当前中国社会各个阶层正经历着不同程度的道德危机和价值危机，传统儒家伦理道德观念被逐步忘却，曾经深深根植于每个中国人内心的信仰、道德、伦理等基本行为规范，反而渐渐成了与生活脱节的词汇。

实现中华民族伟大复兴，除了需要强大的物质力量，同样需要强大的精神力量。一个人没有信仰、不追求道德，便意味着没有敬畏，没有价值观的束缚；一个民族、一个国家没有信仰、不崇尚道德，便会失去发展的根本动力，落后于世界民族之林。党的十九大报告鲜明指出："人民有信仰，民族有希望，国家有力量。"国家和民族的强盛复兴，其根本还是在于人民的精神崛起。尤其在出现道德危机的当代，重建中国人的文化主体意识，树立中国人的文化自觉和文化自信，最重要的就是要"注魂"。[1]要通过呼唤中华优秀传统文化的回归与创新，形成一个集中华优秀传统文化精华为一体的、适应当今时代发展的、新的"王阳明"，促使人们重新找到丢失已久的"魂"，将"魂"安放在内心深处，并将其作为日常生活努力践行的标准规范，如此才能为实现中华民族伟大复兴的中国梦提供根本精神动力。当然，无论是这个新的"王阳明"，还是文中论述的"阳明文化"，都是宏观的、广义的概念，绝不仅仅只包括"良知""亲民""知行合一"三种思想，同样涵盖"孝悌忠信、礼义廉耻、仁者爱人、与人为善、天人合一、万物一体、天下大同"

---

[1]参见李川：《中国农村亟需注入"儒学魂"》，《神州》2015年第7期。

等中华优秀传统文化所倡导和强调的各种思想精华。

中华民族历来不缺少信仰，从古至今，儒、道、佛各家思想都曾对塑造中国人的民族品格产生过深远影响。儒家所提倡的仁、义、礼、智、信，造就了中国人舍生取义、忠孝节义、修仁行义的民族品格，是中华民族的为人之纲；道家所提倡的"人法地，地法天，天法道，道法自然"，形成了中国人舍小我而近大道、胸怀天下、心系苍生的民族风骨，是中华民族的处世之基；佛家所提倡的众生平等、以善为本、慈悲为怀，构建了中国人追求和平发展，共建人类命运共同体的民族精神，是中华民族的处世之法。只有将儒家的仁义、道家的风骨、佛家的慈悲、法家的法治、墨家的兼爱互为结合，采众家之长共同形成一个新的"王阳明"，凝聚成中华民族的共同信仰、精神追求和价值取向，才能为全社会塑造良好的道德秩序打下坚实基础。通过促进这个新的"王阳明"适应当代、运用于当代，定会为中国的现代化进程助力，塑造出更加稳妥、更加健康的内部环境。人无精神则不立，国无精神则不强。文化是一个民族的灵魂，文化的缺失会带来信仰的缺失，信仰的缺失会造成道德的缺失。中华优秀传统文化是上下五千年的厚重积淀与传承，以阳明文化为代表的中华优秀传统文化更是中华民族最宝贵的精神财富。相信在未来，这个以中华优秀传统文化为基础所形成的新的"王阳明"，一定会成为提振中国人志气、骨气和底气的力量源泉，助力全体中华儿女同心共筑新时代精神长城，推动中华民族伟大复兴的中国梦早日实现。

## 第二节　阳明心学在少数民族地区的表征方式及影响——基于从江县高增乡新生村的调研分析

从江县隶属黔东南苗族侗族自治州，位于贵州省东南部，东接广西壮族自治区三江侗族自治县，南邻广西壮族自治区融水苗族自治县和广西壮族自治区环江毛南族自治县，西连荔波县、榕江县，北靠黎平县。不同于修文县的是，这里的居民以苗族、侗族、壮族、瑶族、水族等少数民族为主，是少数民族聚居地。调研结果显示，在从江县高增乡新生村，少数民族的农耕文明、民风民俗、人文精神在这里得到了很好的传承，而其中所体现出来的道德精神和人文观念，与王阳明心学的思想精髓一脉相承。

### 一、从江县新生村的基本情况及调研分析

中华传统文化具有多元性与一体性，既包含多民族特色，又兼具文化一体的圆融性，是56个民族文化的有机共生，不是简单的数量叠加。从历史发展角度看，古之中华，从先秦开始，形成于黄河流域的汉族文化就是融合、共生、互动的。汉族的文化演进历程中，不断融合了中原周边少数民族的文化基因，如魏晋南北朝时期的民族大融合，促进不同生产方式、风俗习惯、文化心理特征的民族相互渗透与影响；再如唐朝时期开明的民族政策，广泛吸收外族文化，呈现出兼容并蓄的多元形态，这从其衣食住行、风俗习惯中都可见一斑。①从文明基础上看，中华传统文化与南方大部分少数民族文化都建基于农耕文明，以农耕作为主要的谋生方式，具有相似的行为心态。二者都以家庭血缘作为主要组织方式，内在讲求稳定性与持续性。在行为心态上，两者都立足本土，尊重自然、顺应自然，老子的"道法自然"哲理思想与少数民族普遍的适度取用思想，都体现了对于人与自然和谐共生的理想追求。并且，少数民族文化中还具有同根同源的博爱情怀。在许多少数民族的史诗、歌谣、传说中，就普遍流传着中华各民族同一根源、各民族是兄弟民

---

① 参见李恺彦：《弘扬中华传统文化不应忽视少数民族的传统文化》，见网址：http://bj.wenming.cn/hd/pl/201508/t20150828_2828238.htm。

族的观念，即从生命起源上就认为互相之间具有天然血亲关系。而这种同根同源的兄弟民族理念，与儒家"以天下为一家，以中国为一人者"的"大同"理想高度契合。可见，少数民族无论在谋生、制度、习俗，还是在生态思想上，与汉族大传统具有很高的同质性与共同性。

基于这一认识，课题组决定选择一个少数民族村寨作为调研对象。新生村是一个典型的侗族聚居村寨，坐落于天鹅山内，距离从江县城约13公里，东南与广西梅林乡交界，西面与丙妹镇相邻，北面与建华村接壤，下辖东苟、领庙、东歹3个自然村寨。村寨依山而建，四周山林环抱，植被茂密，古木参天。由于地势较高，村内不时被云雾笼罩，民居建筑在云雾中若隐若现，美不胜收。据2021年数据统计，全村总面积13.66平方公里，辖7个村民小组，共有295户1292人，世代居住侗族人，生活方式较为传统。作为一个"藏在深幽无人识，白云生处有人家"的侗族村寨，这里的一切都与我们所居住的汉族大群体社会有着巨大的差别，在长期的发展历程中属于边远地区的小群体，独具特色的民族文化在此得到较好的保护与传承。

此外，课题组选取新生村作为实地调研地的原因还有以下三个方面：一是王阳明在贵州期间，未曾涉足从江县新生村这一传统村落，这对调研阳明文化对偏远少数民族村落的影响具有典型代表意义；二是原生态的村落面貌，新生村相较从江县城，受工业开发影响小，保留了原汁原味的少数民族文化，有利于考察王阳明心学在少数民族地区的存在形态；三是新生村不仅有世代居住的侗家人，还有侗家人视为灵魂的鼓楼、传承百余年的侗族大歌，以及丰富的岁时节日民俗，这些都是研究民族传统文化丰富的瑰宝。因此，调研组选择新生村作为切入点，展现以侗族为代表的少数民族文化体系在中华优秀传统文化中的传承、延续和发展。

在调研过程中，调研组设计了调查问卷以了解当地村民对道德的认知程度。问卷调查共设计23个问题，主要包含社会公德、代际伦理、婚姻家庭、职业道德、个人价值观等内容，并随机选取当地100位村民进行调查。受限于民族语言不通、部分村民教育程度低等问题，最终回收有效问卷67份。在后期调查问卷的数据分析中，调研组发现，尽管当地村民整体文化水平不高，但村民对社会公德、家庭伦理、职业道德的道德认知感普遍较强。在社会公德方面，几乎所有人都认为当下社会公德比以前好，64%的人还认为现在的人比过去的人更好相处。在家庭伦理道德方面，50岁以上的被调查者对婚姻都有着强烈的信念感，认为结婚就是要过一辈子，从没考虑过离婚。在人生价值取向上，当地村民都一致将家庭置于人生意义的首位。此外，在与村外务工人员开展访谈的过程中，调研组也发现，离乡人员提及最多的词依然是家庭，人们总是不由自主地将在外的家与思念的家一起作比较，话语中饱含思乡之情。可见，家在当地文化归属中起着重要作用，勾起人们共同的历史记忆。

## 二、少数民族文化内在的生态经济观

从江县新生村属于边远地区传统农耕文明影响下较为分散的小群体社会，这片土地上所形成的独具特色的生存智慧、人文道德、民俗节庆、精神信仰等持续维持着以侗族为代表的少数民族地区人与自然和谐共生的平衡稳态。

### （一）天人合一，敬畏自然

在以农耕生产为主导的侗家人普遍意识里，大自然是天然的法则，农耕必须遵从大自然的规律，如人们对风、雨、雷、电等自然气象的敬畏崇拜，对"靠土地吃饭"的农民而言，这些自然现象就是生存的"天"，它主宰着庄稼作物的生长、人们的四时耕作以及农业收成，人们从而产生对自然的依赖与敬畏感。同时，侗族人的自然观念中蕴含着平等尊重的思想，他们认为人并不高于万物，万物皆有灵、万物同源。侗族长者在教诲年轻人时，常以"细脖子阳人来到世上"[①]作为开场白，这句话体现了侗族人民对人与自然关系的思考，阐明了自然与人类之间的主客关系，不断提醒着人们要正确看待自己在自然界中的位置，蕴含着深刻的民族智慧。

在敬畏自然、万物有灵思想的影响下，当地侗族人民普遍具有适度取用、节制贪欲的生态观念，他们在开发、取用自然的时

---

① "细脖子阳人来到世上"原话的意思是，人睁开两眼可以看见天地间的一切，却看不清自己，只有由他者才能知道自己的脖子细小、柔弱，因此，人要和天地万物和谐共处。（张泽忠、吴鹏毅、米舜：《侗族古俗文化的生态存在论研究》，广西师范大学出版社2011年版，第59页）

候，遵循"取之有度，用之有节"的适度法则，不过度索取，追求
自然生态的平衡。从江县新生村对当地森林资源的利用秉承着"有
砍有栽，节制取用"的管护理念，在建房造屋时，会根据每家用材
目的、每年用材数量，确定砍伐面积，并且不会砍伐殆尽，而是根
据生长周期，采用减伐的方式，让林地休养生息，通过不断修复循
环，维持森林的生态平衡。再比如，农耕时节新生村全年只举办一
次泥鳅节比赛，原因是泥鳅是庄稼的益虫，过度捕捉会损害秧苗的
生长，为了保证庄稼的生长和泥鳅的正常繁殖，所以农耕娱乐活动
要适度举办，以确保秋收禾谷满仓。

在当今，经济社会的高速发展与生态环境的恶化相伴而行，人
们不断对自然与人文的失衡失范行为进行反思，人与自然和谐发
展、共生共存的生态意识提至前所未有的高度。从江县新生村当地
少数民族立足生存现实，着眼长远的生态观念以及"天人合一"的
价值追求，对当今生态文明建设具有积极的借鉴意义。

### （二）农耕生产，绿色协调

当地侗族一直有种植糯稻的传统，糯稻是当地人民主要的种植
经济来源，特别是当地种植的香禾糯，更是闻名于外，糯米饭软而
黏、油脂多、不粘手、耐饥饿，蒸煮时浓香四溢，食用起来口齿留
香，素有"一亩稻花十里香，一家蒸饭十家香"之美誉。香禾糯种
植在当地具有悠久历史，是当地少数民族人民千百年来克服特殊
地势，利用水土资源精心选育栽培并传承至今的特色水稻品种。据
了解，新生村地势海拔较高，周围群山环抱，许多田地处在山谷
之中，山林密布导致光照时间不足，加之常年伴有大雾天气阴冷潮
湿，不利于普通水稻种植。而糯稻恰有秆高、耐寒、抗倒伏的特
点，因此当地广泛种植糯稻。

在传承千年的糯稻种植历史中，侗族祖辈还在选种、育秧、施
肥、害虫防治的基础上，发展出一套成熟的"稻鱼鸭复合系统"生
态农业生产方式，形成稻鸭鱼共生模式：稻田为鱼和鸭的生长提供
了生存环境和丰富的饵料，同时又利用鱼鸭除草松土及其粪便进行
有机施肥，大大减少农药和除草剂的使用，实现真正意义上"零添
加、无污染"的有机生态农业。在这一模式下，不仅生长出来的香
禾糯是绝佳的天然有机绿色食品，深受消费者青睐，而且成熟的鱼

和鸭还增加了经济附加效益。

绿色生态智慧还给当地带来强劲的发展潜力，在2009年，香禾糯被定为中国国家地理标志保护的特色农产品之一，从江县"稻鱼鸭复合系统"被选入全球重要农业文化遗产保护名录。近年来消费者对绿色优质农产品的需求高涨，香禾糯种植搭上消费升级的快车，在从江县政府大力实施优惠种植养殖的政策下，当地发展出"基地＋公司＋市场""基地＋合作社＋市场"等模式，依托现代物流、电子商务平台，将香禾糯广泛推向市场，使得香禾糯形成市场化、规模化、产业化经营。据悉，新生村全村大力发展香禾糯种植、林下养鸡、香猪养殖等特色农产品项目，共计带动农户497户2009人，大大提高当地农户经济收入。

侗家人民传承千年的生态农业智慧，兼顾自然生态与自身发展的统筹协调模式，与自然和谐相处、共生发展的绿色发展观，同当代生态文明建设有着天然的契合，具有极大的生态发展潜力，是促进少数民族地区"经济社会发展全面绿色转型"的重要驱动力量。

### （三）集体经济，共同富裕

新生村当地的侗族人民，世世代代居住在深山中，过去与外界交往少，人民自然淳朴，习惯以物换物、物物交换的交往，很少有金钱货币的概念。在当地的村规民约中，也可以看到人们对金钱货币意识的淡化，规约中量罚裁定的标准，不是以现代金钱为衡量基石，而是以传统社会更为看重的生活必需品——肉、米、酒为惩戒尺度。一旦有人违反规约，就会以对应数量的肉、米、酒以款待全村人，这在过去的农村，是一笔惩罚严重的支出。而以村民更为看重肉、米、酒等生活必需品为惩戒代价，折射出少数民族地区"以物换物"时代朴素的物质观。

几十年来，随着经济社会发展迅速，打开通向外部世界通道后的村寨，慢慢知道钱是什么了，有了储蓄、贷款的意识，学会购买中高档电子产品，参与缴纳养老保险、医保等居民保障福利，消费需求也越来越多元，"金钱观"较过去几十年发生了翻天覆地的变化。由"金钱观"变化带来的转变，就是村民感到手中的钱越来越值钱，也越来越不经用。在生存需求的迫使下，大量当地村民被迫外出务工拓宽收入渠道。为了留住村里的劳动人口，新生村"两委"挨家挨户给村民做思想工作，鼓励村民积极加入合作社，通过稻鱼鸭、香猪养殖产业给村民增收。此外，情系家乡发展的乡贤能人，积极返乡创业，为村民就近就业创造机会。调研人员了解到，新生村村委会主任吴国祥，在村中拥有较高威望，他充分利用自己多年在外的创业打拼经验，发挥自身在侗族村寨中的影响力，带动全村人民有活一起干，有钱一起赚。吴国祥牵头在村里成立了劳务输出合作社，号召年轻劳动力回村，成立工作专班，通过以工代训、"鱼渔同授"的方式，有效引导村民一边打工，一边学习专业建筑技能。调研走访期间，我们了解到，当地的鼓楼、戏台等复杂建筑工程，都是当地人自己完成设计并施工建造的，许多村民因此有了自己承接项目的能力，变"输血"式扶贫为"造血"式扶贫，带动村民大幅增收。

过去，以农耕生产为主的新生村，曾是无产业、无资金、无技术的"三无"贫困村，加上地处偏远，村民谋生方式单一。现如今，通过当地村"两委"干部、乡贤能人的带动，村民务工渠道大大拓宽，同时更愿意"抱团取暖"，乐意加入集体力量，通过集体经济优势来实现增收。以新生村为代表的村级集体经济发展模式，既是少数民族地区人民凝心聚力的有力体现，也是当今实施乡村振兴，探索共同富裕的良好案例。

## 三、少数民族地区的社会道德观

### （一）和谐稳定的社会秩序

少数民族地区多山地，沟壑纵横，在过去人们长期与外界隔绝，缺乏流动性，以地缘关系形成亲密的社群，构成以家庭血缘为纽带的小群体组织社会，也是《乡土中国》中所描述的典型的熟人社会。熟人社会里，邻里之间不陌生、不漠然、不戒备，村寨中"路不拾遗，夜不闭户"，互帮互助，有着"一家有事百家忙"的优良传统。在当地人眼里，邻里邻居、乡里乡亲，抬头不见低头见，但凡有事就要帮一下，这在他们看来都是应该做的。如金秋时节，某家要收割稻谷，家中无事的亲朋好友都会集结起来一起帮忙，主人家在农忙之后，会准备美酒佳肴宴请亲友。每逢红白喜事，邻里好友就是最大的帮手，由于一个村寨里家家户户都是熟人，通常这种帮忙都会变成全村出动，最后变成全村人一起操办的事务或是节日。

基于地缘关系，村寨内部还形成了独特的民间自我管理组织——寨老。一个侗族村寨内可能存在数位寨老，寨老由村民自发选出，均是村内德高望重、举重若轻的权威人物，具有广泛的群众基础，深受村民信赖和尊重。他们因势利导、制定规约，公平处理村寨内部事务，能够有效处理民众之间的矛盾纠纷，规范人际道德，促进当地和谐稳定。新中国成立后，基层的党组织和村民自治组织，为做好各项工作任务，会积极与当地寨老协作，充分尊重少数民族地区自治模式，延续寨老管理，引导当地民众参与地区建设。如新生村村委会创新制定的村民自治模式——"十户一体"，是带有明显集体特色的地方自治管理，即将十户左右居住相邻的农户捆绑成一个主体，每个主体推选一户为中心户长，由户长组织管理大家共同行动。该模式最初设想应用于新生村的卫生管理，在2017年，通过当地村委会号召，在村民大会上通过了《"十户一体"环境卫生公约》，公约对村内的卫生打扫、垃圾处理等作出了明确规定，并借助国家大力推动"危房改造""人居环境整治"的东风，解决了人畜混居、居住脏乱、污水乱排的环境问题，大大改善了群众居住条件和人居环境。环境变好了，人们的矛盾也少了，过去常有生活生产垃圾因为没有及时处理，影响到周边邻居生活，从而导致拌嘴吵架的现象，现在大家会友善地互相提醒，矛盾也少了。其实，"十户一体"的自治模式可谓古已有之，王阳明在治理南赣时也曾提出过"十家牌法"，通过将十家捆绑为一牌的方式实现村民共同管理、共同发展，可见其对于推动少数民族地区社会秩序的和谐稳定具有重要作用。

### （二）敬老爱老的孝亲观念

从江县在古代属于荆州徼外之地，明清属于黎平府管辖，历史上长期与中原汉地隔绝。汉族儒家文化大规模地输入从江，当从明代贵州建省开始。通过屯军、移民、兴办学校以及阳明心学在贵州的传播，黎平包括从江的少数民族人民逐渐接受了儒家文化。到了晚清光绪年间，黎平府的民风民俗已经与中原汉族聚居区几乎一样了,"人性朴茂,尚义重信,不乐纷嚣……时和年丰,惟以礼乐诗书为事"①。经过几百年的文化交流,以忠孝为核心的汉族儒家文化在黔东南地区生根发芽,在此基础上形成的儒家社会道德观在黔东南民族地区传承至今,时时刻刻影响着人们的思想和行为。

基于家族血缘关系的"孝"是儒家文化的核心,也是中华优秀传统文化的重要组成部分,是人们行事的基本准则,《论语·学而》中说"弟子入则孝,出则弟(悌)",《孟子·万章上》中说,尽孝是人生快乐的源泉,"惟顺于父母,可以解忧"。家庭是践行孝道的基本单位,随着现代化进程的加速,一些偏远地区的传统的社会结构正在走向瓦解。从江新生村和我国其他地区的乡村一样,伴随着现代市场经济的快速发展,大量年轻人外出务工,产生了空心化、老龄化的现象。没有子女在身旁,老人的赡养问题如何解决?慎终追远,老人的后事如何处理?在新的社会和经济形势下,如何传承和践行孝道成为当下需要重点解决的课题。我们在调研中发现,在适应新形势的前提下,孝道文化仍然在新生村代际间得到了很好的维系和传承,当地人孝亲观念重,家庭意识强,传统道德根深蒂固,始终将赡养父母、照顾老人、教育孩子摆在第一位。

孝道的基本内涵为"善事父母",新生村的村规民约规定:父母必须抚养未成年子女,子女必须赡养父母。违者罚33斤猪肉、33斤大米、33斤米酒。所罚食材,由全村人共同食用。与此同时,新生村推崇"老不养少,少不养老"的观念,他们认为育与养是相互的,如孩子年幼时不曾受到父母的爱护,孩子成年后便也会不愿意赡养老人。在新生村,还有一个不成文的规定,凡是家中有低龄儿童和60岁以上的老人家庭,夫妻二人中必须留下一人负责照顾家庭,或是多子女的家庭,每年子女会轮流陪伴家中老人,确保"老有所依,幼有所养"。这一规定的执行,使得一些家庭外出务工人员减少,家庭收入也相应减少,但是当地村民并没有过多怨责。他们认为把家看好了同样也是人生大事,大家各司其职,目的就是确保家庭和睦,家不散,人生才有奔头。

新生村所体现出来的孝道观念与儒家的传统孝道思想,在价值追求上融合统一,既是当地人民基本的行为准则,也是对中华优秀

---

①俞渭、陈瑜:《地理志·风俗》,《黎平府志》卷二,清光绪十八年黎平志书局刻本,第120页。

传统文化的传承与实践。家庭作为社会组成最基本的单元，构建其稳定性对建设和谐社会具有重要作用，无论是从人情还是从道义而言，赡养父母、养育后代都是家庭的主要责任，提倡孝道有其历史必然性和现实合理性。①

### （三）彰善瘅恶的道德风气

《尚书·毕命》中说"彰善瘅恶，树之风声"，惩恶扬善历来是我国大同社会的价值追求，"勿以善小而不为，勿以恶小而为之"，这一思想在新生村的村规民约中也得到了很好的体现。新生村的村规民约主要分为"三个120""三个66""三个33""三个12"四部分内容。"120、66、33、12"数字分别代指违反特定规约时所要惩罚的猪肉、大米、米酒对应的斤数，比如村民违反了"三个120"村规民约中的相关规定，那么就需要承担赔偿120斤猪肉、120斤大米、120斤米酒的责任。同时，数字越大，表示的惩戒力度也越大，如"三个120"在村中属于重罚，属于严重侵害村寨利益的违法犯罪行为。

村规民约直接体现了当地侗家人彰善瘅恶的思想：一是村民对于团结的看重，包括调解邻里矛盾、家庭矛盾等，发生寨火时，如果成年人未参与扑救而只顾抢救自己的物资，隔岸观火，同样要被处以"三个66"的惩罚；二是对违法犯罪活动的打击，包括盗窃毁坏他人财物、种植和吸食毒品、参加邪教活动等，处以最高的惩罚警戒；三是对不道德现象的匡正，涉及对孝亲观念的维护，父母生而不养，老人留守的家庭，均被视为违反村规民约。为了弘扬彰善瘅恶的道德风尚，对村民进行教化，新生村还改进了寨老制度，让寨老率先以身作则，成为村民的学习榜样，并将村规民约编进侗族歌谣，每当村民集会时，集体吟唱，在潜移默化中传播彰善瘅恶的道德思想。

在今天，新生村彰善瘅恶的道德追求，同样体现了社会主义核心价值观的内涵，是践行社会主义核心价值观的具体体现。《论语·颜渊》有言，"君子之德风，小人之德草。草上之风必偃"，树

---

① 参见唐志为：《传统孝与社会主义新孝道》，《湘潭师范学院学报（社会科学版）》2006年第4期。

典型，学先进，弘正气，注重言传身教的教育作用，对构建社会主义和谐社会具有重要意义。

## 四、少数民族精神文明的传承路径

随着中国经济飞速发展，改革开放不断深入，在新生村，我们能感受到这里正不断受到汉族大传统文化和现代工业文明发展带来的冲击与影响，同时也体会到当地村民对自身民族文化的坚守。正是这份坚守，在薪火相传的文化长河中，形成了特有的民族精神文明，为侗族人民在瞬息万变的世界中提供了本体性的安全感。

### （一）侗寨鼓楼，精神中心

在侗族村寨里，鼓楼被侗家人视为神圣的建筑，它是镇寨的灵魂，吉祥的象征，兴旺的标志，同时也是侗家人心中的寨胆与族徽，是他们的创造力、凝聚力和亲和力的直接体现。因此，在侗族民间有"建寨先楼"之说。过去，鼓楼上都悬有一面牛皮长鼓，平时村寨里如有重大事宜，就登楼击鼓，召集群众商议。有时，村寨里发生火灾匪盗，也会击鼓呼救，一个寨子击鼓，其他寨子也跟着响应。就这样，一寨传一寨，消息很快就传到深山远寨，鼓声到的地方，人们都会闻声赶来帮忙。一般而言，每个侗寨的鼓楼都是由全村人集资建成，少则一座，多则四五座。鼓楼的外部造型大都模仿杉树建造，远远望去像个多面体的宝塔，楼檐层数一般为奇数（奇数檐层为侗族吉祥之数），无论层数多少，均高于周边民居，在侗寨中属高层建筑。

据了解，2014年以前，新生村只有戏台，没有鼓楼。但对于侗家人来说，鼓楼不仅是侗族村寨的标志性建筑，更是整个村寨的公共事务管理中心、娱乐休闲中心、祭祀信仰中心，以及世代生活在此的村民们的精神中心。直到2014年，在新生村村委会主任的带动下，村民们在戏台旁修建起了村里的第一座鼓楼。新生村村干部向我们介绍："侗族村寨开展娱乐活动，或是与外乡人走相思等都会用到鼓楼，不然人家来我们村做客，我们连个迎接的地方都没有，这是十分不礼貌的。当时，鼓楼的修建全村人都参与，村主任出设计稿，估算好所需的木材与资金，然后再由各家各户上山伐木，出钱，出力，出木头。"如今，新生村的三个自然村寨都分别修建有鼓楼。其中，村委会门前的鼓楼既是全村遇到重大事件击鼓聚众、议事的会堂，也是平日里社交娱乐和节日聚会的重要场所，村寨的里每一次重大活动都会在这里举行。可见，虽然历经时代的千变万化，但鼓楼在侗家人心中的重要性依旧，意义非凡，它始终激发着侗族全民强烈的民族认同感与凝聚力，是侗族传统民族精神的传承与延续，更是一种族群精神文化的标志与象征。

### （二）侗族大歌，相传印记

侗族社会的许多传统道德规范和风俗习惯都是通过民间艺术形式得以保存和传承下来的。例如，侗歌与侗家人的社会生活就是息息相关、密不可分的。不论是举办重要祭祀仪式，还是春播秋收、婚丧嫁娶等活动，侗家人都要唱侗歌。正因如此，侗歌已成为侗族社会民族记忆、交流、传承文化的重要载体，以及接受本民族传统文化教育的重要途径。侗族大歌以其独特的艺术表现形式，生动形象地反映着侗家人生活的方方面面，人们通过歌唱表述心声、交流情感、传递文化、教化后人、规范道德。可以说，每一首侗歌都是人们真、善、美的具体展现。通过调研我们得知，在新生村，类似侗族大歌这样的群体性活动延续至今，除了有大量描绘爱情的歌曲，还有许多描绘惩恶扬善、教人向善的歌曲。其中，有的讴歌传统美德，有的鞭挞懒惰思想，有的主张伸张正义，有的弘扬尊老敬亲，等等。这些以伦理道德为主要内容的歌曲，借用传统音乐的表现形式来规范人们的日常行为，调节成员之间的社会关系，具有艺术和教化的双重社会功效，维系着整个村寨的社会发展。

一般而言，每个侗寨都有侗歌的传承人——歌师。新生村的村委会主任吴国祥及其父母姊妹都是歌师。在世世代代的影响下，吴国祥经常将生活中的所见所闻及最新的政策、宣传教育活动等编成侗歌教给村里的人们。据新生村村干部介绍："在新生村，流传至今的那些古老传说或是款约基本都没有文字记录，但过去遗留下来的那些不成文的村规民约基本都存留在我们的侗歌里。如倡导大家要尊老爱幼、赡养老人、懂文明、讲美德等。同时，由于侗歌都是用侗语来唱，我们的歌师即使会编一些侗歌，但这些侗歌都没有文字记录，基本是通过口口相传的方式教给大家。"可以说，侗族大歌承载着传承侗族文化的功能，孕育了许多体现侗族道德理想、行为规范和精神风貌的作品，一首侗歌就是一种形象化的道德规范标准。正因如此，侗歌伴随着时代的变化，在新生村得以代代相传，经久不衰，并演变出不同的传播形式。例如，2019年以来，受新冠肺炎疫情影响，无法在村子里集会歌唱，村民们便通过微信、抖音等短视频直播方式，与附近村寨的人进行对歌，以此增进族寨间的交流，增强侗族文化认同。

### （三）民俗活动，代代不息

侗族大多以姓氏为单位世世代代聚居在崇山峻岭、层峦叠嶂的大山峡谷之中、山腰之间、平坝之上、河溪之边，独特的生产生活环境和生存条件促使侗族形成了独具民族特色的民俗活动，如"走相思""捉泥鳅""斗牛"等。其中，"走相思"又称"相思节"，是侗家人为纪念先祖，增进村寨友谊，而举行的村与村、寨与寨之间的一种民间交往活动。所谓"相思"，指的就是村寨间两代以上长期来往、有交情的朋友。因此，侗族的"相思节"贵在"相思"，朋友越多场面越大越好，宴席的丰盛象征着吉利。届时，寨老会带领整个村寨的人到其他村寨做客，做客时间大都安排在秋后农闲时间，大部分是在过"侗年"期间，具体日子由宾主双方协商决定。前往做客的村寨得全寨都出去，而负责接待的村寨也得全寨接待，且要接待数日之久。在做客期间，除了日常饮食、住宿外，还有具体的文艺活动，如饮酒对歌、举行赛牛等，而这样的活动是在各个村寨轮流举行，做客与接客在数量规格上力求对等相当，因而"相思节"不是简单的做客活动，而是各村寨间的互动交流，是一种相互信任、相互联系的制度保障。

"斗牛"作为侗族特有的一种节庆文化，传说早在三国时期孔明南征时就已盛行，至今已有两千多年的历史。每年秋收结束至来年春耕开始前，侗家人都会身着盛装，吹起芦笙，载歌载舞，举办斗牛活动。而"斗牛"不仅象征着侗家人勤劳勇敢、不服输的精神和热情好客的民族美德，还寄托着对牛的喜爱之情和对粮食丰收的企盼。新生村的斗牛由全村村民自发出资购买，买来后交由村里专职人员照料，各家轮流提供优良饲料。待牛满五岁，便纵其打架，败罚胜奖，驯成斗牛。每遇比赛，半月前会加喂糯米粥、生鸡蛋等，一旦村寨喂出一头获奖牛王，全村寨人都为之光荣。不论男女，或是老少，皆为斗牛欢歌，为斗牛喝彩，斗牛甚至成为年轻一辈与村庄之间的重要纽带。

此外，"泥鳅节"作为新生村的农事习俗，也有着十分悠久的历史。相传，由于过去生活条件较差，缺乏体面的过节食物，下秧的时候每家每户都会去找泥鳅过秧节，所以慢慢演变成了泥鳅节。而今，这不仅是一个节日，还演变成村里一年一度的比赛活动，一声令下，选手们便都挽住裤脚，走进水田里，开始摸起泥鳅来。可见，丰富的岁时节庆活动是侗族文化的具象表现形式，也是侗族文化的重要实践载体。通过举办这些活动，侗家人在文化实践中既获得了精神价值体验，又习得并传承了这个古老民族的人生理念、生存智慧和做人之道。

# 五、结语

侗族的农耕文化、传统智慧、道德观念、人文精神，恰如一部厚重磅礴的歌诀，从远古吟咏至今，深深滋养维护着崇山峻岭中小群体社会的稳定和平，随着历史和时代不断与日俱新、与时俱进，促进着人与人、人与社会、人与自然关系的平衡稳态。改革开放以来，这种状态虽然受到市场经济社会的冲击，但古风犹存。

## （一）少数民族优秀传统文化折射积极、进步的价值观

一是敬畏自然的生态观。侗族人民秉持天人合一、和谐共处的自然发展观、适度取用的生态理念，充分彰显其进步性与合理性。反观当今，过分工业化、市场化驱使的谋生方式，不断刺激着人们对物质、金钱的欲望，征服自然的强力，将人引向无尽的贪欲漩涡。侗族传统生态文化中对自然界的敬畏尊重，向自然界索取资源时的自我节制，可以引导当代社会及民众对向自然界无限索取和对自我需求的无限满足的态度与行为进行反思，让人们更好控制自己不合理的欲望，尽可能地减少对自然的破坏，从而实现人与自然和谐相处及人类的可持续发展。

二是吃苦耐劳的奋斗精神。少数民族大多居住在山区、高原等自然条件相对恶劣的地方，从事农耕生产，想要获得丰衣足食，需

要付出艰辛且细致的劳动，他们起早贪黑、不辞辛劳。如新生村当地闻名在外的香禾糯，是当地人民千百年来克服地势困难，精心孕育出来的智慧结晶，正是因为人们勤劳勇敢、自立自强的奋斗精神才得以薪火相传、生生不息。

三是朴实的道德观。少数民族地区的人际交往更注重情谊不看重物质，认同族群，看重家族和睦，讲长幼辈分，守礼仪传统、重义轻利。在个人与集体的关系中，始终以集体为最高价值原则，具有互助团结的集体意识，形成"一家有事，全村来帮"的优良传统。同时老有所养，幼有所依，村民始终将赡养父母、照顾老人、教育孩子摆在第一位，知恩感恩、敬老爱老的孝亲观念，共同成为民族地区发展和谐稳定的重要内驱动力。

四是安贫乐道的生活态度。尽管生活并不富裕，物质也不甚丰富，在这片土地上生活的人民却内心富足，精神丰富。祭祀性、纪念性、农事性、社交性等节日文化应有尽有，人们拥有充足的时间去休闲，也愿意花时间去享受娱乐。当地村干部说，每年斗牛节，需要每个村自发出资相关费用，每次动员不到几天就能筹集到所需钱款，而且无论家贫家富，一律积极响应，村民的参与热情远超预料。而且无论刮风下雨，当地鼓楼集会唱侗歌的活动都从不中断，风雨无阻。可以说，在当地人心中，除了金钱收入，还有更高的精神价值追求，正是这份追求，保证了侗族人民在物欲喧嚣的世界中的获得感与满足感。

## （二）少数民族优秀传统文化与儒家思想共通互融

少数民族生态文化与儒家思想一样，极具智慧、极其宏富。以新生村为代表的侗族村寨，虽身处山谷腹地，历史发展进程也与汉族地区不相同，存在客观上的文化差异，但其独特的地域文化所蕴含着的观念意识、思想智慧，与汉族大传统社会所追求的文化价值体系本质相通。侗族人民天人合一、和谐共处的自然生态观，传承千年的生态农业生产智慧，秉承"熟人社会"互帮互助的人情秩序，崇尚敬老爱老的孝亲传统，彰善瘅恶的道德风尚，以及延续千年的文明香火，都同追求"仁""和"大同社会理想的儒家文化一脉相承。而儒家文化在两千余年的传承和发展中，也深深融进了地域广阔的乡土文明之中，成为维系和影响农民日常生活行为的一种指导规范，二者具有互通的价值理念。

在新生村当地，尽管没有人了解王阳明及其思想，但不可否认的是，当地有道德者大有人在，他们不一定知道王阳明的言行，但他们的言谈举止，却是王阳明"知行合一""致良知"思想的体现。如带领村民成立致富专班的村委会主任吴国祥，在被问及为何要回乡发展时，曾吐露肺腑之言："我看到村里人饿着肚子，没有好衣服穿，我可怜他们，就想帮助他们。"这句朴实无华的阐述，与阳明先生的良知思想不谋而合。良知是人的心之本体，人在良知的驱使下，顺应内心良知做事，这实质上就是做到了"知行合一""致良知"。又譬如人们总说"百善孝为先"，可是只停留在道理表面，但实际呢？真正做到"孝敬"的又有几人？新生村村民，虽不会说大道理，却身体力行实践孝道，而且安然自得，不抱怨、不怨憎，这实质上也是儒家孝亲思想的体现。

无论是儒家大传统文化还是少数民族小群体文化，其风俗秩序、道德礼俗、规范伦常，在根本上追求的都是营造一个和谐安定的理想精神家园，实现人与天和、人与国和、人与家和、人与人和。因此，两者有互通的价值体系。侗族文化传统中绵延千年的文化习俗、道德精神，也与儒家大传统社会的人文道德价值观相统一，共同成为中华优秀传统文化重要的组成部分。在当今推进建设和谐社会的过程中，可共同激发个体崇善爱美、积极向上，为民族文化生生不息、发展壮大提供重要滋养，为人类实现永续发展提供良好借鉴。

## （三）少数民族优秀传统文化与社会主义核心价值观相契合

少数民族文化作为中华传统文化的重要组成部分，其基本的文化精神总体上是包含于社会主义核心价值观的，也是基本契合于社会主义核心价值观的。"富强、民主、文明、和谐"是国家层面的价值目标，少数民族地区同样对兴旺发达有着坚定的向往，在许多祭祀、纪念活动上，人们焚香祷祝，祈愿的都是风调雨顺、国泰民安、家业兴旺。在文明方面，少数民族"克己复礼"，注重言行举止合乎准则规范，秉持天人合一的基本精神，重视人与自然的和谐共处。"自由、平等、公正、法治"是对美好社会的生动表述，侗族中有村规民约的习惯法，维持社会的秩序稳定，也有寨老制度，主持地区的公平正义，与少数民族对于自由平等的向往和对于社会公正的寄托不谋而合。而"爱国、敬业、诚信、友善"是对公民个体层面的道德要求，在这个方面，少数民族地区历来具有悠久的传统，良好的道德风尚，可供借鉴。

在今天，乡村治理不仅是与乡村自治、法治的相互建构，更是与德治的相互成就。正如习近平总书记所言："我国农耕文明源远流长、博大精深，是中华优秀传统文化的根……要在实行自治和法治的同时，注重发挥好德治的作用，推动礼仪之邦、优秀传统文化和法治社会建设相辅相成。"①文化兴乡村兴，文化强乡村强。优秀的乡村文化能够提振农民的精气神，能够增强农民的凝聚力，孕育良好的社会风气，让乡村焕发更多生机和活力。

在新时代，少数民族文化还需要不断调适和发展，以社会主义核心价值观引导少数民族文化传统实现创造性转化、创新性发展，去粗存精，保留积极向善的部分，盘活少数民族传统文化中的生态因子，整合重构其现代价值体系，发挥村规民约、礼俗仪式、家风家法、乡贤治村等道德教化作用，推进传统生态人文伦理向现代科学自然生态观的转换，实现与社会主义生态文明建设接轨，共同推动乡村振兴。

①《习近平：把乡村振兴战略作为新时代"三农"工作总抓手》，《人民日报》2018年9月23日。

## 第三节　阳明心学在大群体社会和小群体社会中的传播及影响——以贵州省修文县与从江县为类比

阳明心学诞生至今，影响古今中外500余年，成为东方文化的重要组成部分。通过类比大群体社会下的修文县新生村和小群体社会下的从江县新生村，我们发现，在21世纪的当下，无论是在城镇化水平较高的农村，还是在相对边远的少数民族村寨，王阳明心学依旧以不同的形态和表征方式影响着中国农村，对人们的思想观念和行为规范起着指引作用。

### 一、大群体社会的修文与小群体社会的从江

人类最早的小群体出现于初民社会，小群体社会血缘性强，对自然道德有着很大的依赖，崇尚利他、团结、互助、休戚与共、不分你我。"春秋无义战"实现了跨血缘跨地区的突破，很多陌生的群体重新组建成了新的"大家庭"，人类进入大群体社会。与小群体社会截然不同的是，大群体社会呈现泛血缘化、陌生化、原子化的特点，儒家文化在此基础上发展而来，以"仁""礼""义"来规范人的行为、维护社会秩序。从大群体社会与小群体社会的角度来看，修文县新生村和从江县新生村正是处于不同历史阶段的两个村寨。

修文县是阳明心学的发轫之地，500多年前，王阳明因得罪宦官刘瑾，被贬为龙场驿丞，在此成功悟道，史称"龙场悟道"。从此，修文与王阳明有着千丝万缕的关联，也因此成为"王学圣地"。修文县新生村，位于修文县城东，距离王阳明曾经居住的阳明洞2公里，距离贵州省会贵阳仅28.6公里，是阳明心学发源地的核心区域。随着修文县城的扩建和城镇化进程的推进，新生村辖区内的新寨、路家河、干河桥、徐家寨被纳入修文县城的规划区，村居环境、基础设施建设、公共文化配套服务、生活水平等方面快速改善，很多村民在征地拆迁的过程中与土地割裂，彻底改变了原有的生活方式，成为城镇的"新居民"。与此同时，由于距离省

会贵阳较近，且地处修文县城周边，新生村村民主要从事商贸服务业或就近务工谋生，对外交流较多，文化开放多元。地方政府在乡村发展过程中发挥着至关重要的作用，是大群体社会的乡村典型。

从江县新生村，地处高增乡南面、天鹅山半山腰，距离从江县城约13公里，全村总面积13.66平方公里，共有东荀、领庙、东歹3个自然寨，7个村民小组，总户数295户，1292人，是典型的少数民族村寨，侗族聚居地。从江县新生村为多姓村，以吴、杨两姓为主。该村虽与从江县城距离较近，但交通较为闭塞、基础设施薄弱、公共文化服务配套落后，进村道路仅一条蜿蜒曲折的乡村公路，村民多维持传统的以农耕为主的生活方式。由于当地生产物资无法满足人民需求，大多数年轻人不得不外出务工，"以代际分工为基础的半工半耕"的谋生现象十分突出。外出务工人员主要集中在广东、浙江、福建等地，从事建筑业、手工业、服装制造业等流水线生产工作。同时，受制于经济发展、地理位置、基础设施建设，从江县新生村与外界交流少、对外融合不多，因此依然是一个以侗族文化为核心的传统村落，是小群体社会的典型代表。

综合来看，课题组所选的两个村除了名字相同外，还有着诸多共同点，如血缘性强，对待自然天人合一，对待他人和社会都强调推己及人。与此同时，由于地理位置、经济条件、民族文化的差异，总体来说，选择以上两个村作为调研对象，主要基于以下两点考虑。第一，修文县新生村有着阳明心学的深厚烙印，而从江县新生村则是不曾触及王阳明及其心学的少数民族村寨，具有侗族文化特色，在体现阳明心学对两地的普及度和影响力方面，具有一定代表性。第二，修文县新生村地理位置具有得天独厚的优势，基础物质条件较好，是大群体社会的村寨，属于原子化程度很高的分散型村庄；从江县新生村远离经济、文化、政治中心，发展相较落后，无论是谋生方式、组织秩序还是风俗习惯，都较为原初，属于"有机化"的熟人社会、宗族性团结型村庄，是小群体社会的乡村典型。通过对两村的调研，可以进一步体现王阳明所到之处及未到之处的文化发展情况及当代农村的人文生态变化，以探究支撑农村可持续发展和乡村振兴的精神力量。

## 二、调研概况

任何研究都离不开实地调研,因此,课题组经研讨决定选取以汉族为主的、有传统文化基础的修文县新生村和以少数民族原生态风貌为主的从江县新生村为对象,主要采取问卷填写、半结构访谈及座谈的形式深入开展调研,以期了解不同背景、不同区域村民对王阳明心学、社会伦理道德的认知与态度,以及传统文化对我国农村的影响。

2021年8月至9月,课题组先后赴修文县新生村和从江县新生村调研。在前往两县开展调研前,课题组设计制定了200份《〈王阳明心学的当代价值〉课题调查问卷》,问卷共设计23个问题,其中涉及王阳明心学知晓率的问题4个、道德行为8个、婚恋观2个、孝亲观1个、家国情怀1个、其他方面7个。问卷调查对象涵盖60岁以上老人、政府工作人员、学生、优秀共产党员、致富带头人等群体,深度访谈人员主要是在村庄具有影响力和号召力的村支书、先进工作者以及当地声望较高的老年人。其间,调研组走村入户,一边开展问卷调查,一边访谈,全程摄影、录音,全方位记录所见所闻,直观地了解当地村寨的历史沿革、故事传说、生活习惯、民风民俗。修文县新生村的调研共完成100份问卷、6个深度访谈和1个座谈会,走访了3个村民组;从江县新生村的调研共完成100份问卷、4个深度访谈和1个座谈会,走访了3个自然寨。

通过对200份问卷数据的梳理,初步得出以下认识:一是在年龄分布上,修文县新生村分布均衡,以中青年为主,31—50岁的占比53%;从江县新生村则以中老年为主,51岁及以上的占比41%;二是在文化程度上,修文县新生村接受过高等教育的人群比例为27%;从江县初中及以下的学历占比87%;三是在阳明心学知晓率与普及率上,修文县新生村明显高于从江县新生村;四是在个人价值与道德观念上,两县都有较强的家庭、婚姻观,并认为如今的社会公德较以往有了更好的变化;五是王阳明心学在我国农村的日常生活中仍随处可寻,对他们的思想观念、行为习惯具有重要影响。

## 三、王阳明心学在修文县和从江县的影响力分析

### （一）阳明心学知晓率

正德元年（1506）王阳明被贬贵州龙场驿任驿丞，并于正德三年（1508）春抵达贵州。居黔期间，他龙场悟道、主讲贵阳，始论"知行合一"。正德四年（1509）冬，王阳明升任庐陵知县，正式离黔。在贵州两年，其大部分时间生活、讲学于修文。在这里，他兴建书院，传道授业，大倡文教之风，对当地老百姓产生了深远影响，也推动了贵州文化的发展。时至今日，通过对修文县新生村的调研，仍可从中窥探到阳明心学对修文的影响之大之深。根据调研结果，在修文县新生村的100份问卷中，关于阳明心学知晓率及普及度的问题收到95个有效回答，调研对象有42%是高中以上学历，阳明心学的知晓率达到95%，其中有56%的调查者对阳明心学有一定程度的了解。走访中，不少老年人在口口相传中，传播着王阳明在龙场的生活经历、悟道传说和奇闻逸事。

阳明心学在修文县新生村高达95%的知晓率，除了地理优势、地处"王学圣地"之外，还得益于政府主导。近年来，贵州省委、省政府大力弘扬"天人合一、知行合一"的人文精神，贵阳市委、市政府以"知行合一、协力争先"作为城市精神，高度重视王阳明及其核心思想的传播与传承，高标准编制一系列规划及意见，就传承和实践阳明心学的顶层设计、遗迹保护、传播弘扬等方面进行安排部署，推进阳明心学与红色文化、研学旅游融合发展，形成了"一堂两心三精品"①的阳明文化旅游线路。修文县积极推进实施阳明文化"九进"工程——进机关、进农村、进企业、进学校、进社区、进部队、进景区、进家庭、进商铺；推行"良知教育"改革；建设中国阳明文化园、玩易窝公园、龙冈书院等；举办多届"国际

---

① "一堂两心三精品"的"一堂"是指进一步建好、用好孔学堂，充分发挥教化、研修、传播三大功能，重点突出阳明文化，积极发挥平台优势，切实打造弘扬和传承中华优秀传统文化的精神高地、学术阵地、交流基地。"两心"是指紧紧围绕阳明心学和共产党人的"心学"两大主题进行设计：一是以修文县中国阳明文化园为主要基地，传承和弘扬阳明心学；二是以息烽集中营旧址和息烽集中营革命历史纪念馆为主要基地，讲好修炼好共产党人的"心学"；"三精品"是指企业商道研修精品旅游线路、党员干部党性教育精品线路、中小学生研学精品旅游线路。

阳明文化节"。总体而言，省、市、县的一系列举措，从政府层面加强了阳明心学的渗透和推广，营造了浓厚的文化氛围。

从江是王阳明从未到过的少数民族县。据历史记载，赴谪途中，王阳明途经贵州多个（市）县份中，其中有4个县隶属黔东南州，但从空间上来看，与从江皆有一段距离。电子地图显示，凯里市距离从江县208.8公里、黄平县距离从江县249.6公里、施秉县距离从江县253.3公里、镇远县距离从江县230公里。由此便可以理解传统的王阳明心学为何在从江县的渗透并不深。在从江县新生村发放的100份问卷中，关于王阳明心学的知晓率和普及度的问题收到67个有效回答，调研对象学历88.1%在初中及以下，阳明心学的知晓率仅为9%，其中6%的人仅仅只是"听说过"，这部分人多为外出务工返乡人员或大学本科生；非常了解的为0%，91%的人都不曾听说过王阳明及其核心思想。

值得注意的是，通过调研中的观察与交谈，我们发现从江县的少数民族文化虽然有着较强的地域及民族特色，外来文化很难对他们产生影响，但就其言行举止、接人待物、社会习俗、思想观念来看，背后蕴藏着的始终是王阳明心学的核心思想，是根植于农耕文明的儒家文化。比如侗戏、侗歌是从江人的传统艺术形式，专业歌师将包含着"孝亲"道德准则的内容编排谱曲，广为流唱，成为规范村民行为的有效手段，其中传达的思想内涵与中华传统文化一脉相承。

综上所述，受地理空间及人文因素的影响，传统的王阳明及其学说思想在其生活过的修文县流传更广，当地老百姓知晓率高。而在较偏远且远离王阳明足迹的从江县，大家对阳明心学知之甚少，但少数民族文化的继承与创新是在以王阳明心学为核心的中华传统文化的前提下进行的，从而形成了当地人日用而不觉的价值观，影响着从江人民的生活方式与思想观念。

### （二）王阳明心学对谋生秩序的影响

孟子曾说，要实现王道之治，需要使"五十者可以衣帛""七十者可以食肉""数口之家可以无饥""颁白者不负戴于道路""黎民不饥不寒"。在我国农村，农民自古以来谋生方式单一，土地是经济的主要来源，因而以往农村的经济增长总是十分缓慢，这使得农民的居住环境得不到改善、生活水平低下，又因城乡发展不均衡诱发了一系列问题。生长于王阳明心学土壤之上的中国共产党，执政理念中蕴藏着"因民之利""富而后教""天下一家""天下为公"的传统智慧与思想，经过推行经济体制改革、改革开放、脱贫攻坚等重大举措，降低了农民对土地的依赖，开始寻求更多的谋生手段，农村中外出务工人员的比例逐年增加，家庭经济收入组成也不断丰富和多样化。因此，当代的农村与传统的农村相比发生了巨大转变。从调研结果来看，修文县新生村靠近贵阳市中心和修文县城，地理位置优越，改革开放以来，从事商贸业、进城务工的收入已大幅超过传统耕种、养殖的收益，越来越多的人选择做生意或在附近打零工，离家近，收入也能提高，土地不再似从前那般重要。但是，在城镇化建设中，征地拆迁的来临，激发了人对金钱和财富的本能欲望，进而又扭转了土地在农民心中的地位。实际上，有些农民在失地前就不以种地作为唯一生活来源，但学者研究发现，农民在失地前拥有的土地物质资源越多，失地后寻求谋生方式的途径就越多样。[①]因此，如何以手里的土地、民房作为资本，获得更多拆迁款成为他们关注的焦点，有时甚至会引发亲人之间的矛盾，造成不可挽回的损失。工业社会的浪潮拍打着修文县新生村，不可避免地带来了一些负面影响，这是必然的，也是暂时的。

在时代的变迁中，从江县新生村大部分青壮年也开始外出务工，收入来源变得多元化。但与修文县不同的是，土地从始至终都是他们赖以生存的根本。"无山就无树，无树就无水，无水不成田，无田不养人"是侗族的谚语，在他们的传统观念中，天地有灵，人并不高于万物，把森林、水源、稻田和人融为一体，这种崇尚自然、生命平等的理念，使得村寨山、水、田、林资源得到很好的保护。我们前往从江调研恰逢秋收时节，在走村串户的过程中发现"日出而作，日落而息"仍然是他们大多遵循的传统，土地能带给他们的不仅仅是满足温饱，更是来自大地的安全感和归属感。所以，在小群体社会的农村，依然和土地保持着"亲密"关系，虽然谋生方式更加丰富，但传统的生活方式并没有改变。

除了谋生手段，两县人民的居住环境与生活水平在政府的引导

---

① 参见王思萌：《失地农民谋生方式的经济——社会学分析》，《南方论刊》2007年第2期。

和现代文明的冲击下更是发生着翻天覆地的变化。例如,从江县在政府的大力推进下,农村基础设施短板逐步补齐,农村生产生活条件明显改善,以往人畜混居的问题得到了解决,易地扶贫搬迁的推进更是从根本上改变了村民的生产、生活环境和发展条件。[①]修文县政府同样投入各类扶贫资金实施项目,使群众过上新生活。[②]

在历史的长河中,中华优秀传统文化一直滋养着中国人民和土地,如今在中国共产党的领导下,社会发展日新月异,两地老百姓的生活都在变好,收获了实实在在的发展红利。这是因为中国共产党的执政理念与王阳明心学紧密相连,强调仁爱与集体精神。中华传统文化和中国共产党将中国人紧紧地联系在了一起,不管是大群体社会的修文还是小群体社会的从江,都在他们的影响与推动下前进着,一步步地改变生存状况和提升生活质量。可以说,中国共产党在带领中国人民进行革命、建设、改革的长期历史实践中,始终是中华优秀传统文化的忠实继承者和弘扬者。

### (三)王阳明心学对组织秩序的影响

为维系传统农耕社会的发展,过去中国农村普遍自发形成了独立且稳定的乡村共同体,并主要以宗族关系、血缘关系为纽带持续衍生。横向对比20世纪90年代以前的修文县新生村和从江县新生村会发现,两地村民均表现出了强烈的村庄主体感和共同体意识。亲戚朋友、邻里之间的相处简单纯粹,农忙时节互帮互助、红白喜事互凑热闹都是农民生活常态。可以说,当时的农村是一个具有强烈认同感、归属感、参与感和充满情感的共同体。

随着改革开放和社会主义市场经济的到来,工业化、市场化、城镇化交替对乡村共同体产生影响,尤其是修文县新生村地理位置紧挨县城,受到的影响更为明显。村庄共同体原有的温情,在向开放社会、法治社会转型的过程中日渐流失。由于大量青壮年劳动力外出务工,或穿梭于城镇和村庄之间,或举家迁移至修文县城甚至

---

① 参见从江县人民政府:《2021年从江县人民政府工作报告》,见网址:https://www.ahmhxc.com/gongzuobaogao/22535.html。

② 参见修文县人民政府:《修文县2021年政府工作报告》,见修文县人民政府官网:http://www.xiuwen.gov.cn/zwgk_5667434/xzfxxgkml/ghjh_5667448/zfgzbg_5667453/xzfgzbg_5667454/202103/t20210301_66892099.html。

省城贵阳生活，新生村村民的频繁流动和大量流失，带来了宗族和血缘凝聚力削弱、村民的主体感减弱、乡村共同体式微等系列问题。丧失主体感后，村民即使身在村内心也在村外，村庄如何发展与己无关，村干部由哪些人担任与己无关，自己得意失意也与村庄无关，村民之间的人情交往变得越来越少。在走村串户的过程中，不少村民向调研组表示，现在的亲兄弟之间，除非过年过节或者有特别重要的事情，否则也很少来往，所以他们多认为"以前的人比现在的人好相处""现在的人更加势利、喜欢攀比"。

虽然这些变化是人类社会发展过程中的必然结果和规律，但在此背景下，为重塑村庄共同体的凝聚力，修文县政府发挥"王学圣地"优势，通过挖掘和传播"王阳明心学"思想，不断完善新生村村规民约，建立红白理事会和制定"红黑榜"制度，开展星级文明户评比等形式，进一步增强新生村村民参与本村事务的主体感与积极性，并由此形成村民对新共同体的认同感和归属感。

与修文县新生村相比，从江县新生村至今仍保留着较为完整的以宗族、血缘关系作维系的农村共同体，并仍然以侗族特有的民间自治组织——款组织，以及组织内部的"款约"来规范村庄共同体内所有成员的日常行为。强烈的主体感，也让从江县新生村的村民更加紧密地团结在一起，"一家有事百家帮"仍是这里的常态，邻里和亲戚之间的行事更讲"人情"和"面子"，遵循"人同此心，心同此理"的原则，"大公"的力量也得以凸显。尤其是现任村委会主任吴国祥对家乡的反哺及带富行动，更是很好地印证了这一点。吴国祥曾在从江县新生村小学担任过多年民办教师，而后离开家乡学习建筑工程、矿山开采，生活逐渐富裕起来。彼时的他年仅26岁，想起在村里勤恳耕种却连满足温饱都困难的老乡们，他毫不犹豫地组织大家建立工程队，带领村民到县城务工，学技术、学知识。问其原因，他直言："大家辛辛苦苦一年种出来的粮食却不够吃，太可怜了，我回来只是希望大家可以吃饱穿暖。"一句简单质朴的回答，不仅涵盖了共同富裕的美好愿景，更是中华文化中的仁爱、民本、大同等传统思想最为生动的当代诠释。

如今，从江县新生村多数青壮年都在吴国祥的工程队务工，日均收入300~400元，有的还有了自己的工程队。2014年，在他的推动与组织下，村民集体出工、出力、出资修建了侗家人象征性的建筑——鼓楼，鼓楼进而成为村民重要的娱乐场所和议事平台。每当村里有重要客人，家家户户都会聚集在鼓楼唱侗歌、跳舞以示欢迎，宗族关系也变得更加紧密。同时，在赡养老人方面，从江县新生村也有一些不成文的规矩，只要家里有60岁以上的老人，年轻夫妇只能有一人外出务工，保证家中有一名年轻人照顾老人和孩子。这也是新生村乡土情结浓厚、亲缘关系紧密的原因之一，年轻人的留守，留下的不仅仅是青壮劳动力，更是乡村发展的"根"与"魂"。

### （四）王阳明心学对习俗秩序的影响

横向对比修文县新生村与从江县新生村，两地对于传统习俗秩序的继承和发展也体现出不同特点。例如，在丧葬习俗方面，修文县新生村和从江县新生村分别代表火葬及土葬两种形式，保留着不同的习俗。2011年，贵阳市印发《关于小河区、花溪区及一市三县开展城乡亡故居民免除殡葬基本服务费试点方案的通知》，修文县作为试点开始全面推行火葬，这一制度的推行也给传统丧葬文化根深蒂固的老人带来很大恐慌。"土葬意味着'入土为安'"，"火葬不仅没有归属感，还是对逝者的二次伤害"，"当时我们村很多老人因为害怕被火葬，甚至产生过'早死'的念头"……种种对于火葬的看法都可以反映出当时人们的抵触心态。可即便如此，经过十年的发展，火葬在修文县新生村也已经变成了普遍模式，逐渐为人接受。如今，当地办理丧事也已经进入市场化流程，从设置灵堂到正式下葬的全过程均有专业化服务机构，不再像过去需要依靠邻里互相帮助，从而减少了对亲朋好友人力物力帮忙的需求。相较而言，尚处于熟人社会格局下的从江县新生村，目前仍以实行土葬为主。"办丧事时，家家都必须出一个以上劳动力"，"村里只要有丧事，一般男子都会出力帮忙抬上山，女子则帮主人家操办流水席"。在今天的从江县新生村，想要完成一套完整的丧葬流程，仍然离不开亲戚、宗族、朋友、邻居等提供物力或劳力的帮助。

在生育观念方面，计划生育政策的实施，使修文县新生村村民的生育观念变化较大，"养儿防老""传宗接代"等传统观念逐渐淡化，男孩偏好也呈弱化趋势，"多一个儿子多一个劳动力"的现实需求已经改变，生儿生女俨然不再是社会和家庭重点关注的问题。即便是"全面二孩政策"放开后，也并未对当地村民的生育意愿产生较大影响。"养一个娃娃那么贵，生多了拿什么养"的观点与过去"生多生少都是养，吃糠咽菜也能长"的旧习已经产生本质区别。在修文县新生村年轻一代的家庭里，多数都是独生子女。这一结果，一方面是将《中庸》中不偏不倚、和谐适度、恰到好处的道德准则运用于计划生育的必然结果，另一方面彰显了"有教无类"对提高国民素质的影响。显然，教育带来的素质进步改变着人们的思想观念，促使人们摒弃了传统文化中的糟粕。

与此不同的是，由于从江县新生村仍处于宗族联系紧密的小群体社会中，村民生育动力较强，"养儿防老""传宗接代"的观念仍然根深蒂固。"每个家庭还是要有个儿子"是村民之间的"共识"，"没有儿子，香火无法延续"和"没有儿子就是断子绝孙"的说法依然较为普遍。每个家庭至少会生育2个孩子，独生子女在这里反而变成了罕见情况。

由此可见，受到社会转型、文化变迁、生育政策以及生育成本制约等一系列复杂因素的综合影响，以修文县新生村为代表的大群体社会的农村，在"晚婚晚育，少生优生""生男生女都一样，女儿更孝爹和娘""少生优生，幸福一生"的耳濡目染之下，生育观念已经发生了质的转变，以养儿防老、传宗接代、劳动力需求为生育目的的传统生育观念不再是生育的主流价值。而以从江县新生村为代表的小群体社会背景下的农村，生育意愿仍然强烈，传统的养儿防老、传宗接代观念依然是村民的主流思想。

### （五）王阳明心学对心态秩序的影响

费孝通先生曾鲜明指出，"我们必须建立的新秩序不仅需要一个能保证人类继续生存下去的公正的生态格局，而且还需要一个所有人均能遂生乐业、发扬人生价值的心态秩序"，"心态方面还没有形成共识，这是当今社会的一个大问题"。由于心态秩序的混乱现状，无论是城市还是农村，当代人普遍表现出强烈的焦虑情绪，"看客心态""炫富心态""仇富心态""信仰缺失"等社会病态现象日益普遍。

从横向来看，修文县新生村由于靠近城市，受到的城镇化冲击更强，当地村民的心态也更多表现出矛盾与焦虑的一面。"老一辈生活劳动强度大，但是每天却很快活。"随着经济的快速发展、交通愈加便利，人们有更多的机会走出去、有更多创造财富的途径，但与之相反的是，人与人之间的攀比心也在逐步提升，修文县新生村村民们的生活并未随着物质条件的提升而变得越来越幸福。高居不下的离婚率也许能说明一定的问题，当问到离婚率高的原因时，多数村民都认为是由于"年轻人责任心不强，对家庭不负责任"，"对生活追求过多，给婚姻造成裂痕"。由此可见心态秩序的混乱也会对实际生活产生重大影响。同时，伴随着土地征收的进程，部分农民虽然因征地实现"一夜暴富"，有的甚至直接搬入修文县城小区成为新一代"原住民"，但"失地农民"的标签也意味着他们再也无法回到农村，村庄内生秩序遭到瓦解，必然带来一系列心态失序的问题。城市生活的高额消费支出、在城市就业缺乏竞争力、对后代教育投入的直线上升等过去城市人才会面临的焦虑与烦恼，也渐渐成为修文县新生村搬入城市安置小区生活村民们的焦虑所在。

与修文县新生村相比，偏居东南深山的从江县新生村村民反而更多表现出随遇而安、自在幸福的乐观心态。虽然他们受教育的程度普遍不高，很多农村妇女连汉字都不认识，调研过程中甚至需要有侗语翻译才能与他们进行交流，但是只要走进村内，无论男女老少一定会面带微笑出来迎接，一旦进入当地农户家里，临走时一定会受到"吃了饭再走"的盛情邀请。相对闭塞的生活环境，保留下的不仅仅有质朴的民风，更有人性中最美好的一面，因此从江的村民才会更多地有"现在的社会公德更好"和"现在的人更好相处"的感受。没有了不必要的心态焦虑，从江县新生村村民的家庭凝聚力也更强，婚姻关系也更加和谐。调研走访过程中碰到老一辈的当地村民，询问他们对于离婚的看法时，很多人甚至连离婚的意思都不太能理解。"我们这里离婚的很少很少"，"我们离婚的人里面，可能100个能有2个"，极度稳定的婚姻关系也让新生村村庄共同体更为紧密，其间映射出村民"乐天知命、积极入世"，保持乐观心态，以睿智通达的胸怀面对人生种种困难的积极心态。

综上可见，以修文县新生村为代表的大群体社会的农村，由于受到外部政治、经济、文化影响较深，成员内部物质水平差异较大，心态失序问题更为普遍。而以从江县新生村为代表的小群体社会的农村，因为更多地保留了对美好生活的向往，对于物质、金钱等攀比欲望较少，反而呈现出更加积极、乐观、开朗的心态。

## 四、结语

当前世界正面临着百年未有之大变局，农村社会正处于由传统农业社会向现代社会转型的关键期，在市场化、现代化、城市化的背景下，我国农村社会正迎来一场前所未有的历史变迁，生产关系的变革势必使农村的社会结构、社会关系与生活方式发生巨大的变化，从而引起道德观念、社会秩序、心态的转变。虽然至今仍可在农村生活中探寻到传统道德观念的影子，但不可否认，当今社会在市场经济的冲击下，诱发了道德危机、信仰危机、秩序危机等问题。诚然，这是人类社会发展中不可避免的矛盾和冲突，但重视并解决这些问题，是人类社会可持续发展的重要方面。

从修文县新生村的调研结果发现，由于地处省会城市，受外来文化冲击较大，农村的谋生秩序、组织秩序、习俗秩序和心态秩序发生了一定变化，在生活水平日益提高的同时，诸如攀比炫富、违章建筑、过度焦虑等问题也显现出来。作为"王学圣地"，当地政府围绕阳明心学的研究、传播与传承开展了一系列工作。因此，至今阳明心学在大群体社会背景下的新生村广为流传，成为村民们生活方式、举止行为、心态秩序的规范和准则。

边缘偏僻的少数民族村寨——从江县新生村，在中国共产党的领导下，政治、经济、文化等方面的政策不断完善，使得生产生活更加有序、人民群众利益更有保障、社会治理更加科学有效，老百姓的幸福感、获得感和安全感有所提升。与此同时，从江县新生村在发展中，保护传承了侗族文化，包含仁爱、礼义、崇德、孝悌、德治、爱物等思想的王阳明心学，虽不被当地民众熟知，但却是大家日用而不觉的价值观和世界观。由此可见，在不同背景下的乡村，萌芽于农耕文明土壤的王阳明心学，以不同的形式渗透于老百姓的生活，影响着人们的行为和生活方式，其影响力因不同社会背景或大或小，至今仍然是我国农业农村持续健康发展的重要活力和精神家园。

21世纪的今天，科学技术日新月异，人类进步一日千里，各种思潮汹涌澎湃，各种学说潮起潮落，"黑天鹅"事件不断上演，人类的心态秩序遭到严重冲击。尤其是后疫情时代的此时此刻，人们更需要找到自己的精神寄托和共同的"精神家园"。王阳明心学所包含的丰富的伦理社会学思想，是人们自律和相互监督的社会规范，是体现人类的本性和互爱互尊的道德准则，在人们的社会生活中一直发挥重要作用，规范、制约着广大社会成员的思想和行为，促进着人们高尚品格的形成，蕴含着中国人的志气、骨气与底气。党的十八大以来，全国各地掀起了"阳明文化热"，推进王阳明心学思想内涵的挖掘、研究与传播交流，但更多聚焦于"狭义的王阳明心学"，忽略了其背后是孝、悌、忠、信、节、义、廉、耻等范畴的理论道德规范。所以，当代社会呼唤的"王阳明"，是帮助人们树立正确的历史观、民族观、文化观的"王阳明"，是增强中国人文化自信的"王阳明"，是重塑道德秩序、社会秩序、心态秩序的"王阳明"，是与当代社会相适应的"王阳明"，是渗透于人们日常生活的"王阳明"。在"王阳明"的熠熠光辉之下，我们不妨放慢脚步，在传统经典的浸润中，推进马克思主义与中华优秀传统文化相结合。在现代文明的指引与规范下，追寻小群体社会中自由、从容、温情的生活范式，寻求大群体社会与小群体社会的最佳契合点，走一条现代文明下的社会发展之路，迈出中国式现代化的步伐。

## 第四节　运用阳明心学在司法戒毒治疗实践中的探索与总结——以贵州省E强制隔离戒毒所为例

本研究认为，基于戒毒人员自身"心瘾"难戒的现实困境，王阳明心学思想中的"致良知""知行合一""事上磨炼"等思想对现实的司法行政戒毒工作具有重要的理论价值。贵州省E强制隔离戒毒所探索"阳明心学戒瘾治疗法"的实践表明，通过将阳明心学思想融入全国统一的司法行政戒毒工作基本模式"四期四区"和"五大中心"的主体框架中，将有可能进一步提高教育戒治质量，培养更多的戒毒"合格产品"。因此，本研究指出，阳明心学可作为一把开启司法行政戒毒工作新路径的"心"钥匙，教育引导戒毒人员从内心深处认识到毒品的危害，帮助他们戒除"心瘾"、矫正行为。最后，本研究还指出关于阳明心学在戒毒思想的理解与应用方面应注意的三个问题。

## 一、绪论

### （一）问题的提出

吸毒问题是影响社会安定秩序的严重问题之一。如何帮助社会戒毒人员戒断毒瘾，培养戒毒"合格产品"，是当前司法行政戒毒场所面临的一项时代课题。从现实的维度来看，如何培养戒毒"合格产品"，不仅是时代出给司法行政戒毒机关的一道"必答题"，也是党和人民对司法行政戒毒机关工作的殷切要求。2013年劳教制度废止以来，司法行政戒毒工作整体上实现了从"转型"到"定型"的平稳过渡，并对如何提高教育戒治质量进行了有益的探索。2014年4月，习近平总书记在听取司法部工作汇报时指出，戒毒工作是新时期司法行政工作的重点之一，要在原劳教场所职能转向戒毒管理后，合理使用原劳教场所和人员，不断提高戒毒工作水平。2018年5月底，司法部印发《关于建立全国统一的司法行政戒毒工作基本模式的意见》（以下简称《意见》），提出建立以分期分区为基础、以专业中心为支撑、以科学戒治为核心、以衔接帮扶为延伸的全国统一的司法行政戒毒工作基本模式。2018年6月，习近平总书记对禁毒工作作出重要指示，要求走中国特色的毒品问题治理之路，坚决打赢新时代禁毒人民战争。在新时代下，如何进一步改善司法行政戒毒"合格产品"的培养工作，不断提高教育戒治质量，就成为基层司法行政戒毒机关必须研究和解决的课题。

从历史的维度来看，中华优秀传统文化中王阳明心学的"致良知""知行合一""事上磨炼"等哲学思想，蕴含着博大精深的理论内涵。近年来，习近平总书记在不同场合多次提到和运用阳明心学哲学思想，对教育、经济发展、强军兴军、外交等工作作出重要指示。他指出，"王阳明的心学正是中国传统文化中的精华，是增强中国人文化自信的切入点之一，作为中国人，不可不知王阳明"，并强调要弘扬和践行以"知行合一"为核心的阳明心学哲学思想。同时，他还指出，"文化是一个国家、一个民族的灵魂。文化兴国运兴，文化强民族强"，"我们要善于把弘扬优秀传统文化和发展现实文化有机统一起来，紧密结合起来，在继承中发展，在发展中继承"。习近平总书记的这些重要论述，为做好新时代的司法行政戒毒工作提供了重要的理论遵循和实践指向。

## （二）研究目的与意义

"研究的目的"指的是研究者从事某项研究的动机、原因和期望，这些目的可能因研究者个人的生活背景、自己所属的社会团体以及所研究现象的不同而有所不同。"研究的意义"指的是研究结果对有关人员、事情或社会机构的作用。新时代的司法行政戒毒工作刚刚起步，目前，全国都没有形成特有的戒毒文化。在当代，彻底走出近代以来"传统"与"现代"二元对立和"西方中心论"思维误区，坚定传统心学为代表的中华文化自信，按照习近平同志关于把中华优秀传统文化"超越时空、超越国度、富有永恒魅力"的文化精神弘扬起来的要求，积极发掘"致良知""知行合一""事上磨炼""天人合一"等传统心性文化的内在价值，使其服务于司法行政戒毒工作，既是我们所需要解决的时代戒毒文化课题，也是我们探索人文戒毒新机制，形成在全省乃至全国有影响的独特的戒毒文化，有效降低复吸率，促进社会安全稳定的内在需求。因此，本研究尝试将以往的阳明心学研究从哲学理论领域向戒毒实践领域拓展，从而进一步丰富戒毒工作的思想内涵，形成一套"心"戒毒理论体系及相应的理论成果。同时，从实践价值来看，此项研究对于丰富司法戒毒工作的理论体系，以及更好地推动全国统一的司法行政戒毒工作基本模式落地落实具有重要意义。

### （三）研究回顾

明代中叶以后，阳明心学一度成为显学，传至今日仍为社会各界所推崇，在当今社会各领域日益释放巨大的理论能量。目前，国内外关于阳明心学的研究主要集中在中国哲学这个大的理论场域（图1）。一些尝试对阳明心学实践价值所作的应用研究，零散见诸管理学、经济学、法学、政治学、军事学等若干领域，而径直对阳明心学的戒毒思想进行专门的提炼梳理，在汗牛充栋的研究文献中数量不多，研究的力度也需进一步加强。例如，有的研究通过整理和分析王阳明的著作，从管理心理学的角度系统论述和分析了王阳明心理思想的基本观点、目标管理心理思想、人力资源管理心理思想和领导心理思想，并结合案例探讨了它们在现代管理中的价值（李瑾，2003）。有的研究则以中国古代生命哲学为视角，来重点研究儒家心性心理学（王英，2006）。紧接着，后续的研究则分别探讨了王阳明的自我观、认知心理思想、个体意识心理构建及其学说命题的心理分析（王继成，2007；陈四光，2009；肖瑞建，2009；王启康，2012；郭翔，2014；徐晓虹，2016；魏新东，2017；等等）。职是之故，尚需对阳明心学的戒毒思想及其在司法行政戒毒工作实践中的运用进行学理上的探索。

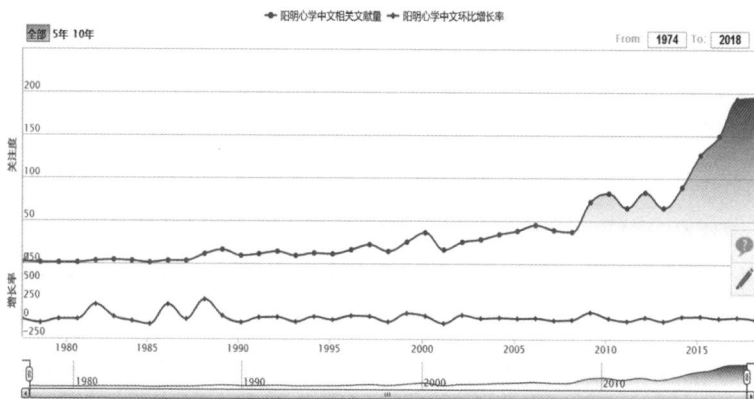

图 1 "阳明心学"学术关注度（1974—2018）

### （四）主要研究内容与研究方法

#### 1.主要研究内容

通过对近年来的主要研究文献进行梳理，以问题为导向进行理论建构与实证分析，可知本课题的主要研究内容包括以下三个方面：第一，对研究所涉及的主要概念进行界定；第二，论述王阳明心学哲学思想中的戒毒理论；第三，结合贵州省E强制隔离戒毒所实施"阳明心学戒瘾治疗法"的实践进行论述。

#### 2.主要研究方法

"研究方法"是从事研究的计划、策略、手段、工具、步骤以及过程的总和，是研究的思维方式、行为方式以及程序和准则的集合。本研究主要运用历史文献研究法和现代人文社会科学中常用的质性研究法，即"质的研究是以研究者本人作为研究工具，在自然情境下采用多种资料收集方法对社会现象进行整体性探究，使用归纳法分析资料和形成理论，通过与研究对象互动对其行为和意义建构获得解释性理解的一种活动"。在具体的研究过程中，主要采用历史文献研究法、资料分析法等具体研究方法，以辅助完成研究任务。

## 二、概念界定

### （一）阳明心学

阳明心学，即王阳明的心学思想，具体指由明朝思想家王阳明（王守仁）提出并不断发展的哲学理论体系。目前，学界对王阳明心学思想的基本共识是：这是一种行动的哲学（儒家思想），抑或一种生命的学问。具体而言，无论是从王阳明先生的人生轨迹，还是阳明心学的演变与发展来看，其人生行动的过程就是一个生命"自我发现"与"自我完成"的历程。① 这个过程可以分为明志、发现和发展三个阶段。首先，从王阳明少年时期的志向来看，十二岁的他早就认定"登第恐未为第一等事，或读书学圣贤耳"，从此一生都在追求"脱胎换骨，超凡入圣"。同时，从他成学前出游居庸

---

① 参见蔡仁厚：《王阳明哲学》，九州出版社2012年版，第1页。

三关（时年十五岁）始露经略四方之志开始，可以窥见他追求"政学相济"，即事功与学问并重的人生抱负。其次，为了达到上面的双重目标，他经历了滥于词章、出入佛老、龙场悟道的"前三变"。[①]这三个阶段的变化，表明了王阳明人生追求和思想变化中艰难的探索历程，这实质上就是"皈依"不同生命路径的过程。直到龙场大悟时明白"圣人之道，吾性自足。向之求理于事物者，误也""四书五经，不过说这心体"，王阳明人生与思想的"前三变"才有了一个新的"突破"或者说"总结"，从而开辟了阳明心学发展的道路。最后，经历了龙场悟道的"发现"体验，王阳明的人生和思想进入了精进阶段，默坐澄心、致良知、臻入化境这三个连续的环节，表明他晚年的生命体验和思想发展已实现了水乳交融。[②]所缺憾者，不过是他的生命来不及从功夫上去进一步圆成罢了。由此，我们可以将阳明心学的演变与发展归结为一个生命体验、人生行动与思想圆熟的交织过程。这个过程看起来简单，实则其中所经历的艰难与痛苦，常人未必真正晓得其中历程。相关的理论，我们下文再继续论述。

### （二）司法行政戒毒

从我国的戒毒管理体制来看，司法行政戒毒属于强制隔离戒毒的主要组成部分，其与自愿戒毒和社区戒毒共同构成我国戒毒措施的基本体系。司法行政戒毒不同于社区戒毒与自愿戒毒，它是由县级以上人民政府公安机关根据法律法规做出决定，交于司法行政强制隔离戒毒所强制执行的一种戒毒措施，执行时间为两年（图2）。

---

① 黄宗羲：《姚江学案》，《明儒学案》卷十，清文渊阁四库全书本。其文说道："先生之学，始泛滥于词章；继而遍读考亭之书，循序格物，顾物理、吾心终判为二，无所得入；于是出入佛老者久之。及至居夷处困，动心忍性，因念圣人处此，更有何道？忽悟格物致知之旨，圣人之道，吾性自足，不假外求。其学凡三变而始得其门。"
② 见前引书《明儒学案》："自此（意指龙场悟道）以后，尽去枝叶，一意本原，以默坐澄心为学的。有未发之中，始能有发而中节之和，视听言动，大率以收敛为主，发散是不得已。江右以后，专提'致良知'三字，默不假坐，心不待澄，不习不虑，出之自有天则。盖良知即是未发之中，此知之前更无未发；良知即是中节之和，此知之后更无已发。此知自能收敛，不须更主于收敛；此知自能发散，不须更期于发散。收敛者，感之体，静而动也；发散者，寂之用，动而静也。知之真切笃实处即是行，行之明觉精察处即是知，无有二也。居越以后，所操益熟，所得益化，时时知是知非，时时无是无非，开口即得本心，更无假借凑泊，如赤日当空而万象毕照。是学成之后又有此三变也。"

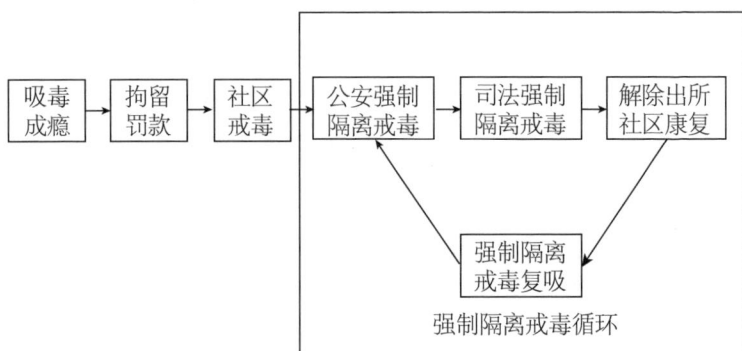

图 2　吸毒成瘾人员接受的戒毒措施

在具体的管理中，司法强制隔离戒毒所对戒毒人员依法实施管理，包括戒毒人员的收治与强戒手续的解除、日常管理教育、习艺劳动管理、康复训练、心理咨询、医疗救助等内容。随着时代的发展，司法行政戒毒工作的科学化、专业化水平不断提高，场所实现持续安全稳定，规范化建设全面推进，保障能力不断增强。

### （三）合格产品

合格产品是工业生产上一个的术语，一般指的是由生产者按照某一技术要求标准进行生产，并经过检验合格后的产品。本研究中的合格产品是一种借喻的用法，用"合格产品"这一术语来指代能够戒除毒瘾、保持操守的戒毒人员。

## 三、阳明心学的戒毒思想：基本研究文献的梳理

### （一）知行合一

在王阳明时代，朱熹思想的知识化倾向变得更加明显，理学本身"成为圣人"的目的指向更加模糊，"理论知识"与"生活实践"之间原有的相辅相成的密切联系被割断了。明代中叶思想界的这种状况，正是王阳明提出"知行合一"之说的基本背景。"知行合一"也就代表着他第一期思想创新的主要成果。这一观点的提出，一方面是与他个人的生活经验与思想经验密切联系在一起的，另一方面则是朱熹理学的普遍知识化倾向，致使"圣学"目的无法在生活实践中得到普遍有效的贯彻。

从《王阳明年谱》的记载来看，王阳明在"龙场悟道"的次年，在贵阳书院提出了"知行合一"学说。"龙场悟道"的经历使王阳明确立了"心"与"圣人"本质的本原性同一关系，即所谓"心即理"，"圣人之道，吾性自足"。遗憾的是，即便如亲炙弟子徐爱的资质，对知行合一的本旨也不能理解。①

"知行本体"即是良知本体，亦即是心体。知行本体的自性原本是合一的，它之所以不合一，是因为被私欲私意隔断，所以必须有"致"的工夫以复其合一之体。有些人虽知父母当孝而却不能孝，他之所以知归知、行归行，并不是知行真的为二而不合一，而是他的知行之体（本心）被私意隔断了。有了私意阻隔，他那孝亲的良知便不能"致"，不能致即是不能行，既不能行孝，便算不得真知孝。若是没有私意隔断，则其孝亲之良知自然能"致"于父母而表现为孝行，如此，便是"知行合一"，便是复得那知行本体了。《大学》举"如恶恶臭，如好好色"，以指个真知行与人看，这个"真知行"即是知行的本体。阳明引述《大学》此言以指证知行合一，最为贴切。阳明又说：

> 知者行之始，行者知之成：圣学只一个功夫，知行不可分作两事。②

人心里的良知，是知善知恶、好善恶恶的。知善知恶是"知"，而好善恶恶则是"行"。当我心知善恶时，便已好此善、恶此恶了，所以说"知者行之始"。（这意念萌动处的内部之行，可以称之为意

①王守仁：《传习录上》，《王文成公全书》，王晓昕、赵平略点校，中华书局2015年版，第4—5页。原文如下：爱曰："如今人尽有知得父当孝，兄当弟者，却不能孝，不能弟。便是知与行分明是两件。"先生曰："此已被私欲隔断，不是知行的本体了。未有知而不行者。知而不行，只是未知。圣贤教人知行，正是要复那本体，不是着你只恁的便罢。故《大学》指个真知行与人看，说'如好好色，如恶恶臭'。见好色属知，好好色属行。只见那好色时已自好了，不是见了后又立个心去好。闻恶臭属知，恶恶臭属行。只闻那恶臭时已自恶了，不是闻了后别立个心去恶。如鼻塞人虽见恶臭在前，鼻中不曾闻得，便亦不甚恶。亦只是不曾知臭。就如称某人知孝、某人知弟，必是其人已曾行孝行弟，方可称他知孝知弟，不成只是晓得说些孝弟的话，便可称为知孝弟。又如知痛，必已自痛了方知痛；知寒，必已自寒了；知饥，必已自饥了。知行如何分得开？此便是知行的本体，不曾有私意隔断的。圣人教人，必要是如此，方可谓之知。不然，只是不曾知。此却是何等紧切着实的工夫！如今苦苦定要说知行做两个，是甚么意？某要说做一个，是甚么意？若不知立言宗旨，只管说一个两个，亦有甚用？"
②王守仁：《传习录上》，《王文成公全书》，王晓昕、赵平略点校，第17页。

念心行）反之，当我实好此善、实恶此恶之时，则不仅表示我知善知恶之知为真知，而且表示我所知善知恶的知，业已具体落实而成为真实的行为了，所以说"行者知之成"。这时的行，已由内而形诸外，表现为视听言动的外部行为了。内外通而为一，亦就是知行合而为一。

由此可知，知的过程与行的过程是相终始的。因此，知行功夫只是一事。知此善时便已好此善了，反之，既好此善当然表示已知此善；只要不为私意私欲隔断，知行本就是一而非二。

所以阳明又说：

> 知是行的主意，行是知的工夫。[1]
>
> 只说一个知，已自有行在，只说一个行，已自有知在。……若知得宗旨时，即说两个亦不妨，亦只是一个；若不会宗旨，便说一个，亦济得甚事？只是闲说话。[2]

关于如何实现知行合一。王阳明指出：

> 此须识我立言宗旨。今人学问，只因知行分作两件，故有一念发动，虽是不善，然却未曾行，便不去禁止。我今说个知行合一，正要人晓得一念发动处，便即是行了。发动处有不善，就将这不善的念克倒了。须要彻根彻底，不使那一念不善潜伏在胸中。此是我立言宗旨。[3]

回到强制隔离戒毒人员，他们在戒毒之路上之所以"知行不一"，根本上还是在于将知行分作两件事，故以为意念是意念，行为是行为，心中虽有不善之念，只要尚未做成不善之行，便自我原谅，不知警惕。殊不知"正行"必须从正心诚意做起，心体虽无不善，但心所发出的意念却有善有恶，作善作恶之几，正在此一念发动处。一念之微，不仅是圣凡正邪分界的关口，更是戒毒成败的

---

①王守仁：《传习录上》，《王文成公全书》，王晓昕、赵平略点校，第5页。
②王守仁：《传习录上》，《王文成公全书》，王晓昕、赵平略点校，第5—6页。
③王守仁：《传习录下》，《王文成公全书》，王晓昕、赵平略点校，第120页。

"分水岭"。

## （二）致良知

从历史背景来看，庆元党禁后，士大夫深感"儒臣得君，自古为难"，不得已而转向"觉民行道"①。而且，明代中叶的商品经济以及市民阶层出现后，温情脉脉的宗法礼让关系被唯利是图的利益关系与奢侈繁华的风气取代。这种私利熏心的世风，不仅影响了农民、工人、商人阶层，同样波及上层士大夫。在这种新的历史条件下，阳明心学孕育而出，目的在于使得当时的社会道德秩序得到稳定。如此一来，既要探索不同于朱子的"格物致知"，复别于陆象山的"一了百了"，"致良知"说作为新的解答应运而生。

"致良知"学说来源于孟子"人之所不学而能者，其良能也；所不虑而知者，其良知也"（《孟子·尽心上》），阳明将其发挥为"致吾心之良知于事事物物"②，旨在将知识实践统一于道德实践，完成知识论域的实践转向。

首先要明白，王阳明所说的良知的本义不是闻见之知，而是"德性之知"。他指出：

> 良知不由见闻而有，而见闻莫非良知之用，故良知不滞于见闻，而亦不离于见闻。孔子云："吾有知乎哉？无知也。"良知之外，别无知矣。故"致良知"是学问大头脑，是圣人教人第一义。今云专求之见闻之末，则是失却头脑，而已落在第二义矣。近时同志中盖已莫不知有致良知之说。然其功夫尚多鹘突者，正是欠此一问。大抵学问工夫，只要主意头脑是当。若主意头脑专以致良知为事，则凡多闻多见，莫非致良知之功。盖日用之间，见闻酬酢，虽千头万绪，莫非良知之发用流行。除却见闻酬酢，亦无良知可致矣，故只是一事。③

致良知的本义就是要将吾心良知之天理扩充出来，以贯彻到事事物物上，以使事事物物得其真实之成就。为成就事物所必需的见

① 参见余英时：《宋明理学与政治文化》，广西师范大学出版社2006年版。
② 王守仁：《传习录中》，《王文成公全书》，王晓昕、赵平略点校，第55—56页。
③ 王守仁：《传习录中》，《王文成公全书》，王晓昕、赵平略点校，第88—89页。

闻知能，吾心之良知自会发出命令，使吾人去见、去闻、去求知、去习能，这全是良知要求我们如此去做。所以说"日用之间，见闻酬酢，虽千头万结，莫非良知之发用流行"。而且致良知并不是凭空可以致得的，必须落在实事上，才能致知以格物（正物），离了实事则知亦不能致，所以阳明又说"除却见闻酬酢，亦无无良知可致矣"。此则所谓"良知不滞于见闻，而亦不离于见闻"。

这种良知的强大力量，我们以阳明处置宁王之乱的记载来说明。[①]据《王阳明年谱》记载，正德十四年（1519）宁王叛乱对阳明来说完全是突发事端。其时阳明正奉旨带兵赶往福建，得知宁王叛乱，思及"诚天下安危之大机"，阳明当机立断复返吉安安排戡乱事宜。阳明此举"虑念及此，痛心寒骨""义不忍舍之而去""值宁藩变，臣子义不容舍"，完全基于良知之感动而非朝廷之命令，说明良知不允许他弃此危难而去。

从理论宗旨而言，王阳明立足于如何治心这一问题，通过心性论将内圣与外王合而为一，并将良知人人皆有、化德性为德行作为构建良好秩序的不二法门，把问题拉回到个体心性修养的功夫中，以拯救人心的陷溺和堕落。是故，"致良知"学说的实践要求就在于教人守住内心的底线，以良知为准则，做到不因外物而仅靠良知指引行事。当然，"致良知"不是一句言谈，亦不是种论说，而是真切的道德实践工夫。要指点这种道德实践的功夫，一方面必须"随机"，这是因人因时而有所不同。但另一方面，这种指点亦自有它一定的"义法"，有一定的规矩理路。这个义法与理路，在随机指点之时，仍然不可违背而必须遵循。

上述"致良知"学说的本义，实际上切中了当前戒毒实践中存在的诸多弊端。从吸毒者的行为方式来看，部分吸毒人员在毒瘾的驱使下，其个人的道德实践很容易进入歧途。在私德领域，他们往往成为个人道德自我和家庭的破坏者，比如吸毒过程中对家庭经济结构的破坏、对亲情关系的践踏，使他们在基本的家庭伦理中日益

---

①阳明曰：本职奉有前旨，欲遂径往福建，但天下之事，莫急于君父之难，若彼顺流东下，万一南都失备，为彼所袭，彼将乘胜北趋，动摇京辅，如此则胜负之算，未有所归。此诚天下安危之大机。虑念及此，痛心寒骨，义不忍舍之而去，故遂入城，抚慰军民，督同知府伍文定等调集兵粮，号召义勇，定谋设策，收合涣散之心，作起忠义之气，牵其举动而使进不得前，捣其巢穴而使退无所据，庶几叛逆可擒，大难可靖。

边缘，甚至被"扫地出门"成为孤家寡人。在公德领域，吸毒者的行为本就违背了作为社会公约的法律制度，更有甚者，由于参加到毒品的制贩活动中，他们已经成为社会和国家必须清除的"异端分子"。要拯救他们的公德与私德，归根结底还是要回到良知上来发力，回归社会的秩序。因为良知作为善恶是非的准则，必然是戒毒人员道德认识和道德实践的归宿。

### （三）事上磨炼

前面我们讨论了"知行合一"和"致良知"两个命题，基本的着眼点在于义理层面。但是阳明学说的立论除了义理，功夫亦不可缺。是故阳明认为：

> 知之真切笃实处，即是行；行之明觉精察处，即是知。知行工夫本不可离。[①]

作为一种"心性之学"，阳明心学是内在于心体的学问。把它运用到戒毒实践，更重要的是要注重心上发力，通过身心上的体履，着实于自我真切存在中以自我的体验、实践的践履达到对本体把握的"身心之学"[②]。心上发力的功夫体现在切己体认、亲身实践。"体认"与"讲说"的不同，"体认者，实有诸己之谓耳，非若世之想象讲说者之为也"[③]。

阳明中年强调"知行合一"，到晚年提倡"致良知"，可以说明，他的重点不再强调知行本体的合一，而是强调知行功夫的合一，即知之必实行之，这个过程需要持续的修炼。所谓的功夫即是力行，阳明学说是真正从实践的角度来谈心性，即强调道德修养必须转化为道德实践。功夫可分为动与静，即"事上磨炼"与"静坐"。但是，专靠静坐的修养，阳明认为是不够的，因为静中修养不能保证"动亦定"，即不能保证在实践中保持稳定充实的心境。而且，静坐作为体认心性的过程，遇到具体的境况往往容易被动，乱了阵脚。

---

[①]王守仁：《传习录中》，《王文成公全书》，王晓昕、赵平略点校，第52页。
[②]朱晓鹏：《论王阳明的"身心之学"》，《哲学研究》2013年第1期。
[③]王守仁：《与马子莘》，《王文成公全书》，王晓昕、赵平略点校，第264页。

对于戒毒者来说，更重要的是"事上磨炼"。职是之故，阳明才说：

> 人须在事上磨炼，做功夫乃有益。①
> 人须在事上磨，方立得住；方能静亦定，动亦定。②

所谓"事上磨炼"，指在纷繁的社会事务中锤炼心之本体，在心用在事上时发力。实际上是要求人们在日常生活中随时提醒自己注意道德修养，无论大事小事，都要依良知而行。例如，《传习录》载：

> 有一属官，因久听讲先生之学，曰："此学甚好，只是簿书讼狱繁难，不得为学。"先生闻之，曰："我何尝教尔离了簿书讼狱，悬空去讲学？尔既有官司之事，便从官司的事上为学，才是真格物。如问一词讼，不可因其应对无状，起个怒心；不可因他言语圆转，生个喜心；不可恶其嘱托，加意治之；不可因其请求，屈意从之；不可因自己事务烦冗，随意苟且断之；不可因旁人谮毁罗织，随人意思处之。有许多意思皆私，只尔自知，须精细省察克治，惟恐此心有一毫偏倚，杜人是非，这便是格物致知。簿书讼狱之间，无非实学。若离了事物为学，却是着空。"③

这段文字蕴含的深意突出了儒家哲学的实践性。而这种"知行合一"和"致良知"的心性之学，并不需要过多的专门学习，而重在事上体认，要在精一无尽的工夫历程中使本体与功夫互证互体，这便是达到"自我控制"的实践路径。心学本体功夫论本身就是一个完善、成熟的理论形态，阳明曾使用教育、告谕、乡约等教化之道推行其"致良知"学说。故而，阳明心学这一可以使"愚夫愚妇"更好地做人做事的学问，决不可止步于儒生、士人等（如今天的专家学者和政府官员）社会文化精英，更应该普及关怀到更多的

---

① 王守仁：《传习录下》，《王文成公全书》，王晓昕、赵平略点校，第114页。
② 王守仁：《传习录上》，《王文成公全书》，王晓昕、赵平略点校，第16页。
③ 王守仁：《传习录下》，《王文成公全书》，王晓昕、赵平略点校，第117—118页。

社会群体，尤其要观照到戒毒人员这种特殊的人群。这是因为，戒毒人员的行为方式中往往表现出"知"与"行"的割裂。

回到具体的戒毒实践，功夫的落实要从切实"克己"与真正"为己"方面着力。[①]所谓"克己"是克躯壳的己，躯壳的己即是"身"；"为己"是为真己，真己即是"心"。但这只是方便说，不是究竟义。真正说来，"身"与"心"并非截然分开而两相对立之二物，所以说"真己何曾离着躯壳"？所谓"克己"亦并非不让耳目口鼻四肢去视、听、言、动，而是不可"随躯壳起念"而欲视美色，欲听美声，欲尝美味，欲享逸乐。因为这样，便会盲、聋、爽、发狂，而害了耳目口鼻四肢。这是"向外驰求""认贼作子"，连"为躯壳的己"也说不上。儒家讲的"克己"并不是这样的。如《大学》讲"诚意""正心"，岂不正是"修身"功夫？离开了诚意正心，哪还有修身功夫可得？每一个人，包括戒毒人员，如果真能"常常保守这个真己的本体"，而慎独存诚，便是有"为己之心"，便能"克己"，也就能"成己"了。

---

① 《传习录》载：萧惠问："己私难克，奈何？"先生曰："将汝己私来，替汝克。"先生曰："人须有为己之心，方能克己；能克己，方能成己。"萧惠曰："惠亦颇有为己之心，不知缘何不能克己？"先生曰："且说汝有为己之心是如何？"惠良久曰："惠亦一心要做好人，便自谓颇有为己之心。今思之，看来亦只是为得个躯壳的己，不曾为个真己。"先生曰："真己何曾离着躯壳！恐汝连那躯壳的己也不曾为。且道汝所谓躯壳的己，岂不是耳目口鼻四肢？"惠曰："正是。为此，目便要色，耳便要声，口便要味，四肢便要逸乐，所以不能克。"先生曰："'美色令人目盲，美声令人耳聋，美味令人口爽，驰骋田猎令人发狂'，这都是害汝耳目口鼻四肢的，岂得为汝耳目口鼻四肢？若为着耳目口鼻四肢时，便须思量耳如何听，目如何视，口如何言，四肢如何动；必须非礼勿视听言动，方才成得个耳目口鼻四肢，这个才是为着耳目口鼻四肢。汝今终日向外驰求，为名为利，这都是为躯壳外面的物事。汝若为着耳目口鼻四肢，要非礼勿视听言动时，岂是汝之耳目口鼻四肢自能勿视听言动，须由汝心。这视听言动皆是汝心：汝心之视，发窍于目；汝心之听，发窍于耳；汝心之言，发窍于口；汝心之动，发窍于四肢。若无汝心，便无耳目口鼻。所谓汝心，亦不专是那一团血肉。若是那一团血肉，如今已死的人，那一团血肉还在，缘何不能视听言动？所谓汝心，却是那能视听言动的，这个便是性，便是天理。有这个性才能生。这性之生理便谓之仁。这性之生理，发在目便会视，发在耳便会听，发在口便会言，发在四肢便会动，都只是那天理发生，以其主宰一身，故谓之心。这心之本体，原只是个天理，原无非礼，这个便是汝之真己。这个真己是躯壳的主宰。若无真己，便无躯壳，真是有之即生，无之即死。汝若真为那个躯壳的己，必须用着这个真己，便须常常保守着这个真己的本体，戒慎不睹，恐惧不闻，惟恐亏损了他一些；才有一毫非礼萌动，便如刀割，如针刺，忍耐不过，必须去了刀，拔了针，这才是有为己之心，方能克己。汝今正是认贼作子，缘何却说有为己之心，不能克己？"

## 四、"合格产品"的培养：基于"阳明心学戒瘾治疗法"的实践

### （一）"合格产品"的培养在于祛除"心瘾"

众所周知，戒毒是个世界难题。根据国家禁毒办2019年6月17日发布的《2018年中国毒品形势报告》，全球约有2.75亿人至少使用过一次毒品，其中近3100万人为吸毒成瘾者。在我国，吸毒人口数量规模依然庞大，禁毒戒毒形势亦不容乐观。截至2018年底，全国现有吸毒人员240.4万名（不含戒断三年未发现复吸人数、死亡人数和离境人数）。[①] 世界各国对戒毒工作进行了各种研究，但无论怎样研究，都不外乎社会、生理、心理这3个维度。

首先，从戒毒人员群体的行为方式来看，"身瘾"本质上根源于"心瘾"。通过调查研究，我们发现，强制隔离戒毒人员在接受了完整的戒毒体系矫正治疗出所后，仍然戒除不了毒瘾，复吸问题十分严重。大部分戒毒人员之所以意志力薄弱和自律性差，屡次出现复吸行为，往往有着复杂的生理、心理和社会性原因。而最根本的原因，则是在于他们内心认知上的种种偏差，往往会出现知行不一、良知缺乏等行为思想状态。在综合考虑戒毒人员面对的生理、心理和社会等"三维"因素的基础上，我们在加强戒毒人员的强制管理与行为引导的同时，重点从思想上的"开关"入手，引导他们明白思想和行动的统一性原理，积极从事上磨炼，不断"致良知"，解决好"知行不一"的悖境，为今后坚持戒毒打下坚实的思想基础。

其次，从社会形势的发展来看，基层司法行政戒毒工作必须向内着力、从"心"出发。世界各国都在积极想办法，运用各种外在的手段和方法，仍收效甚微。这就说明，光靠外力来帮助吸毒人员戒毒，是很难奏效的。另一方面，自2013年劳教制度废除后，司法行政戒毒场所的各项工作制度和职能逐渐朝着以教育戒治为中心的方向"定型"。但从近年来司法行政戒毒工作的具体实务和效果来看，本质上几乎都可以归类为"重管理轻教育"。在现实工作中，一些民警没有很好地理解治本安全观的根本内涵，只注重在"管"

---

①国家禁毒委员会：《2018年中国毒品形势报告（全文）》，见网址：http://www.nncc626.com/2019-06/17/c_1210161797.htm? from=groupmessage。

上下功夫，花费大量的人力、物力、财力去守安全、保安全，硬性要求戒毒人员戒毒，而不注重让他们从内心真正地去主动戒毒。随着人本和法治的历史车轮向前推进，我们基层的司法行政戒毒工作必须在外在强制的基础上，更加注重从"心"入手，从强化戒毒信仰的层次进行教育引导。即运用阳明心学来进行理论上的指导，从微观的道德规范上对戒毒人员循循善诱，进而在其戒毒的过程中实现思想与行动合一、心性与修为统一、意愿与实践的归一。

据此，2017年下半年以来，贵州省E强制隔离戒毒所在国内首次运用王阳明心学哲学思想全面服务司法行政戒毒工作，相关经验做法被贵州省戒毒管理局提炼命名为"阳明心学戒瘾治疗法"，并被作为戒毒新技术新方法得到深入研究。与此同时，在推进全国统一的司法行政戒毒工作基本模式纵深落地的过程中，一张工作蓝图渐渐明确：就教育引导戒毒人员戒除毒瘾这一中心任务而言，"阳明心学戒瘾治疗法"与基本模式"殊途同归"，二者具有逻辑上的高度同一性和内容上的高度一致性，是可以融合发展的。

### （二）"合格产品"的培养过程

戒毒"合格产品"的培养过程，是在推进"阳明心学戒瘾治疗法"和全国统一的司法行政戒毒工作基本模式的融合创新发展中完成的。"阳明心学戒瘾治疗法"的初衷，就是要在深刻理解"心学与戒毒"内在联系的基础上，把阳明心学的思想精髓应用到强制隔离戒毒的具体实务中。通过思想文化渗透的方式，让戒毒人员对"知者行之始，行者知之成"等道德统一性原理真正入脑入心。一方面，要在所内教育引导戒毒人员从内心深处认识到毒品的危害，在戒除毒瘾的过程中发现良知，增强知行合一的人生观念，强化"事上磨炼"的行为自觉，帮助他们戒除"心瘾"、矫正行为。另一方面，还要培养他们出所后"我要戒毒""我能戒毒"的行为自觉，巩固所内的戒毒成果，积极破解"高复吸、低操守"的戒毒难题，走出一条切合工作实际情况的"新路"，进一步提高教育戒治质量。具体而言，这一过程包括三个方面的实践：

1.根据分期阶段开展博雅教育（图3）

在教育适应期，主要进行阳明心学经典思想篇目的诵读与讲解，确保阳明心学的戒毒思想真正入脑入心，引导戒毒人员认识良知和实践良知。在康复巩固期，组织各大队心学戒毒"重点班"，以所内自编教材《洗心录》的学习为主，组织戒毒人员对前期所学内容进行讨论并记录在《观心册》上，同时辅之以正念认知（MBCT）疗法课程，引导戒毒人员在知行合一上用力，养成良好的行为自觉。在回归指导期，引导戒毒人员对前期心学戒毒生活历程和《观心册》进行回顾总结，配套法制、创业和就业指导等回归课程，在思想上和行动上做好事上磨炼的准备。通过在不同的戒治分期组织戒毒人员学习不同的阳明心学戒毒课程，教育引导戒毒人员转变戒毒观念、积极参与戒治，为长期坚持戒毒扎牢根基。

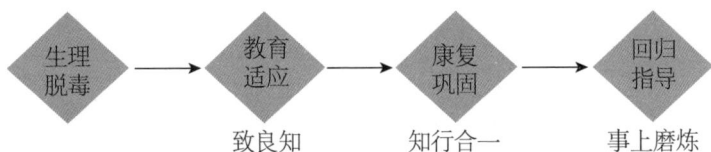

图3　各戒治分期的阳明心学博雅教育培养流程

2.发挥中心职能实施专项训练（图4）

依托心理矫治中心开展动机强化训练、情绪管理训练、修正心智模式训练、VR虚拟现实训练等心理健康教育项目，依托康复训练中心开展常规有氧运动和养生八段锦、五禽戏等特色运动戒毒项目，依托教育矫治中心开展认知矫正训练、压力免疫训练和行为改变训练等行为干预项目，依托诊断评估中心开展家庭功能修复训练、社会应激训练、人生规划训练等效果评估项目，充分发挥科学戒治的功效。

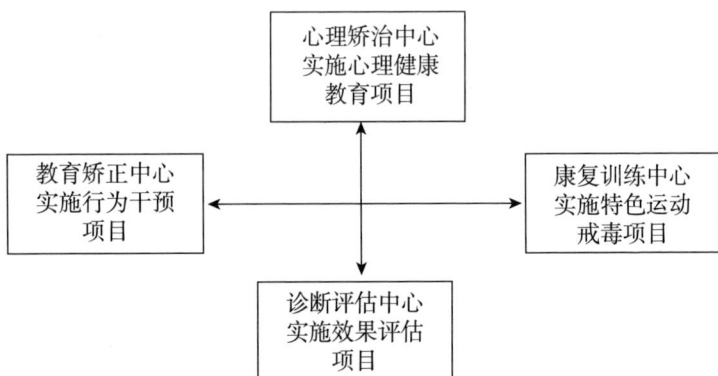

图4　各戒治分期"四大中心"职能

以引入"致良知"学说开展积极心理学取向的心理健康教育为例。通过关注戒毒人员生活中积极的一面，重视其作为个体已有和潜在的积极力量，有利于发扬积极特性，以此来帮助他们重新认识自身优势，获得美好的生活。下面，本研究列举一项表2中的测试数据来对此进行说明。

表2　戒毒人员治疗前后测量对比表

| 姓名 | 年龄 | 文化水平 | 吸毒次数 | 吸毒史长（年） | 复吸压力值 | | | 备注 |
| --- | --- | --- | --- | --- | --- | --- | --- | --- |
| | | | | | 学习前 | 学习中 | 学习后 | |
| 谭XX | 38 | 初中 | 4 | 20 | 209 | 194 | 176 | |
| 刘XX | 32 | 初中 | 3 | 8 | 182 | 175 | 163 | |
| 许XX | 25 | 初中 | 3 | 8 | 176 | 166 | 153 | |
| 罗XX | 24 | 初中 | 1 | 0.6 | 203 | 190 | 176 | |
| 余XX | 37 | 初中 | 3 | 14 | 251 | 221 | 200 | |
| 何XX | 39 | 初中 | 2 | 4 | 196 | 180 | 162 | |
| 朱XX | 24 | 初中 | 1 | 10 | 213 | 198 | 176 | |
| 吴XX | 36 | 初中 | 1 | 3 | 249 | 221 | 203 | |
| 张XX | 25 | 初中 | 2 | 3 | 210 | 190 | 175 | |
| 夏X | 25 | 初中 | 3 | 4 | 259 | 234 | 213 | |
| 平均值 | 30.5 | | | | 214.8 | 196.9 | 179.7 | |

表2是来自贵州省E强制隔离戒毒所教育适应区的一组针对新收戒毒人员的一组10人小样本测试数据。被试者的年龄在24岁至39岁之间，平均年龄为30.5岁，属于当前吸毒者群体中最为典型的年龄分布段。本测试的设计过程为，将10名文化教育水平相当的被试者纳入"致良知"心理矫治重点班，进行为期1个月的"致良知"学说的心理治疗。（测试具体分为3个阶段，治疗前、治疗中和治疗后）10名被试者在参加治疗前先进行一次复吸压力值测试，平均数值为214.8；在参加治疗15天后，复吸压力值为196.9；在参加治疗完1个月后，复吸压力值为179.7。10名被试者治疗前和治疗后的压力值之差为35.1，其中每一名被试者的复吸压力值均在减少，发生的良性变化较为显著。从上述测试可以看出，通过将"致良知"学说应用于被试者的心理矫治过程，参与测试的被试者在复吸压力方

面均有一定的改善，反映出这一试验对被试者的作用是良性的。

3.实施五项"戒毒所＋"工程

"戒毒所＋科研机构"：以部局课题为支撑，联合贵州医科大学医学人文学院合作建立以中国科学院专家领衔的"药物成瘾行为干预与心理矫治专家工作室"，目前双方已合作完成研究课题2项，研究成果将用于补充"阳明心学戒瘾治疗法"的理论体系，服务教育戒治工作实践。"戒毒所＋NGO"：通过和花溪区阳光妈妈协会等志愿者组织开展深度合作，目前已有10余名戒毒人员与该协会的志愿者建立"母子"帮扶关系。"戒毒所＋专业机构"：通过购买社会服务的方式，与深圳市幸福家家庭研究院等机构开展长期合作，累计开展心理治疗24次，有力补足了所内专业人才不足的工作短板。"戒毒所＋地方部门"：先后与织金县、大方县等地的地方部门联合建立社区戒毒、社区康复指导站，并不定期开展延伸帮扶活动，受到当地部门和出所人员的好评。"戒毒所＋家庭"：通过走访帮扶戒毒人员家庭，不仅帮助他们修复了亲情纽带，还为所内的教育戒治工作争取了亲情支持。

### （三）"合格产品"的培养结果

实施"阳明心学戒瘾治疗法"这一司法行政戒毒"合格产品"培养工程后，教育戒治质量稳步提升。截至当前，全所共有2013人参加了阳明心学的学习，出所人员3个月以上的保持操守率在60%以上。中国科学院心理学研究所专家的研究报告显示，"阳明心学戒瘾治疗法"对海洛因戒毒人员的抑制控制功能具有一定的改善作用。在阳明心学和基本模式的浸润下，越来越多的戒毒人员走上了戒毒重生新路。

## 五、总结与展望

综上所述，阳明心学显然可以作为一把开启司法行政戒毒工作新路径的"心"钥匙。当前的戒毒工作特别需要阳明心学来进行理论上的指导，从微观的道德规范上对戒毒人员循循善诱，进而在其戒毒的过程中实现思想与行动合一、心性与修为统一、意愿与实践的归一。具体而言，就是要把以"致良知"为宗旨的阳明心学的思想精髓应用到强制隔离戒毒的具体实务中，通过思想文化渗透的方式，不仅让戒毒人员对"知者行之始，行者知之成"等道德统一性原理真正入脑入心，教育引导戒毒人员从内心深处认识到毒品的危害，在戒除毒瘾的过程中发现良知，增强知行合一的人生观念，强化"事上磨炼"的行为自觉，帮助他们戒除"心瘾"、矫正行为。

理论探索永无止境。最后，本研究将以阳明心学戒毒思想的理解与应用方面应注意的三个问题来暂作总结。

## （一）不可迷守成言，视为"万能药方"

在《传习录》上卷中，徐爱写了一篇序："门人有私录阳明先生之言者。先生闻之，谓之曰：'圣贤教人，如医用药，皆因病立方，酌其虚实温凉、阴阳内外而时时加减之。要在去病，初无定说。若拘执一方，鲜不杀人矣。今某与诸君不过各就偏蔽箴切砥砺，但能改化，即吾言已为赘疣。若遂守为成训，他日误己误人，某之罪过可复追赎乎？'"这篇序刻于《传习录》卷首，文字亦不难解，但是却很少有人讨论其置于此处的道理。《传习录》刻行之时，王阳明心学思想已经初具体系，门人弟子日众，对当时社会上的知识分子产生了巨大的影响。特别是明代中叶以后，阳明学说在社会不同阶层中开始普遍流行。这时候，就会出现一个如何对待阳明心学的思想的问题，即究竟是把它当作"万能药方"的"教条"思想，还是采取端正的态度去理解它的本义和价值？所以徐爱的这篇序言中引述的王阳明的话，足以说明他对自己学说的一种在理解和应用上的"隐忧"。果不其然，阳明死后，其弟子在理解师门嫡传思想上的分歧很快就出现。以至于到了晚明时代，以王畿为代表的"浙中王门"一路、以王艮为代表的"泰州学派"一路，都曾出现了所谓玄虚蹈空、束书不观而事无根之游谈的"猖狂"弊病。[1]故而我们在理解阳明心学的戒毒思想时，切不可在文本中的"成言"上"迷守"和纠结，更不可妄图一劳永逸地理解其中的内涵。可采取的，应是一种正视的态度，如同对待一切其他思想家一样尽可能客观平等地对待阳明心学。

---

[1]对此，王阳明的后学刘宗周指出："今天下争言良知矣，及其弊也，猖狂者参之以情识，而一是皆良；超洁者荡之以玄虚，而夷良于贼。亦用知者之过也。"［见《刘宗周集》（第2册）］

## （二）不可轻言理会，脱离人生经历和生命体验

我们知道，儒家的义理，终究要落实在道德实践上，以成德性成人格为本旨，因而亦常常直探心性之源，而有其奥旨微义。宋明儒之所以注重讲习，注重功夫指点，正是由于这些道理，必须在师友的亲炙熏习之中，才更能贴切而不走作，才更能真实受用。这是生命的学问，不是单纯的读书讲文或解释字义之事，书讲错了，字义解释错了，改正一下即可。而在生命的学问中，若有走作有乖舛，那就是与德性生命相关的事。不但差之毫厘，谬以千里，而且会误妄一生。在《顺生录》中，王阳明说："某于良知之说，从百死千难中得来，非是容易见得到此。此本是学者究竟话头，可惜此理沦埋已久。学者苦于闻见障蔽，无入头处，不得已与人一口说尽。但恐学者得之容易，只把作一种光景玩弄，孤负此知耳。"在这句话中，王阳明早已言明阳明心学的得来不易，只是怕他人不解，所以采取了一种看似简易的总结性阐述方式。但同时，阳明自己也预测到这种"大道至简"式的叙述，其实也为一些不肯投入功夫的投机之徒打开了"得来全不费工夫"的方便之门，以至于不光是当时出现"空谈心性"的弊病，甚至直到今天似乎也出现了一种"人人都可讲心学"的"繁荣"之状。但如果再进行深入的考察，除了对其中已成滥觞的几个重要命题的"泛泛而谈"，鲜有人能切实明白阳明心学的"艰难"背景，它解决了哪些思想史上的问题，以及它的未来命运。所以在运用心学时，说者与听者其实不过是"掉书袋"，并未理会阳明心学的要义在何处。本研究认为，对阳明心学的理解，必须将其与阳明先生的人生经历与生命体验紧密结合起来，即通过一种"以传解经"和"人学合一"的方式来进行理解，方能证得阳明心学的本义。同时，在对阳明心学的运用上，也应杜绝空谈那几个命题，而是须在行动上真切笃实地将阳明心学的理论内涵同自身的具体人生境况结合起来体察总结，让其思想的力量在各自的生命体验中显现出来。如果没有认真地从上述两方面去着力，只是一味空谈冥想，实则大悖于阳明学说的初衷，反而进入了相反的道路上。对日常世俗生活中的绝大多数人来说，主要还是困知勉行与学知利行，为此必须把生命的每一瞬间都看成"成圣"的关键时刻，时时处处通过人生道德义务的履行来清楚自觉自己的本

然心性，又依此本然心性的自觉自证来更好地履行人生道德义务，这也就是致良知意义上的知行功夫的合一。[1]这一点，在教育引导戒毒人员时不可不强调。

### （三）"四句教"的重要性

阳明心学中，"四句教"或许可以被视为"总诀"抑或"法门"。"四句教"的详细阐发是在阳明生命结束的前一年。事件起因为钱德洪与王龙溪围绕"四句教法"讨论阳明讲学宗旨时各执异见，阳明遂在他们的请求下，发挥"四句教"哲理义涵，钱、王二人言下俱有省悟，史称"天泉证道"。"四句教"曰：无善无恶心之体，有善有恶意之动，知善知恶是良知，为善去恶是格物。"四句教"首句"无善无恶心之体"，乃是指本体界、超越界而言。"四句教"的后三句，主要就经验界、实践界而言。在阳明看来，本体存在的良知必然发用于事物，在经验界、实践界中显用，从而开展出人类历史文化活动。本体界、超越界不能与经验界、实践界脱节，良知的生命乃是必须在历史文化活动中实现的生命。良知本体的自在规定使其既是廓然大公的未发之中，又是感而遂通的昭明灵觉。良知的发用展开过程，当然也是心体感物应事的展开过程。这一展开过程不能不表现为人类的意识活动，而意识活动亦不能不有与物联属的感性经验内容，不能不有种种的知行合一的实践活动（格物致知）。这就是"心之所发便是意，意之本体便是知，意之所在便是物"。阳明的致良知教则一心开二门，或即本体即功夫，或即功夫即本体，对应于心性的高低不同层次，"四无""四有"各有安顿，又相资为用。在心性的高层次上，人的精神素养已达至无执熟化的境界。内在至善的心体全然洞开，全然朗现，全然发用，全然落实，心知意物只是一件，彻上彻下通体皆透。回到司法行政戒毒工作实践的目的，归根结底还是要教育引导戒毒人员学会"知善知恶"和"为善去恶"，达到戒除"心瘾"的目标。在此过程中，大的原则与方向一致，而具体的方法则要在这些大"法门"的引导下，应对不同的人采取不同的方法，指引他们去"事上磨炼"。

---

[1]参见张新民：《生命行动的哲学——论王阳明的知行合一说》，《贵州师范大学学报（社会科学版）》1997年第2期。

附　录

# 附录一 坚守与传承：改革开放以来贵州阳明学研究综述

改革开放以来四十多年，贵州学人秉承"坚守与传承"的精神，通过四代学者不懈努力，一心一意完成了一件大事，即恢复了《明儒学案》缺载的"黔中王门"，获得海内外阳明学界的认同。此外，贵州学人不仅在全国率先出版阳明学大型刊物——《阳明学刊》，而且大力收集、整理、出版相关阳明学文献资料和一系列阳明学论著，特别在阳明学核心概念与阳明学说的探析、阳明心学当代价值等研究方面取得一定成就，逐渐形成"三足鼎立"与"一会一堂两院三中心"的局面，成为中国当代阳明学研究的重镇之一。

## 一、贵州阳明学研究的四个阶段

改革开放四十多年来，贵州阳明学研究经历了以下四个阶段：

第一阶段（1978—1989）：贵州阳明学研究的起步阶段。这一阶段是以维修和保护阳明文化遗址为起点的。具体而言，从1978年开始，贵州有关政府部门先后拨出专款，对修文阳明洞、贵阳甲秀楼、扶风山阳明祠、黄平飞云崖等与王阳明相关的古建筑群加以修复，1982年又将它们列为县级和省级文物保护单位，最后上升为国家级重点文物保护单位。为了宣传扩大贵州阳明文化的影响，从1986年开始，贵州相关文史专家先后多次到全国收集阳明文化资料，1989年在修文阳明洞举办"王阳明在贵州"系列展览，这是全国第一次正规的阳明文化系列展览，为后来修文"阳明先生纪念馆"和"中国阳明文化园"的建立奠定了重要基础。

从阳明学术研究来看，贵州的起步也是比较早的。1986年11月，贵州师范大学主办了"王阳明学术讨论会"，这是改革开放后全国第一次以"王阳明"为主题的学术研讨会，会议由贵州师范大学校长吴雁南教授主持，共有来自全国的30位专家参会，著名学者有：中国社科院哲学所蒙培元、马振铎；浙江省社科院王凤贤、钱明；山东社科院刘宗贤；中国青年政治学院方尔加；贵州大学田光辉；贵州师范大学吴雁南、刘宗碧、余怀彦等。这次会议是全国范围阳明学术思想研究的发端。刘宗碧教授的会议论文《王守仁在贵州的学术思想》和《贵州的阳明后学》引起与会专家学者的重视。会后，田光辉发表了《王阳明心学讨论会综述》①一文，对这次会议的学术成果和重要意义进行了总结。

这一时期，贵州阳明学者除了对阳明学展开研究外，还集中力量对"黔中王门"代表人物孙应鳌进行研究。代表性的研究专家有吴雁南、刘宗碧、谭佛佑、龙连荣、余怀彦、田光辉、李德方、张亚新等。他们产出了一些具有开创性的学术成果，主要有：张亚新的《孙应鳌诗歌创作刍议》②（1981）；余怀彦的《王阳明的教育哲学思想初探》③（1981）；李德芳的《王阳明在贵州》④（1982）；龙连荣的《孙应鳌〈教秦绪言〉评介》⑤（1987）；谭佛佑的⑥《王阳明"主贵阳书院"辨证》（1987）和《孙应鳌简介》⑦（1987）；刘宗碧的《贵州古代第一位哲学家孙应鳌》⑧（1988）；龙光沛的《从孙应鳌〈琐言〉探其对王阳明心学之继承与发展》⑨（1988）和《孙应鳌华山诗的思想性和艺术特色》⑩（1988）；刘宗碧的《试论孙应鳌的哲学地位和影响》⑪（1988）和《孙应鳌的哲学思想》⑫（1989）；田光辉的《试论王阳明的社会政治观》⑬（1989）等。这些成果奠定了贵州学者在当代阳明学研究中的方向和地位，即沿着王阳明本人和"黔中王门"两个方向继续深入挖掘和研究。

鉴于贵州阳明文化遗址保护和"黔中王门"研究的成果，加之中国国门打开和交通状况的逐步改善，贵州吸引了省外和国外阳明学者前来参观考察。比如，1988年日本著名阳明学者冈田武彦第一

---

① 田光辉：《王阳明心学讨论会综述》，《孔子研究》1988年第3期。
② 张亚新：《孙应鳌诗歌创作刍议》，《贵州社会科学》1981年第1期。
③ 余怀彦：《王阳明的教育哲学思想初探》，《贵州社会科学》1981年第6期。
④ 李德芳：《王阳明在贵州》，《贵州文史丛刊》1982年第3期。
⑤ 龙连荣：《孙应鳌〈教秦绪言〉评介》，《贵州文史丛刊》1987年第2期。
⑥ 谭佛佑：《王阳明"主贵阳书院"辨证》，《贵州文史丛刊》1987年第1期。
⑦ 谭佛佑：《孙应鳌简介》，《贵州文史丛刊》1987年第2期。
⑧ 刘宗碧：《贵州古代第一位哲学家孙应鳌》，《贵州师范大学学报（社会科学版）》1988年第3期。
⑨ 龙光沛：《从孙应鳌〈琐言〉探其对王阳明心学之继承与发展》，《贵州师范大学学报（社会科学版）》1988年第3期。
⑩ 龙光沛：《孙应鳌华山诗的思想性和艺术特色》，《贵州文史丛刊》1988年第4期。
⑪ 刘宗碧：《试论孙应鳌的哲学地位和影响》，《贵州社会科学》1988年第6期。
⑫ 刘宗碧：《孙应鳌的哲学思想》，《贵州社会科学》1989年第8期。
⑬ 田光辉：《试论王阳明的社会政治观》，《贵阳师专学报（社会科学版）》1989年第2期。

次到贵州；1989年第二次到贵州。此外，1989年，浙江绍兴重修王阳明先生墓，余姚召开"王阳明学术研讨会"，贵州阳明学者应邀参加，形成了贵州与国内外、省内外专家学者交流互动的良好关系。

总体来看，贵州在这一阶段，收集阳明文化资料、进行阳明文化宣传、对阳明及黔中后学展开研究活动等，这在当时是走在全国前列的，这为贵州阳明文化研究和进一步发展准备了良好条件，奠定了重要基础。

第二阶段（1990—2003）：贵州阳明学研究的发展阶段。这一阶段以一次重要会议为起点，即1990年8月，贵州黔东南民族师范专科学校（今凯里学院）召开"孙应鳌学术研讨会"，来自北京、南京、江西、浙江、四川、云南、广西，以及贵州各高校和科研单位共70余名代表参加会议，对"黔中王门"和孙应鳌的学术思想进行了深入探讨，收到会议论文数十篇，后来在香港出版了论文集。同年，《贵州师范大学学报》编辑部编印已故李独清教授整理的《孙应鳌年谱》；1996年，刘宗碧、龙连荣、王雄夫点校《孙应鳌文集》一书出版。这些成果和资料填补了"黔中王门"和孙应鳌研究的空白，孙应鳌研究后来逐渐成为贵州阳明学研究的一个重点和热点。

这一阶段，贵州召开了几次重要的阳明学术会议、举办专门的阳明文化活动。

第一，1994年8月30日，"贵阳王阳明研究会"筹备会召集19名阳明学专家在贵阳扶风山阳明祠举办"王阳明在贵阳"学术思想座谈会，对王阳明悟道、讲学、民族关系，以及阳明文化遗迹考察、保护等问题进行探讨。

第二，1994年9月，中、日、韩三国民间阳明学者30余人在贵阳召开"阳明心学暨良知工程论证会"，这是一次小型的国际会议，规模虽然不大，但开创了贵州开展国际王阳明研讨会的先河。

第三，1994年12月，"贵阳王阳明研究会"成立暨学术思想研讨会在贵阳阳明祠召开，参会专家50余人，贵州师范大学校长吴雁南教授被推举为荣誉会长。"贵阳王阳明研究会"连续开展研究活动，编印数十期《贵阳王阳明研究会会刊》，贵州有组织、有计划、有步骤的阳明学研究正式提上了日程。

第四，1995年5月，"贵阳王阳明研究会"与贵州省政协《文史天地》杂志社举办首届"王阳明学术思想座谈会"。来自海峡两岸的约80位学者通过对王阳明学术思想的探讨,认同王阳明是海峡两岸同胞共同敬仰的先哲。

第五,1995年11月,"贵阳王阳明研究会"在贵阳阳明祠召开第二次"王阳明学术研讨会",有贵州阳明学者50余人参加,收到论文18篇。与会者就王阳明学术思想进行了研讨,同时论证了王阳明贬谪贵州的行踪史实,纠正了某些资料的谬误。

第六,1996年7月,"中国贵州王阳明国际学术讨论会"在贵阳召开,国内外专家学者120余人参加会议。会议收到中国哲学学会会长张岱年、日本九州大学名誉教授冈田武彦、日本将来世纪国际财团理事长矢崎胜彦等的致辞。前来参会的知名学者有李志鹏、唐亦男、汤恩佳、霍韬晦、杜维明、成中英、金吉洛、郑仁在、志贺一朗、难波征男、史罗一,以及张立文、杨国荣、钱耕森、王凤贤、钱明、叶树望、冯祖贻、吴雁南、周维旨、史继忠、张新民、王晓昕、蒋庆、周桂钿、王路平等。王晓昕向大会提交他主编的《王阳明与贵州》一书,会议还收到学术论文90篇,会后出版《王阳明国际学术讨论会论文集》一书。这是贵州省第一次举办大型的王阳明国际学术研讨会,极大地扩大了贵州阳明文化的影响。

第七,1998年,贵阳市政协主办"纪念王阳明龙场悟道490周年学术研讨会",会后出版《王学之思:纪念王阳明贵阳"龙场悟道"四百九十周年论文集》一书。

第八,1999年是王阳明先生逝世470周年,修文县建成"阳明先生纪念馆",主办第一届"国际阳明文化节",开展阳明学国际交流活动。该文化节成为贵州阳明文化品牌,一直举办下来,从1999年至2018年,已经连续举办6届。

在"贵阳王阳明研究会"和以上会议的推动下,贵州阳明学研究快速发展,贵州阳明学界先后设立了一些专门研究机构,出版了一系列论著。

1995年6月,成立"修文县阳明学研究会",开展阳明学调研活动,编著《王学圣地》《王阳明在龙场》《阳明胜境》《千古龙岗漫有名》《阳明洞诗文集注》《王阳明(连环画)》等书籍;同时修文县筹资修缮修文阳明洞古建筑、培修"玩易窝"和"三人坟",聘请著名雕塑家田世信教授塑王阳明先生与黔中弟子"龙冈论道"青铜群雕像等。

1996年3月，成立"贵州师范大学阳明学研究中心"，吴雁南教授兼任主任，领衔申请阳明学的国家社科基金项目，出版"阳明学研究丛书"——《阳明学与近世中国》《王阳明与贵州文化》《孙应鳌文集》《王阳明在黔诗文注释》。

2002年12月，成立"贵州大学中国文化书院"，下设"贵州大学阳明学研究所"，院长张新民教授创办《阳明学刊》，这是中国大陆出版的第一家专门以"阳明学"命名的大型学术刊物，在海内外产生较好反响。

这一时期，贵州学者共发表阳明学文章66篇，平均每年发表5篇，数量最多的年份发表了9篇，其中以吴雁南、刘宗碧、张新民为代表的贵州师范大学团队在这一时期共发表23篇；以王路平为代表的贵州社科院团队发表16篇；以田光辉、王良范为代表的贵州大学团队发表8篇，贵州阳明学研究出现蒸蒸日上之势。

特别值得一提的是：吴雁南先生在1992—1999年间主要精力集中于阳明学研究，除了完成阳明学国家课题、主编"阳明学研究丛书"之外，还发表10篇阳明学文章，其中《"心学"与辛亥风云》一文发表于《历史研究》1992年第4期，《王阳明与近世中国》发表于《学术研究》1996年第11期，他的研究成果在当时具有一定影响和地位。此外，刘宗碧《贵州的王门后学》发表于《中国哲学史》1997年第2期；王路平《论王阳明与萨特的哲学本体论之同异》发表于《浙江学刊》1994年第3期，《王阳明谪居龙场遗迹考录》发表于《孔子研究》1994年第2期，《论王阳明与贵州少数民族》发表于《孔子研究》2000年第6期；张新民《生命行动的哲学——论王阳明的知行合一说》发表于《贵州师范大学学报（社会科学版）》1997年第2期，《王阳明"四句教"探释》发表于《贵州文史丛刊》1997年第4期，《王阳明"四句教"再探释》发表于《贵州文史丛刊》1997年第5期，《探寻真实的存在与存在的真实——王阳明心学视域下的静定、立诚与格心》发表于《贵州大学学报（社会科学版）》2003年第5期。以上这些论著代表了当时贵州阳明学研究的理论水平和重要成就。不幸的是，吴雁南先生于2001年去世，他所代表的贵州第一代阳明学者翻过了一页。2003年，贵州出现第一篇阳明学硕士学位论文，预示贵州阳明学研究的新生力量开始壮大。

第三阶段（2004—2016）：贵州阳明学研究的繁荣阶段。2004

年，以《阳明学刊》第1辑出版为标志，贵州阳明学进入繁荣阶段。2004年，贵州大学张新民教授创办的《阳明学刊》第1辑正式出版，为全国和贵州阳明学者提供了一个发表阳明学文章的重要平台。从2004年到2016年，《阳明学刊》先后出版8辑，总字数达百万字之多。2005年，贵阳学院王晓昕教授主持成立"贵阳学院王阳明研究所"。王晓昕主编的《王学研究》作为"贵州省阳明学学会"的会刊，在经过多年的沉淀后，改为以书代刊，正规出版。此外，从2015年起，《贵阳学院学报（社会科学版）》开办的"阳明学专栏"文章，被陆续整理为《阳明学研究新论》出版。就在2004年，贵州阳明学文章首次超过10篇，达到13篇，以后逐年上升，2015年到达最高点71篇。这一阶段，贵州共发表阳明学文章296篇（其中贵州大学115篇、贵阳学院92篇），以省为单位，贵州省发表的阳明学文章为全国第一名，占全国3531篇阳明学文章的8.4%，贵州学者发表的阳明学文章首次名列全国阳明学文章第一名。

第四阶段（2017—2022）：贵州阳明学研究的成熟阶段。2016年，《阳明学刊》第8辑出版后停刊；此后，《贵州大学学报（社会科学版）》"阳明学专栏"、《贵州师范大学学报（社会科学版）》"阳明学专栏"、《贵州文史丛刊》"阳明学专栏"也先后停办。贵州阳明学从高热度逐渐回归，进入成熟理性的新阶段，虽然发表阳明学文章总量有所下降，但文章质量继续稳步上升，贵州各高校培养的立志于阳明学研究的硕博研究生稳步增加，贵州阳明学第四代学人正在成长之中。

## 二、阳明学文献资料的收集整理与阳明学著作

阳明学的研究与发展，离不开阳明学文献资料的收集整理。贵州阳明学研究当然也不能例外。作为王阳明"龙场悟道"之地和"贵阳传道"之地（龙冈书院、文明书院）的贵州，明清至民国时期留下了大量阳明学文献资料，甚至有些不为外省学者所知，未被收入《王文成公全书》《王阳明全集》之中。因此，贵州历代学者一方面对黔中阳明学文献资料进行收集整理，另一方面也对王阳明传世经典著作进行了整理与研究，为贵州阳明学研究准备了重要的基础研究材料。

　　具体来说，改革开放以来，贵州学者对一些珍稀阳明学文献进行了点校、整理，久久为功，如：于民雄、顾久注译《传习录全译》（贵州人民出版社，1998）；王晓昕、赵平略点校《阳明先生集要》（中华书局，2008）、《王文成公全书》（中华书局，2015）和《王阳明集》（中华书局，2016）；刘宗碧点校"光绪黔南本"《阳明先生集要三编（上下）》（西南交通大学出版社，2019）；王晓昕编著《传习录译注》（中华书局，2018）；"贵州文库"影印"光绪贵阳本"《阳明先生遗像册》（贵州人民出版社，2019）；张新民整理"嘉靖黔刻本"《新刊阳明先生文录续编》（孔学堂书局，2020）；李半知整理校注"嘉靖本"《居夷集》《传习录》（贵州人民出版社，2022）。这些珍稀阳明学文献资料的点校、整理、出版，与上海古籍出版社版《王阳明全集》相互辉映，大有功于学界，对推动当代阳明学的发展起到重要作用。此外，张新民撰写《明代大儒孙应鳌及其著述考论——〈淮海易谈〉〈督学文集〉 点校合刊序》和《明代黔中地区阳明文献的刊刻与传播——以嘉靖贵阳本〈新刊阳明先生文录续编〉为中心的研究》两文，对黔中阳明学文献进行深入考察和全面总结，对贵州历代学者保存阳明文献之功进行了表彰。

　　不仅如此，贵州学者还出版了一系列阳明学研究著作，据杨德俊先生粗略统计，改革开放以来，贵州学者出版的阳明学论著114部，平均每年出版2—3部。代表性的阳明学著作有：吴雁南主编"阳明学研究丛书"四种——《阳明学与近世中国》《王阳明与贵州文化》《王阳明在黔诗文注释》《孙应鳌文集》（贵州教育出版社，1996）；王晓昕主编《王阳明与贵州》（贵州人民出版社，1996）；秦家伦、王晓昕主编《王学之思》（贵州民族出版社，1999）和《王学之路》（贵州民族出版社，2000）；白陈新主编《王学之旅》（贵州民族出版社，2009）；王晓昕著《阳明学撷论》（西南交通大学出版社，2009）；敖以深著《黔东北地域阳明文化研究》（知识产权出版社，2009）；王晓昕主编《王阳明与阳明文化》（中华书局，2011）；赵平略著《阳明文化》（贵州人民出版社，2012）；张新民主编"阳明精粹"三种——《哲思探微》《原著辑要》《名家今论》（孔学堂书局，2014）；王晓昕主编《王学之兴》（西南交通大学出版社，2015）；陆永胜著《心·学·政——明代黔中王学思想研究》（中华书局，2016）；杨德俊主编"龙场阳明学文库"四种——《王学之源》《王阳明龙场遗墨》《王阳明遗像图册》《王阳明行踪遗迹》（贵州大学出版社，2016—2022）；顾久主编《良知之光 共建共享——2018龙场论坛论文集》（贵州人民出版社，2018）；赵平略著《王阳明居黔思想及活动研究》（中华书局，2017）；张小明著《黔中王学研究——以孙应鳌、李渭为中心》（中华书局，2019）；娄果主编《阳明文化的当代价值》（人民出版社，2019）；李小龙主编《知行合一：王阳明经典诗文集萃》（贵州人民出版社，2019）、编著《王阳明经典名句》（贵州人民出版社，2019）；王晓昕著《王阳明与黔中王学》（人民出版社，2021）；王胜军著《阳明学概论》（贵州大学出版社，2021）；张新民著《存在与体悟——演讲·对话·讨论》（福建教育出版社，2022）；顾久主编《阳明心学与中华文化的骨气和底气——2022"阳明心学·龙场论坛"论文集》（贵州人民出版社，2019）等。

以上这些成果展现了贵州几代阳明学者的综合实力，受到学界关注，为贵州在当代阳明学界争得一席之地。

## 三、关于以孙应鳌为代表的黔中王门的研究

王阳明"龙场悟道"之后，随即修建"龙冈书院"，聚徒讲学，可以这样说，"龙冈书院"是王阳明亲手建立的第一家阳明书院，而他在"龙冈书院"的讲学活动是他大规模宣传阳明学的开始。他曾称："诸生相从于此（龙场），甚盛。"他在《居夷集》一书中专门记载贵州"诸生""门人"的诗有近20首，另有《龙场生问答》《教条示龙场诸生》等文。1509年腊月除夕，王阳明离开贵州之际，他在《镇远旅邸书札》中特意记下了20余位贵州弟子的名字，这是已知王阳明亲笔留下的第一份阳明心学弟子群体名单。在历代《贵州通志》《贵阳府志》等贵州其他地方史志中往往都记载了王阳明当年在贵州的讲学盛况："执业景行者接踵""诸生环而观听者以数百"；在钱德洪编《王阳明年谱》中，也有对王阳明黔中弟子陈文学、汤冔、叶梧、李渭等为代表的贵州弟子的专门记载；此外，黄宗羲《明儒学案》也载"姚江之教，自近而远，其最初学者，不过郡邑之士耳。龙场而后，四方弟子始益进焉"，同时提及第二代弟子孙应鳌。然而《明儒学案》并无"黔中王门学案"，这就为阳明

后学研究留下了一大遗憾。

贵州到底有没有一个由王阳明弟子群体组成的地域性学派，这是阳明后学研究的重大课题之一。贵州学者沿着王阳明是否存在贵州阳明学派（黔中王门）这一问题意识，进行了艰难的探索和论证，经过几代学者的努力，证明了"黔中王门"确实存在，"黔中王门"代表人物有"前后三先生"——陈文学、汤冔、叶梧、孙应鳌、李渭、马廷锡，而尤其以孙应鳌最为著名。

孙应鳌（1527—1584）是阳明学在黔中的第二代弟子，是黔中王门的集大成者，代表黔中王门的最高成就，如果对孙应鳌这样杰出的阳明弟子没有深入研究，"黔中王门"的存在就无法让人信服，因此，贵州学者展开了孙应鳌深入仔细的研究，不仅弄清了孙应鳌在贵州思想文化史上的作用与影响，还恢复了孙应鳌在阳明后学中的地位与价值。可以这样说，贵州学者正是从对孙应鳌的研究展开了阳明后学和黔中王门研究的序幕。

对孙应鳌著作的收集与整理，早在明清时期就有《督学文集》《督学诗集》《四书近语》《淮海易谭》《左粹题评》《学孔精舍汇稿》《孙文恭公三书》《孙文恭公遗书》等数十种；民国时期有"黔南丛书本"之《淮海易谈》《督学文集》两种和李独清编著的《孙应鳌年谱》一书。

改革开放后，贵州学者重新展开对孙应鳌资料的收集整理及其思想的研究。1980年代有：龙连荣的《孙应鳌〈教秦绪言〉评介》、谭佛佑的《孙应鳌〈教秦绪言〉刍议》、张亚新的《孙应鳌和他的〈学孔精舍诗钞〉》和《孙应鳌〈督学文集〉初论》两文。尤其是刘宗碧教授连续发表《试论孙应鳌的哲学地位和影响》《贵州古代第一位哲学家孙应鳌》《孙应鳌的哲学思想》三文，把孙应鳌的地位影响与学术思想推向了全国学术界。1992年7月，时值孙应鳌诞生465年之际，贵州哲学学会等组织机构联合召开"首届孙应鳌学术研讨会"，收到论文30篇，后来在香港出版《孙应鳌研究》一书。

1996年，刘宗碧等整理点校孙应鳌著述四种，合刊为《孙应鳌文集》一书出版，并收入吴雁南教授主持的国家社科基金项目成果"阳明学研究丛书"之中。2012年，张新民先生主持整理点校《淮海易谈》与《督学文集》，两书合刊为《黔南丛书》第七辑（2015）出版。赵广升整理点校出版《孙应鳌全集》（2016）、《孙应鳌集》

（2017）。张新民先生整理出版《孙山甫督学集》（2020）。这是改革开放后贵州学者将孙应鳌重要著作进行汇编的重要成果，为学界进一步研究孙应鳌提供了重要资料，掀起了孙应鳌研究的热潮。

在对孙应鳌相关资料进行收集整理的基础上，贵州学者发表了一些高质量文章，比如：刘宗碧《孙应鳌与王学弟子》（1993）一文，探析了孙应鳌与浙中王门后学的交往情况。刘宗碧《贵州的王门后学》（1997）一文指出，贵州是王阳明心学的发祥地，也是王阳明弘扬心学的第一课堂，经由他亲手播下的心学种子，贵州涌现出一批心学名士，成为王门后学中不能忽视的一个学派。卢祥运《从王阳明"玩易"到孙应鳌"谈易"》（2005）一文指出，从王阳明"玩易"到孙应鳌"谈易"，其间的思想脉络和理路，多有共通传接之处，体现孙应鳌易学对阳明易学的继承和创新的关系。王晓昕《黔中王门与泰州学案之思想互动》（2015）一文指出，黔中王门学者孙应鳌与李渭、泰州弟子过往甚密，在黔中王门与泰州学案的思想互动中，既体现出勤谨笃实的学风和尤重践行的品格，又彰显了其逆时流而动之鲜明理论特色和独有之精神气象。张明、关春红《黔中王门弟子孙应鳌研究综述》（2017）一文，对改革开放以来学术界关于孙应鳌的研究成果进行了分析和总结。张明《黔中王门孙应鳌"仁本"心学思想探析——以〈四书近语〉为中心的研究》（2019）一文指出，《四书近语》是孙应鳌关于"四书学"和心学理论的代表作，具体探析孙应鳌"仁本"心学思想的内涵、特点，指出孙应鳌在阳明后学中的地位和作用。到2021年为止，贵州学者公开发表和出版的有关孙应鳌的研究论著有137篇（部）之多。当前，孙应鳌已成为黔中王门研究的热点。

在孙应鳌研究的基础上，贵州学者展开了对"黔中王门"的深入研究，恢复了黄宗羲《明儒学案》缺载的"黔中王门"的真实面貌，这是贵州学者对阳明后学研究所做出的重要贡献，"黔中王门"获得了学界支持和认同。

贵州学者对"黔中王门"的研究，以谭佛佑《黔中王门主要思想及书院活动述略》（1991）、张坦《黔中王门——一个被忽略的地域学派》（1995）两文为开端。张明的《贵州阳明学派思想流变初探》（2003）是第一篇系统研究贵州阳明学派（黔中王门）的硕士论文。此外，李友学《黔中王门是阳明后学的重要学派》（2004）

一文，在《第十届明史国际学术讨论会论文集》中发表，引起学术界重视。

张明《王阳明与黔中王学》（2004）一文，不仅论证黔中王门的形成、发展、鼎盛、衰落及其余波，而且对孙应鳌等重要代表人物之间的心学思想也作了对比研究，具体指出孙应鳌学说体系的三大组成部分；李迎喜在《黔中王门系统考》（2005）一文中，对黔中王门系统进行进一步探讨。钱明在《黔中王门论考》（2007）一文进行了回应，"黔中王门"得到学界认同。罗正副《黔中王门后学研究综述》（2008）一文对黔中王门后学研究成果进行了总结和述评。陆永胜《纪念王阳明龙场悟道五百周年暨黔中王门研究三十年学术讨论会综述》（2009）一文，对"王阳明龙场悟道五百周年暨黔中王门研究三十年学术讨论会"进行了综述。

张新民《论王阳明龙场悟道的深远历史影响——以黔中王门为中心视域的考察》（2010）一文指出，"龙场悟道"乃是中国思想史叙事结构中最值得纪念的象征性事件，不但标志着王阳明已突破了生命磨式的大关大隘，实现了个人心性体验上的大跨度飞跃，而且也预示了全国最早的地域性心学学派——黔中王门的形成，影响后世可谓既深且远。李发耀、张明、李迎喜在《黔中王门及其思想流变与传承》（2010）一文中，对孙应鳌思想体系及其在黔中王门中的贡献作了进一步进行论证。张明《〈明儒学案〉缺载"黔中王门"考论——兼论"黔中王门"源流演变及其心学成就》（2015）一文通过对黔中王门启、承、盛、衰四个时期之源流演变及其心学成就进行梳理，进而深入考证《明儒学案》缺载"黔中王门"的三大具体原因。

王晓昕《明代黔中王学与浙中王学的思想互动——以孙、李与钱、王为中心》（2016）一文指出，与其他王门后学一样，黔中学者能够贴紧学术动向，及时反映问题意识，尤其注重本体与功夫的一致性，提出了独具特点的"慎独说"（如孙应鳌），并能勇于修正己说（如李渭）以获长足发展，使黔中王学得以自立与彰显。到目前为止，以"黔中王门"和"贵州阳明学派"为题目或关键词的论文共达50余篇，其中两篇"黔中王门"文章被《人大复印报刊资料（中国哲学）》全文复印转载。

## 四、对"龙场悟道"和阳明学核心命题的研究

"龙场悟道"是阳明学形成和发展过程中的关键性转折点。除王阳明本人及其后学多次提及"龙场悟道"外，王阳明好友湛甘泉还将王阳明"龙场悟道"之前的"为学之道"总结为"五溺"；黄绾总结王阳明有"四大功"、阳明心学有"三大要"；黄宗羲在《明儒学案》中将阳明心学以"龙场悟道"为转折点，总结出"学之三变"和"教之三变"。这些都是明代学者对王阳明与阳明学的盖棺定论之说。"龙场悟道"明清以来一直是阳明后学研究的热点。

从"中国知网"检索可知，目前发表以"龙场悟道"为标题或关键词的文章共304篇，其中贵州学者发表92篇，占全国研究"龙场悟道"文章的30.2%，贵州学者有关"龙场悟道"的文章在全国名列第一。现将贵州学者有关"龙场悟道"代表性文章简要介绍如下：

1994年，贵州学者史继忠发表《王阳明"龙场悟道"》一文，这是改革开放之后全国第一篇有关"龙场悟道"的文章；1995年，贵州学者徐新建发表《王阳明"龙场悟道"今论》一文；1996年，贵州学者王晓昕发表《龙场悟道：阳明"批判时期"的出发点》一文；1997年贵州学者康家伟发表《论龙场悟道》一文，以上四篇文章揭开了研究"龙场悟道"此一重大问题之先河。1998年是王阳明"龙场悟道"490周年，贵州省政协主办了"纪念王阳明龙场悟道490周年学术研讨会"，这是改革开放后第一次纪念"龙场悟道"的学术研讨会，出版《王学之思：纪念王阳明贵阳"龙场悟道"490周年论文集》一书。刘宗棠发表《龙场悟道与心学解放思潮》（1999）一文；吴雁南发表《王阳明与儒学复兴运动——纪念王氏"龙场悟道"490周年》（1999）一文；此后，贵州学者韦启光发表《王阳明龙场悟道与贵州少数民族文化》（2004）一文；赵平略发表《贵州少数民族品格与王阳明龙场悟道》（2007）一文；张新民连续发表《论王阳明龙场悟道的深远历史影响——以黔中王门为中心视域的考察》（2010）、《儒家生死智慧的超越性证取与突破——王阳明龙场悟道新论》（2015）和《经典世界的心学化解读——以王阳明龙场悟道与〈五经臆说〉的撰写为中心》（2016）三文；王路平发表《论王阳明龙场所悟之"道"》（2011）一文；张明、徐钰发表《王

阳明"龙场悟道"及其影响：兼论当代阳明学研究概况》（2016）一文；李小龙发表了《王阳明龙场悟道那些事》（2018）一文；王胜军发表《王阳明"龙场悟道"中的君子之学发微——以龙场四学记为中心的考察》（2020）一文；李半知发表了《王阳明居夷生活考辨四题》（2022）一文。总的看来，贵州学者关于"龙场悟道"的文章在数量、学术前沿性方面都有一定领先地位。

近代以来，日本学者在西学的影响下不仅创造出"和制汉语"的"阳明学"一词，而且按照西方学术的思路，将阳明学进行了西方式学术的总结，提出阳明学的"三大核心概念"，即"心即理""知行合一""致良知"，同时对阳明后学进行了左、中、右的学派划分。因此，阳明学"三大核心概念"和"阳明学派"一直到今天仍然作为阳明学研究的重点和基本范式。

全国以"王阳明"或"阳明学"为标题或关键词的学术论文共发表10156篇，其中贵州学者发表911篇，占总数的8.97%，贵州学者有关"王阳明"的文章在全国名列前茅，其中，围绕阳明学"三大核心概念"的文章相对比较集中，在此简要介绍如下：

第一，关于"知行合一"的文章，贵州学者发表105篇，其中代表性的文章有：吴雁南《王阳明的忧患意识与"知行合一"》（1995）；陈奇《王阳明的"知行合一"与"体究践履"》（1996）；张新民《生命行动的哲学——论王阳明的知行合一说》（1997）；程鹏飞《王阳明"知行合一"与〈南赣乡约〉》（2000）；李友学《王阳明"知行合一"的五要素论》（2000）；戴岳《王阳明"知行合一"论在现代思想道德建设中的意义》（2004）；王晓昕《王阳明"知行合一"学说发展的三个阶段》（2009）；王路平《知而必行 如水就下——论王阳明的"知行合一"说及其现代意义》（2009）；肖良武《知行合一思想的经济学解读及对现实的观照》（2010）；成中英、张明《论王阳明心学之"知行合一"》（2011）；龚振黔、赵平略《论王阳明"知行合一"说对贵州地方文化的影响》（2013）；蔡贞明《王阳明"知行合一"观与毛泽东"知行统一"观之比较》（2014）；赵平略《王阳明"知行合一"说的构建方法》（2015）。

第二，关于"致良知"的文章，贵州学者发表142篇，代表性作品有：吴雁南《王阳明的"百死千难"与"致良知"》（1995）；吴雁南《简论王阳明"致良知"说的特点和意义》（1995）；王晓昕

《"致良知"与"物自体"——王阳明与康德的哲学比较》（2007）；
童中平、粟红英《"天理"与"良知"的紧张与磨合——湛若水与
王阳明哲学思想比较》（2010）；黄江玲、阳红《致良知与"君子
人格"的培养》（2012）；赵平略《王阳明的良知学说与群众路线》
（2014）；王进《良知、秩序与管理——王阳明"致良知"思想与现
代管理刍议兼论中国管理哲学学科的建立》（2015）；王路平《论
王阳明致良知学与萨特现象学还原的相似点》（2015）；陈华森、
刘亚鹏《王阳明的良知观及其对多民族地区政治认同构建的价值》
（2015）；张新民《德性生命的实践与价值世界的建构——论王阳明
良知思想的四重结构》（2017）；邓国元《王阳明思想"最后定见"
辨证——兼论"四句教"与"致良知"之间的思想关系》（2018）。

第三，关于"心即理"方面的文章，贵州学者发表17篇，比
较重要的有：邓国元《在"良知"中生成的"心"与"物"及其关
系——王阳明"心外无物"的合理诠释》（2006）；陈奇、陈瑜《王
阳明心学：人的主体精神的昂扬》（2007）；张新民《意义世界的建
构——论王阳明的"心外无理、心外无物"说》（2014）；邓国元
《行为主体与存有本体——王阳明"心外无物"研究》（2021）。

以上文章在一定程度上表现了贵州学者与时俱进研究阳明学的
成果。另据统计，1995—2021年，《人大复印报刊资料》一共全文
复印转载以"王阳明"和"阳明学"为标题的文章共132篇，其中
贵州学者文章有8篇，占6.1%，说明贵州学者阳明学成果在学术界
具有一定影响力。

## 五、阳明学的当代价值研究

改革开放46年来，贵州阳明学研究不仅从学理上探讨阳明学，
而且与时俱进，推进走向社会，服务社会。目前，贵州省政府、贵
阳市政府均集中力量弘扬、传承阳明文化，"知行合一，协力争先"
已经作为贵阳的城市精神，"知行合一，天人合一"也提升为贵州省
人文精神。阳明文化成为贵州省全力建设和打造的5张文化名片之
一。关于如何加强阳明学的当代价值研究，贵州学者进行了以下
探索：

第一，王阳明教育思想及其当代价值研究。到目前为止，贵

州学者关于这一问题的研究共有102篇，从引用和下载量排行来看，主要的代表作有：杨军昌《王阳明教育思想及其当代影响》（2010）；余纯《浅析"知行合一"的现代价值》（2012）；戴岳《王阳明"知行合一"论在现代思想道德建设中的意义》（2004）；余小茅、刘文婷《培育实践人格：从王阳明"知行合一"看当代教育目的的实践取向》（2017）；赵德肃《王阳明教育心理学思想研究》（2007）；王路平《王阳明的教育方法刍议》（1995）；龚妮丽《论王阳明德育思想及其当代意义》（2014）；史继忠《树人与创新——王阳明教育思想的启示》（2009）等。这些文章紧紧围绕阳明心学基本原理与当代教育发展，对阳明思想在当代教育中的借鉴和实践意义进行了深入研究。

第二，阳明思想与当代廉政文化建设研究。此方面的研究文章有7篇：任健《王阳明廉政思想论析》（2015）；龚妮丽《王阳明心学视域下的廉政思想》（2017）；杨德俊《王阳明的廉政亲民思想》（2018）；邓立《经典道德范畴诠释的心学化向度——王阳明"种德者必养其心"论发微》（2018）；胡霞《王阳明廉政思想的当代价值》（2018）；童中平《王阳明的廉政实践及其哲学基础探讨》（2018）；王伟《王阳明心学廉政思想阐释及其当代价值》（2019）；何祖星《阳明心学中的亲民廉政思想论考》（2023）。这些文章均从阳明学与廉政文化建设展开论述，具有一定启发意义。贵州财经大学于2017年建有"阳明廉政思想与制度研究中心"，是以阳明学为代表的中华优秀传统文化视域来研究当代廉政文化建设的人文社科基地，该基地重点关注王阳明的廉政思想，聚焦其对当代廉政文化建设的价值。《破心中贼：王阳明心学廉政思想阐释》作为该中心的重要成果获贵州省2020年度哲学社会科学规划后期资助课题立项，在当下的廉政文化建设中产生一定的现实意义。

第三，阳明文化与国家治理研究。2014年，贵州师范大学"贵州省阳明文化研究院"获得国家社科基金重大委托项目"阳明文化与现代国家治理"课题，贵州学者在此方面展开研究，目前文章已经发表19篇，重要的有：龚妮丽《王阳明〈南赣乡约〉的乡村治理思想》（2016）；王雅克、李建军、陈华森《王阳明〈南赣乡约〉的基层社会治理思想研究》（2016）；罗爱武《王阳明的社会治理思想及其现代价值》（2016）；赵岩、陈华森《〈南赣乡约〉与传统中国基层治理体系的重建》（2019）；赵盛梅、徐晓光、张婷《王阳明西南少数民族治理思想与实践》（2017）等。此外马国君、李红香《论王阳明对黔桂土司地区的治理与边疆稳定》（2012）、《从明朝西南边防看王阳明对贵州民族地区的治理》（2014）；娄果主编《阳明文化的当代价值》（人民出版社，2019）也为阳明学研究与当代国家治理提供重要借鉴意义。

## 六、"三足鼎立"与"一会一堂两院三中心"的形成

改革开放以来，贵州阳明学研究逐渐形成了"三足鼎立"与"一会一堂两院三中心"的格局。

"三足鼎立"指以贵州大学、贵州师范大学、贵阳学院为主体的阳明学研究团队，展开了各类阳明学专题研究，取得有目共睹的成果。以下分别述之：

贵州大学办学历史悠久，学科齐全，人才众多，名家辈出。20世纪90年代，贵州大学就产出一批阳明学研究成果，比如，田光辉《论王阳明的"万物一体说"思想》（1997）、王良范《良知之道——阳明禅与儒学修道养静工夫》（1997）等等。2002年，贵州大学阳明学研究转入加速通道。当年，张新民先生从贵州师范大学调往贵州大学，创办中国文化书院，下设阳明学研究所、中华传统文化与贵州地域文化研究中心等机构，2004年正式出版《阳明学刊》，这是中国大陆第一家以"阳明学"为刊名的大型学术刊物，从2004年到2016年，一共出版8辑，发文总量188篇，下载量18343次。据统计，以中国文化书院为主体，以张新民先生为代表的贵州大学阳明学团队20年来（2002—2022）共发表阳明学文章285篇，在全国高校和科研机构的阳明学文章发表量排行中名列前茅。此外，贵州大学阳明学团队申请有关阳明学的国家社科基金项目多项，《贵州大学学报（社会科学版）》还开办"阳明学专栏"，吸引了一批来自海内外的优秀阳明学稿件。目前贵州大学形成了老、中、青三代学者结构合理的强大的阳明学研究团队。

贵州师范大学的阳明学研究成就也较为突出。早在20世纪八九十年代，贵州师范大学就形成了以吴雁南、刘宗碧、余怀彦、张新民、陈奇等为代表的阳明学研究团队。1987年，吴雁南先生以

贵州师范大学校长名义主持召开"阳明学学术研讨会",这是改革开放后全国第一次召开的"阳明学"专题学术研讨会;吴雁南先生还成功申请国家社科基金项目"心学与近代中国研究",其中《"心学"、今文经学与康有为的变法维新》一文发表在《近代史研究》1989年第2期,《"心学"与辛亥风云》一文发表在《历史研究》1992年第4期。此外,还出版"阳明学研究丛书"(四种),同时,还参与举办"国际阳明学术研讨会"和"纪念王阳明龙场悟道490周年学术研讨会"等,出版会议论文集。贵州师范大学这些阳明学成果在当时全国范围内产生了一定重要影响。不幸的是,2002年吴雁南先生因病去世,张新民先生调往贵州大学,贵州师范大学阳明学研究受到一定影响。2016年,贵州师范大学重新组建"贵州省阳明学研究院",汇集年轻博士,申请阳明学课题,展开阳明学研究,《贵州师范大学学报(社会科学版)》开办"阳明学专栏",通过最近数年的努力,贵州师范大学阳明学研究已经取得较大进展。

贵阳学院也是贵州阳明学研究重镇之一,形成了以副校长王晓昕教授、赵平略教授为核心的阳明学研究团队。贵阳学院得天时、地利、人和之便,在贵州最早建立专门的阳明学会——"贵阳市阳明学会",王晓昕教授担任会长,出版《贵阳市阳明学会会刊》数十集。在此基础上,进一步组建"贵州省阳明学学会",同时还建立了"阳明学与黔学研究院"。贵阳学院汇集年轻博士,目前已经获得8项阳明学研究的国家项目,创立了2个学术品牌:一是以主讲阳明学为主的鱼梁讲会,目前已经举办38期,二是阳明学的学术会议品牌"知行论坛",目前已经连续举办7届。以阳明学为核心的哲学学科被评为贵州省重点学科、区域一流建设学科,2018年取得哲学一级学科硕士点授予权。《贵阳学院学报(社会科学版)》长期开办"阳明学专栏",阳明学发文量累计258篇,远远超过其他刊物的阳明学文章数量,目前稳居全国各类刊物阳明学文章发文量排行的第一名,跻身"中国期刊著名栏目"之列。

"一会一堂两院三中心":一会,贵州省阳明学学会;一堂,贵阳孔学堂;两院,贵州阳明文化研究院(贵州师范大学)、贵州龙场王阳明研究院(修文县);三中心,阳明文化(贵阳)国际文献研究中心、修文阳明文献研究中心、修文阳明文化研发中心。这些机构分别展开了一系列阳明文化传承、研习和阳明文献收集整理等活动。简略介绍如下：

"贵州省阳明学学会"成立于2012年12月，由王晓昕、张新民、赵平略等人发起，王晓昕为创会会长，是全国第一家省级阳明学会。成立之初，业务主管部门为贵州省教育厅，登记部门是贵州省民政厅。2020年，"贵州省阳明学学会"业务主管部门变更为贵州省文联，并于2020年9月迁至修文龙冈书院办公。

"贵阳孔学堂"成立于2012年，以弘扬和传承中华优秀传统文化为宗旨，在社会各界广泛宣传和研习儒学、阳明学。贵阳孔学堂向全国发布国学单列课题，出版大量专业书籍，同时发行《孔学堂》杂志。《孔学堂》主要发表包括阳明学在内的中国思想文化史专题论文，通过7年不懈努力，成功跻身为南京大学C刊扩展版行列。孔学堂书局出版《阳明学年鉴》（2016年版—2022年版）6本。此外，孔学堂书局主办的"阳明文库"大型丛书已陆续出版。贵阳孔学堂已经成为传承和研习包括阳明学在内的中华优秀传统文化的重要基地，在海内外产生比较重要的影响。

"贵州阳明文化研究院"成立于2015年1月，挂靠贵州师范大学。20世纪八九十年代，在吴雁南教授的倡议下，贵州师范大学的阳明学研究引领风气之先，产生一些重要成果。但2002年吴雁南先生去世后，贵州师范大学的阳明学研究受到影响而中断。鉴于贵州阳明学逐渐兴盛，贵州省有关领导决定在贵州师范大学建立"贵州阳明文化研究院"，将贵州全省的阳明学研究整合到贵州师范大学。该院成立以后，将其目标定位为将"黔中王学"建成与"浙江王学""江西王学"鼎足而立的中国阳明文化研究之三大中心之一，旨在建立完善"文献资料中心""人才培养基地""学术研究高地""文化传承智库"等，成为特色鲜明、国内一流、具有重要国际影响的阳明文化及中华优秀传统文化之研究传习基地。

"贵州龙场王阳明研究院"是修文县委县政府支持并在民政部门登记注册的独立法人社团，于2021年1月12日挂牌成立。"贵州龙场王阳明研究院"由贵州省人大常委会原副主任、贵州省文史研究馆原馆长顾久担任名誉院长，贵州省阳明学学会副会长李小龙任院长。贵州龙场王阳明研究院的主要任务是进一步推动中华优秀传统文化创造性转化和创新性发展，深入挖掘整理、研究开发、传承弘扬阳明文化，主办和参与主办了"阳明心学的当下认识""清明诗会""传承良知精神·讲好修文故事"系列活动,持续打造"阳明心学·龙场论坛"学术品牌,全力打造"爽爽贵阳·心学修文"城市品牌。

"阳明文化(贵阳)国际文献研究中心"于2015年10月,经贵阳市委市政府批准成立,该中心实施阳明文化文物文献普查挖掘工程、阳明文化典籍整理工程和阳明文化国际文献研究交流工程。首次在全国图书馆系统下的12家图书馆普查王阳明文物文献,并对国家图书馆馆藏166种阳明文献典籍进行高仿复制,构建王阳明藏书馆和王阳明文物文献陈列馆,总藏书量达5200册。研究出版《王阳明研究文献索引全编》(10卷)、《王阳明馆藏文献典籍普查、复制和研究丛书》,印发《王阳明研究重要文献选编》(53卷),在全国阳明学文献收集与整理方面起到引领作用。中心以现代大数据技术大规模收集整理古今阳明学文献为宗旨,目前已经建成全球最大的"阳明学文献专题数据库"和"数字王阳明资源库全球共享平台",运营"跟王阳明学修心"公众号、举办"王阳明诗文名篇"书法大赛及朗诵大赛,不断推动阳明文化的广泛传播。同时,该中心推动共建北京阳明书院、北京阳明书院附属中学和附属小学、北京阳明书院古籍文献馆、天鹅山书院方志文史馆、梵净艺术馆,已形成以北京阳明书院为核心的"三馆两校一中心"的研究格局。此外,该中心还为政府在传统文化和阳明文化方面的决策提供科学合理的咨询建议。

"修文阳明文化研发中心"成立于2010年,是由修文阳明学研究专家和爱好者组成的民间研发机构,以雷华熙、杨德俊等人为代表。"修文阳明文化研发中心"以修文阳明文化遗址维修保护和阳明文献收集整理研究为核心,到全国各地收集王阳明文化资料。多次协助政府举办"国际阳明文化节",使之成为贵州阳明文化的标志性品牌。

"修文阳明文献研究中心"成立于2017年,由杨德俊牵头发起,并担任法人,集多年阳明学文献收集整理之功,连续出版大型丛书"龙场阳明文库",其中《王学之源》《王阳明龙场遗墨》《王阳明遗像图册》于2016年出版,并获贵州省哲学社会科学优秀奖(三等奖),《王阳明行踪遗迹》也于2022年正式出版。

此外,修文企业家还修建"中国阳明文化园",重建"龙冈书院"，作为500年"王学圣地"的修文阳明文化遗址，已经成为海内外阳明学专家、爱好者和游客的研习、参观、游览中心。修文持续开展阳明文化"九进"工程，着力进行阳明文化的普及推广。"阳明心学·龙场论坛"永久落地修文，由贵州著名学者顾久担任论坛秘书长，已经成为中国阳明文化的重要品牌之一。

## 七、结语

综上所述，改革开放40余年来，贵州阳明学取得一系列成果，尤其是集中力量恢复了《明儒学案》中缺载的"黔中王门"，为阳明后学研究开辟了一个新的空间，其他诸如阳明学文献资料收集整理，阳明学论著的出版发表，以及阳明学核心概念与阳明学说的探析、阳明心学当代价值等研究方面也取得一定成就，由此贵州成为中国当代阳明学研究中不可忽视的重镇之一。

## 附录二　返本与开新："贵州阳明学研究40年历史回顾与未来展望"学术研讨会综述

　　阳明学是中华优秀传统文化的重要组成部分，是增强中国人文化自信的重要切入点之一，亦是当下中华民族走向伟大复兴的思想动能，既彰显了中华民族内在的深层智慧，又跨越国界成为东亚乃至世界共同的文化遗产，具有深刻的思想性与实践性，是重要的时代课题，至今仍有强大的生命力，备受海内外学者高度重视与广泛关注。1508年王阳明在贵州"龙场悟道"实现了生命的超越与升华，是中国思想史上的"一声惊雷"，对阳明学的形成和发展产生了深远影响。在全国阳明学研究中，贵州起步较早，相关成果较多，影响也较大。时值王阳明诞辰550周年之际，2022年5月21日贵州省儒学研究会组织召开"贵州阳明学研究40年历史回顾与未来展望"学术研讨会。受疫情影响，会议仅邀请省内专家，来自贵州大学、贵州师范大学、贵州财经大学、贵州民族大学、贵阳学院、中共贵州省委党校、贵州省社会科学院、贵州省儒学研究会、修文阳明文献研究中心等高校、科研机构的40余位学者代表，齐聚贵州大学学术交流中心，回顾总结改革开放40年来贵州阳明学研究历程与取得的成就，聚焦贵州阳明学研究40年来的分期问题、研究状态、研究特点、研究路径、研究方法，以及可拓展的研究新视野和新领域，并就阳明学研究的当下与未来进行思考与展望。

### 一、贵州阳明学研究 40 年分期问题

　　回顾总结贵州阳明学研究40年历史进程是此次会议的一大主题，而其中贵州阳明学研究分期问题成为与会学者首先关注的话题。

　　贵阳学院阳明学与黔学研究院院长赵平略教授认为，贵州阳明学研究40年可以分为三个时期：第一个时期以吴雁南教授、刘宗碧教授、张新民教授等为代表，以贵州师范大学为中心。这个时期的贵州阳明学研究在全国起步较早，并有一系列研究成果出现和学术活动开展。第二个时期以张新民教授在贵州大学创办中国文化书院与贵州省儒学研究会为基础，组建学术团队开展阳明学相关研

究，发表了一系列重要成果，掀起了贵州阳明学研究的新高潮，尤其以2004年大型学术刊物《阳明学刊》的创办为标志，推进和深化了21世纪阳明学研究。同时，贵阳学院王晓昕教授、贵州省社会科学院王路平研究员等学者也重视阳明学研究，创办了相关科研机构和《王学研究》等学术刊物，扩大了贵州阳明学的研究阵地。高校与科研机构共同将贵州阳明学研究往前推进了一个高度。第三个时期，即近年来，阳明学研究持续升温，一大批青年学者涌现，体现出研究机构多、学术会议多、出版成果多、研究人才多的新特点。如贵州大学阳明学研究中心、东方思想与文化遗产研究中心、孔学堂阳明心学与当代社会心态研究院等科研机构，以及近年出版的《阳明先生集要三编》《新刊阳明先生文录续编》《孙山甫督学集》《阳明学概论》《王学之源》《王阳明遗像图册》《王阳明龙场遗墨》《王阳明行踪遗迹》等。

贵州省阳明学学会副秘书长、贵州大学历史与民族文化学院张明副教授认为，在赵平略教授"贵州阳明学研究三期说"的基础上，应该把当前涌现出来的研究阳明学的硕博研究生也加上一期，即"四期说"。他认为贵州阳明学研究具有以下六大特点：第一，在全国较早展开阳明文化遗址修缮和保护工作，定期举办的"国际阳明文化节"成为贵州阳明文化的标志性品牌；第二，较早展开阳明学文献资料的收集、整理与研究工作，出版了一系列论著，恢复了黄宗羲《明儒学案》中缺载的"黔中王门"，获得学界认同；第三，贵州形成了"三足鼎立，两大中心"的阳明学研究格局（"三足鼎立"指贵州大学、贵阳学院、贵州师范大学，展开了各类阳明学专题研究和阳明学文献的收集、整理与出版；"两大中心"指贵阳孔学堂、修文中国阳明文化园，展开了阳明文化的传承和研习活动），同时《贵州大学学报（社会科学版）》《贵州师范大学学报（社会科学版）》《贵阳学院学报（社会科学版）》《贵州文史丛刊》开办"阳明学专栏"，贵州学者发表的阳明学论文数量在全国名列前茅；第四，习近平同志于2011年5月9日视察贵州大学中国文化书院，促进了中国文化和贵州阳明学研究的深入开展，贵州集全省之力对阳明学展开研究和传习，形成了与浙江、江西并列的三大阳明学中心；第五，阳明文化在贵州得到大力宣传和普及，"知行合一，协力争先"成为贵阳市的城市精神，"知行合一，天人合一"成为贵州省的人文精神；第六，2016年至今，贵州高校增加了攻读阳明学的硕博研究生的名额，新兴的阳明学研究力量正在形成之中。张明副教授最后强调说："改革开放以来40余年，贵州阳明学研究可以划分为4个时期，先后出现了4代学人，当下新兴的硕博研究生算第4代。今天在座的就是第2代、第3代、第4代。"

对贵州阳明学研究分期的看法虽有不同，但均彰显了改革开放40年来贵州阳明学研究的区域性特点，并呈现时代面相，展示了贵州阳明学研究从单个研究、群体研究到阵地研究、规模研究的欣欣向荣态势，又昭示着贵州阳明学研究薪火相传、生生不息的未来趋势，具有强大的承继性与持续性。

## 二、贵州阳明学研究40年学术特点

如何总结提炼出贵州阳明学研究40年来的学术特点，乃是与会学者关注的又一重要主题。

曾在岳麓书院攻读博士研究生的贵州大学中国文化书院王胜军教授，以"他者"角度和参与者身份的双重视野总结了贵州阳明学研究的四个特点：一是讲求义理，与一般的哲学式研究不同，阳明学研究的背后有躬行心得的支持；二是文献功底非常扎实，讲求征实；三是研究者往往有超越学术层面的某种信仰，阳明精神对其具有强大的凝聚力与感召力；四是非常注重实践，围绕着阳明学建立和发展起来的许多科研机构、研究阵地、学术刊物，如《阳明学刊》《王学研究》等，特别是阳明学与高等教育结合的产物，以及《阳明学概论》《王阳明与贵州文化》等通识课程。王胜军教授编著的《阳明学概论》一书作为贵州大学阳明学通识教育素质拓展课程的配套教材，目前已由贵州大学出版社出版，同名慕课《阳明学概论》于2020年上线清华大学"学堂在线"，2022年上线"国家高等教育智慧教育平台"，广受青年学生与社会大众的喜爱，产生了较为广泛的社会影响。

贵州大学中国文化书院兼职研究员、贵州省儒学研究会副会长杨德俊先生被誉为"阳明遗迹的保护者、阳明精神的守护人"，数十年如一日地坚守在王阳明"龙场悟道"之地，通过发掘古迹、抢救文物、搜集资料、重走阳明路等，对贵州阳明学的传承与保护做出了成绩。杨德俊先生整理出版的《王阳明行踪遗迹》一书,在学术界引起了关注。他认为,起步较早的贵州阳明学研究、阳明遗迹考察等取得可喜成就,并指出20世纪80年代贵州首次召开的全国性阳明专题学术研讨会,以及随后多次召开的大型学术会议,既是贵州阳明学研究繁荣的最佳证明,也是贵州阳明学研究具有前瞻性与持续性的生动体现。

讲求义理、文献功底扎实、具有凝聚力与感召力、注重实践、具有前瞻性与持续性等,是改革开放40年来贵州阳明学研究所彰显出来的学术特点与研究特质,体现了贵州阳明学研究的新探索与新进展。

## 三、贵州阳明学研究的时代面向与未来展望

如何推进贵州阳明学研究,进行新时代的创造性转化与创新性诠释,让其穿透时空,随时代而脉动,是与会学者重点探讨的一大焦点性论域。

贵州大学中国文化书院荣誉院长、贵州省儒学研究会创会会长张新民教授指出,阳明不是孤零零的学术思想人物,就整个宋明理学而言,他之前有朱子,有象山,他之后也有派别流衍不同的后学,有蕺山一类的大家,明清两代朱子学始终是官学,只讲阳明不讲朱子,不符合当时的社会学术文化生态。阳明生活的时代,尤其是政治文化生态,已受心学思想与地域文化多方面的渗透与结合,阳明之前的程朱理学,阳明之后的王门后学,甚至包括其在清代曲折交异的发展情况,有清一代学者吸收与拒斥的文化心态和历史缘由,都应该以宏通细微的眼光关联起来加以研究。张新民教授认为,现代社会的经济文化生态结构远较阳明身处的时代复杂,人的功利和物化状况更为严重,我们不仅要接着阳明讲,认真开展各种创造性的诠释活动,同时更要接着阳明做,不断开出各种新的有利于人类进步的实践事业,形成本体、诠释、实践、发展四者的圆形良性循环互动。

贵州师范大学王进教授对近年来的贵州阳明学研究动态发表了相关看法,主张在保持阳明学研究哲学化方向的同时,拓宽视野、扩大格局,从文献学、历史学等研究路径出发,使贵州阳明学研究

呈现出新特色，也为国内国际阳明学研究开辟新路径，贡献新成果。

贵州大学历史与民族文化学院马国君教授围绕"应该怎样认识王阳明？""应该怎样研究王阳明？""应该怎样弘扬阳明精神？"三个问题展开阐释。王阳明不仅是军事家、哲学家，而且还是教育家。王阳明认为"天下无不可化之人"，教育不仅仅要针对官僚子弟，而且连同少数民族也要包含进去，王阳明的教育思想在历史上引起了广泛的社会影响。马国君教授表示，"若能从'民族教育与国家认同'的视角来研究王阳明，可能会有新发现"，认为当下的阳明学研究还可从文献学、考古学、文化遗产学等学科视域出发，同时注重"与古人对话"，与之移情共鸣，产生心流感应，而不仅仅是单向度、平面化的学术研究，并指出阳明学是庞大的学术体系，"弘扬阳明精神一定要具有学术眼光，不能盲目地去宣传"。

贵州省社会科学院李发耀研究员总结40年来的贵州阳明学研究成果，认为其在正本溯源方面做出了努力、产生了影响，而当下的任务是"返本开新"。人类历史上每一次大危机，都会引起大反思，特别是"疾病、冲突甚至战争的出现，迫使人们回到轴心时代的原点去寻找思想资源、精神动力、文化智慧，当下社会，正是东西方文明焦虑、破碎、重构的时代，也可以说这个时代'生病'了，变得'一地鸡毛'。从西方文明的历史看，西方世界从文艺复兴到启蒙运动，追求价值理性和工具理性的同步前进，然而这两个轮子现在是脱节的，西方文明的道路很艰难。反观东方文明，'良知'的气场和格局很大，可以给当下社会提供一个价值选择方向，王阳明的良知应该受到关注，而且值得关注"。他认为良知可以救社会、可以救国，甚至可以救世界，强调从经典中开掘出力量，并发出呼吁，希望学界共同从中华优秀传统文化中、从阳明学思想资源中开出"药方"来"医治"这个世界。

"共产党人的心学"是当下阳明学界的一大时代课题，贵州学界的诸多学人，如贵州大学张新民教授、贵州大学黄诚教授、贵州师范大学王进教授、中共贵州省委党校苟爽教授等，亦长期关注。在此次会议上，中共贵州省委党校苟爽教授发言强调要深刻揭示阳明心学与"共产党人的心学"之间的内在关联，努力挖掘"共产党人的心学"思想内涵，共同推进该时代课题的研究进程，并认为王阳明的"知行合一"应该在当下社会各界群体，包括领导干部、职工人员，乃至广大青年后学中得到落实，真正把"知"落实于"行"，在"行"中检验"知"，并增长"知"，做到"真知真行""知行合一"。

王阳明的廉政思想是当下阳明学界少有关注的一个面向。贵州财经大学邓立副教授介绍，"贵州财经大学阳明廉政思想与制度研究中心"于2017年成立，是以阳明学为代表的中华优秀传统文化视域来研究当代廉政文化建设的人文社科基地，该基地重点关注王阳明的廉政思想，聚焦其对当代廉政文化建设的价值。《破心中贼：王阳明心学廉政思想阐释》作为该研究中心的重要成果获贵州省2020年度哲学社会科学规划后期资助课题立项，在当下的廉政文化建设中产生一定的现实意义。

贵州大学中国文化书院邓国元教授认为不能把阳明学研究唯一化，阳明学研究不仅要聚焦王阳明，而且要关注阳明后学。从哲学史、思想史的视域来研究王阳明到阳明后学的发展与分化，是当下值得关注的一大内容，他强调研究阳明学要有全国性学术视野，既要从地域性、区域性的视角出发，也要站在全国平台、用全国视野来思考与研究。

贵阳学院黄江玲女士从"接着讲阳明"这个路径出发，认为改革开放40年来的贵州阳明学研究从哲学、文学、思想史等学术视野切入的研究成果众多，当下不仅要注重从学术领域对阳明学做好创造性转化与创新性诠释，而且要注重做普及型的宣传、推广工作。如何让王阳明及阳明学走进大众、让老百姓读懂与理解阳明学、让良知与知行合一等优秀阳明精神落实到百姓日用中，是时下值得关注的焦点，亦可作为贵州阳明学研究的又一新路径。

此外，《贵州日报》记者就"贵州阳明学研究40年历史回顾与未来展望"该主题向贵州省儒学研究会副会长、贵州省史学会副会长、江苏宏德文化出版基金会理事、贵州大学历史与民族文化学院副院长黄诚教授进行了专题采访。黄诚教授认为，当下的阳明学研究仍然有较大空间可拓展，以经典文本为核心的思想深度诠释、文本耕犁与体悟式研究仍为心学本体性研究不可或缺的重点内容，在历史、思想、时代大脉络与儒释道三教关系大格局中探究阳明心学形成与演化的内理逻辑与外缘性条件、思想内容与理论内涵研究仍不失为一重要论域。而具有地域性特质的阳明心学在贵州创建的独特地缘优势、和谐文化生态与特殊时代因缘，尤其是从大小传统双重视野观照、内在理路与外缘条件双向结合、立体多维与全幅动态探究阳明心学思想内容和理论内涵方面亦须深入展开，特别是黔中王门由地域学进入全国学乃至世界学，在融入中国文化大洪流与主命脉的历史过程、文化进程、思想特征、社会影响及其在中国思想文化史上的地位和作用方面亦应引起高度关注与重视，同时开展阳明学多学科性交叉融合与多视域比较研究，如阳明心学与社会治理、心学与心态、心学与心理学的理论与应用研究，探索阳明学物质与非物质文化遗产的保护与综合利用研究，尤其是以文化遗产学为方法论的阳明文化遗产类型与体系研究，亦应进入阳明学研究的视野。

黄诚教授补充道，贵州阳明学研究40年来的出版成果较多，如20世纪90年代以来出版的《心学与中国社会》《孙应鳌年谱》《孙应鳌文集》《王学之思》《王学之路》《阳明精粹》《阳明先生集要》《王阳明与阳明文化》《王文成公全书》《王阳明集》《孙应鳌思想研究》《阳明文化与贵州旅游》《王学之源》《王阳明遗像图册》《王阳明龙场遗墨》《阳明先生集要三编》《新刊阳明先生文录续编》《孙山甫督学集》《阳明学概论》《王阳明行踪遗迹》等，以及产出了一大批高质量学术论文等。黄诚教授还特别指出，贵州学界与阳明学有关的国家级课题立项较多，如"王阳明及哲学与贵州文化""明清时期贵州阳明学地域学派研究""明代黔中王门及其思想研究""阳明学诠释史研究""明代黔中王学外王化研究""明朝西南驿递制度研究""清朝西南驿递制度研究""明清西南地区儒释道生态结构与文化治边研究""阳明学知识论问题研究""王阳明'四句教'诠释史研究""晚清民国阳明学文献收集整理与研究""阳明心学与中晚明剧坛嬗变及戏曲文化生态研究""阳明学派与中晚明的知识学"，以及"阳明心学与当代社会心态研究"等，是近年来贵州阳明学研究的新动向。

此外，贵州高校亦有较多的硕、博士论文对阳明心学展开了相关研究。由此可见改革开放以来贵州阳明学研究的学术成果与人才队伍之欣欣向荣，彰显了贵州阳明学研究的丰富性、广泛性、深刻性与承接性。

　　各位专家学者围绕改革开放40年来贵州阳明学研究的分期、现状、特点、路径、方法、成果，以及阳明学研究如何展开、如何认识王阳明、阳明精神如何弘扬、良知如何救国救世、全国视域阳明研究、阳明廉政思想研究、阳明心学与共产党人心学研究、阳明心学与社会心态研究、阳明学如何向百姓推广普及、阳明遗址遗迹如何修复、阳明文化遗产如何保护等话题，展开了深入交流与广泛探讨，既对贵州阳明学研究40年历史进行了回顾与总结，又对下一步的阳明学研究进行了探讨与展望，内涵丰富、观点有力，汇聚成了一股将贵州阳明学研究推向新时代的重要合力，产生了重要的学术意义与社会影响。

# 参考文献

## 一、专著类

张廷玉等:《明史》,中华书局1974年版。

李清:《三垣笔记》,顾思点校,中华书局1982年版。

方克立:《中国哲学史上的知行观》,人民出版社1982年版。

计六奇:《明季北略》,魏得良、任道斌点校,中华书局1984年版。

吴雁南主编:《心学与中国社会》,中央民族学院出版社1994年版。

吴雁南主编:《阳明学与近世中国》,贵州教育出版社1996年版。

王晓昕:《王阳明与贵州》,贵州人民出版社1996年版。

汤奇学:《中国近代思想文化史探索》,安徽大学出版社2005年版。

王守仁:《阳明先生集要》,施邦曜辑评,王晓昕、赵平略点校,中华书局2008年版。

王阳明:《王阳明全集》(新编本),吴光等编校,浙江古籍出版社2010年版。

王守仁:《王阳明全集》,吴光等编校,上海古籍出版社2011年版。

张晓松:《历史文化视角下的贵州地方性知识考察——以符号和仪式为样本》,东北师范大学博士学位论文2011年。

郭齐勇:《守先待后:文化与人生随笔》,北京师范大学出版社2011年版。

汤仁泽编:《中国近代思想家文库·谭嗣同卷》,中国人民大学出版社2014年版。

张荣华编:《中国近代思想家文库·康有为卷》,中国人民大学出版社2015年版。

邱丹丹:《梁启超思想的"变"与"常"1898—1906》,吉林人民出版社2015年版。

李亚：《梁启超与近代中日阳明学》，北京外国语大学博士学位论文2015年。

王守仁：《王阳明集》，王晓昕、赵平略点校，中华书局2016年版。

梁启超：《清代学术概论》，朱维铮校订，中华书局2016年版。

魏义霞：《谭嗣同哲学思想研究》，中国人民大学出版社2017年版。

梁启超：《梁启超全集》，中国人民大学出版社2018年版。

萧公权：《近代中国与新世界：康有为变法与大同思想研究》，汪荣祖译，江苏人民出版社2018年版。

梁启超：《中国近三百年学术史》（校订本），俞国林校，中华书局2020年版。

## 二、期刊类

杨秀云：《侗族相思节》，《民俗研究》1992年第1期。

王路平：《王阳明与贵州少数民族》，《贵州社会科学》1995年第3期。

韦启光：《儒家文化对贵州少数民族文化的影响》，《贵州社会科学》1996年第3期。

张新民：《生命成长与境界自由——〈论语〉释读之一》，《孔子研究》1998年第4期。

王思萌：《失地农民谋生方式的经济——社会学分析》，《南方论刊》2007年第2期。

高家双、沈守云、廖秋林：《侗族鼓楼的社会文化意义探讨》，《绿色科技》2011年第5期。

钟小明：《论儒家思想对我国农耕文化的影响和作用》，《农业考古》2012年第4期。

唐洁、戴永恒：《梁启超对阳明学的接受和演变》，《城市地理》2014年第14期。

刘明珠：《侗族大歌研究综述》，《教育文化论坛》2014年第2期。

贾先文：《农村社区经济发展中的宗族因素分析》，《现代经济探讨》2014年第5期。

顾久、张彪：《汉族、儒家与西南少数民族、祭司及其生态文化比较》，《贵州文史丛刊》2015年第2期。

李川：《中国农村亟需注入"儒学魂"》，《神州》2015年第7期。

黄梅、段德罡、李欣格：《黔东南侗寨的乡土智慧与空间营建》，《建筑与文化》2016年第5期。

谌俊雅：《劳动性别分工下的男女地位变化以及受影响因素探讨》，《人间》2016年第17期。

戴宇：《侗族传统糯稻与地方社会建构——以贵州省从江县占里村为例》，《黔南民族师范学院学报》2018年第1期。

张莉：《当代农村婚姻关系的变革与形态特征》，《华南农业大学学报（社会科学版）》2018年第3期。

吴才茂：《跳月与野合：明清贵州苗族婚姻的香艳刻画及其意涵》，《湖北民族学院学报（哲学社会科学版）》2018年第5期。

廖荣谦：《明代贵州汉族移民及其对少数民族地区人文生态建构的影响》，《内江师范学院学报》2018年第9期。

顾久：《文化对人与自然关系的调适——兼论西南少数民族原初文化的生态价值》，《生态经济评论》2019年第1期。

罗均：《从江香禾糯：一家蒸饭十家香》，《农产品市场周刊》2019年第2期。

贺更粹：《儒家博爱观对云南少数民族文化的影响》，《原道》2019年第2期。

柯玉婷：《从互助到市场：仪式文化功能变迁研究——以贵阳市X区丧葬为例》，《现代交际》2019年第1期。

杜品：《悟者践行担当精神——对谭嗣同殉难的再解读》，《牡丹江师范学院学报（哲学社会科学版）》2021年第4期。

李桃：《生态文明视阈下贵州少数民族生态文化研究——以新形势下"努力建设人与自然和谐共生的现代化"理念为指引》，《贵州社会科学》2021年第9期。

姜珂：《乡村振兴视域下新型乡村德治建构的若干问题》，《伦理学研究》2021年第5期。

诸凤娟：《王阳明的民族思想与阳明心学在少数民族地区的传播》，《浙江社会科学》2021年第12期。

卢珊：《贵州省少数民族传统生态文化融入民族地区生态文明法治建设的对策研究》，《区域治理》2021年第30期。

# 后 记

　　缘于董平院长提示，为组织更多贵州优秀青年学人参与此项课题，我们多方联络，多次讨论，组成队伍，分工合作。最后将课题分为三个部分：主体部分、调查报告和分论部分。

　　我作为课题责任人完成主体部分，即第一章。其中第一节"关于'阳明心学当代价值'的理论视角问题"，是想提出前面所说的生物—生态—生态哲学的理论框架，以及生物学思维复杂的立体系统的方法；第二节"明代中期的生态及其对王阳明'心学'的影响——兼论当今生态与思潮"，是想用上述理论视角及方法来具体分析王阳明所生活的生态环境：明清小冰期导致外寇入侵；因为自然条件引发"逃军"，传统世兵制不得不转向募兵制；募兵的用银可能是引发白银货币化的重要原因；而白银货币化及对其追逐导致整个明代中期谋生方式、组织秩序、行为秩序、心态秩序的变革与混乱；最终形成产生王阳明孤勇决绝"心学"的生态。第三节"批判王阳明'心学'的三个观点的再审视"，主要针对改革开放前侯外庐等的《中国思想通史》对王阳明及其"心学"的"良知的先验性"，"主观唯心主义"与"存天理灭人欲"，用马恩原著，并用神经认知科学、进化心理学、生态学等自然科学进行新的审视。

　　分论部分和附录由贵州大学贵州文化研究院副院长张明负责。张明是贵州大学副教授、硕士生导师，由张明副教授联系并召集贵州大学及各高校的中青年教师围绕本课题，用各自擅长的科研方法开展研究并撰写论文。最终完成十二篇，其中六篇因与主题不尽相符而忍痛割爱，其余六篇分别是：分论的曹树荣[①]《王阳明"明德亲民"治道思想及其历史回响》，何祖星[②]《阳明心学中的亲民廉政

———————————

① 曹树荣：男，河北邯郸人，贵州大学历史与民族文化学院研究生。研究方向：中国思想史。

② 何祖星：男，贵州德江人，博士，贵州财经大学教授。研究方向：教育学。

思想论考》，管华香①、邓晓芳②《中国近代阳明学复兴运动》，以及邓露琴③《晚清维新派对王学的改造和利用》；附录的张明《坚守与传承：改革开放以来贵州阳明学研究综述》，黄诚、黄书④《返本与开新："贵州阳明学研究40年历史回顾与未来展望"学术研讨会综述》。这六篇文章大致可分三类：一、有两篇具体介绍了阳明"明德亲民"的治道思想与"廉政亲民"思想，并与当今进行了联系；二、有两篇论及近代以来在西方文化的冲击下，阳明学的复兴运动与维新派对刚劲勇健的王学的传承与创新，虽与本课题有所不同，但考虑到"当代"是由"近代"过渡而来，便也收录；三、有两篇总结综述近年来贵州学人对阳明学的研究历程，将作为"附录"进行呈现，其中有不少阳明"心学"作用于当下的理论思考，如"张新民教授认为，现代社会的经济文化生态结构远较阳明身处的时代复杂，人的功利和物化状况更为严重，我们不仅要接着阳明讲，从而认真开展各种创造性的诠释活动，同时更要接着阳明做，从而不断开出各种新的有利于人类进步的实践事业。"两篇综述中还综述了近年贵州学人对以王阳明"心学"的当代价值——"共产党人'心学'""廉政建设""教育实践""社会治理"等研究的作者与论文。

调查报告，即本书的实证调查部分，由阳明文化（贵阳）国际文献研究中心主任何丹主持。何丹⑤女士是贵州省阳明学学会理事，主持编纂过十卷本的《王阳明研究文献索引全编》与五十三卷本的《王阳明研究重要文献选编》，新近又编写《跟王阳明学修心》《王阳明诗集全编》两本著作。何丹的团队由一批年富力强、多学科、擅长大数据、互联网、社会调查的青年组成。该团队想追寻的问题是：贵州修文的阳明"心学""九进工程"效果如何？从来不知阳明"心学"为何物的贵州从江县少数民族村寨的心态如何？为此开展田野考察调研以分析对比推广阳明"心学"后的实际效果。

---

① 管华香：女，江西于都人，贵州大学历史与民族文化学院研究生。研究方向：中国近现代思想史。
② 邓晓芳：女，贵州沿河人，贵州大学历史与民族文化学院研究生。研究方向：中国近现代思想史。
③ 邓露琴：女，贵州思南人，贵州大学历史与民族文化学院研究生。研究方向：专门史。
④ 黄书：女，贵州平坝人，贵州大学历史与民族文化学院，东方思想与文化遗产研究中心助理。研究方向：中国古代思想文化史。
⑤ 何丹：女，贵州纳雍人，北京阳明书院副院长、阳明文化（贵阳）国际文献研究中心主任。研究方向：阳明学、文献学。

我们商量，达成以下共识：第一，当今国家倡导以阳明"心学"作为代表的中华传统文化，其主要目的应该是：用其高远刚劲、自强自信、敢任事能成事的事迹与精神，为中国人增强志气、骨气和底气；用其律己和谐的道德精神为处于市场经济中的中国人重塑道德秩序。第二，选取两县同名为"新生"的村落为样本，一个是已经推广浸润王阳明"心学"多年的修文县，另一个是在相对边远的少数民族为主的从江县，实地考察其精神状况和社会道德状况，并将两者进行比较。进入市场经济的社会比如修文县新生村，是一个群体较大的主要由陌生人组成的群体，外在的宣传与灌输（如阳明"心学"在当地的"九进"）对于心态秩序、道德行为等自有其必要性和一定成效；但以传统农耕为主的从江县新生村，却是一个相对封闭的群体较小的社会，其互助、质朴的道德往往是从长期谋生的消遣经济、组织的血缘群体、行为的神圣礼俗等自然"长"出来的心态与行为，而非外在宣传与灌输出来的（其实，王阳明的"良知"本义应该指这种心态）。最终，完成有：李小龙[①]、谢思琪[②]、王琳萱[③]《阳明心学在王学圣地的发展与影响——基于修文县新生村的调研分析》，王文君[④]、王敏[⑤]《阳明心学在少数民族地区的表征方式及影响——基于从江县高增乡新生村的调研分析》，何丹、罗雅馨[⑥]《阳明心学在大群体社会和小群体社会中的传播及影响——以贵州省修文县与从江县为类比》三篇社会调查报告。这些研究或许不够成熟，但这可能是第一次用社会学田野式实证方法看阳明"心学"当代价值的文章。此外，这部分还收录了张进[⑦]的《运用阳明心学在司法戒毒治疗实践中的探索与总结——以贵州省E强制隔离戒毒所为例》，此文章讨论了阳明心学在戒毒治疗中的作用

① 李小龙：男，贵州德江人，贵州龙场王阳明研究院院长。研究方向：龙场悟道的历史地位和阳明心学的时代价值，阳明诗文。
② 谢思琪：女，湖南新晃人，中共贵阳市委党校教务处。研究方向：阳明文化研究与挖掘。
③ 王琳萱：女，贵州贵阳人，阳明文化（贵阳）国际文献研究中心首席研究员。研究方向：阳明文化文物文献整理。
④ 王文君：女，贵州都匀人，阳明文化（贵阳）国际文献研究中心首席研究员。研究方向：出版史、阳明学。
⑤ 王敏：男，浙江建德人，阳明文化（贵阳）国际文献研究中心首席研究员。研究方向：中国史。
⑥ 罗雅馨：女，贵州贵阳人，阳明文化（贵阳）国际文献研究中心主任助理。研究方向：阳明文化文物文献整理。
⑦ 张进：男，贵州纳雍人，管理学硕士，供职于贵州省司法厅机关党委办公室。研究方向：中西哲学思想（阳明心学，规范伦理学，法哲学，政治哲学等）。

和影响，并呈现了相关的举措，在推进阳明心学的应用层面具有创新意义。

　　以上三个部分成果，也可以视为贵州学人对王阳明550年前在贵州"龙场悟道"的纪念以及对阳明先生的致敬。本书的完成，得益于董平教授的信任，得益于稽山研究院的支持，得益于多方合作，在此一并致谢。同时，感谢孔学堂书局诸位编辑在本书出版过程中的辛劳付出，感谢贵州省孔学堂发展基金会对本书出版工作的支持。由于能力和精力有限，课题尚有不足之处，恳请学界专家学者和广大读者批评指正。

顾　久

2023年12月